삼성 출신
CEO는
왜 강한가

삼성 출신 CEO는 왜 강한가

개정판 1쇄 인쇄 | 2014년 7월 20일
개정판 1쇄 발행 | 2014년 7월 25일

지은이 | 조영환
펴낸이 | 박영욱
펴낸곳 | (주)북오션

경영총괄 | 정희숙
편   집 | 지태진
마케팅 | 최석진 · 김태훈
디자인 | 서정희

주   소 | 서울시 마포구 서교동 468-2
이메일 | bookrose@naver.com
페이스북 | bookocean
전   화 | 편집문의: 02-325-9172   영업문의: 02-322-6709
팩   스 | 02-3143-3964

출판신고번호 | 제313-2007-000197호

ISBN 978-89-6799-047-3 (13320)

삼성 출신 CEO는 왜 강한가

조영환 지음

북오션

　필자가 삼성을 나와서 2012년에 집필한 《삼성 출신 CEO는 왜 강한가》를 선보인 지도 2년여가 지났다. 그간 삼성은 더욱 정진하여 글로벌 기업으로서 위상을 더 높이고 있다. 더불어 많은 분들이 졸저를 읽어주셨고 "필요할 때 꼭 필요한 책을 써주어 감사하다"는 인사도 받았다. 덕분에 기업 임원들을 위한 특별강좌도 자주 가졌으며 주위 선후배들에게 격려 인사도 많이 받았다.

　다만 2년여가 지나면서 3부(삼성 출신의 살아 있는 이야기)에 소개한 훌륭한 분들 중 절반 가까이가 경영 일선을 떠났고 더불어 새로운 훌륭한 분들이 삼성을 떠나 다른 기업의 CEO로 진입했다. 그래서 새로이 다른 기업의 CEO로 진입한 분들을 소개할 필요를 느꼈고 더불어 기업 임원들을 대상으로 한 강좌나 대담 중에 '삼성의 임원 양성 비법'을 좀 더 체계적으로 소개해주면 좋겠다는 조언을 듣고 초판을 보강하여 개정판을 내기로 했다.

　따라서 '삼성의 임원은 어떻게 양성되는가?'를 별도의 장으로 뽑아서 좀 더 상세히 기술했다. 실제로 어느 기업이나 임원 후보들은 대개 부장 시절에 최종 확정되지만 삼성이 채용 시기부터 신입사원 교육이나 직무 이동과 승진, 교육 등을 통해 어떻게 인재를 선별하고 육성하며 임원 후보로 키워가는지를 인사 담당으로 오랫동안 실무를 해본 필자의 경험을 바탕으로 하여 실제 사례를 중심으로 설명했다. 이런 임원 양성 프로그램을 추가로 싣기 위해 2년간 수십 명의 CEO와 임원들을 다시 면담하여 그들의 경험담과 사례를 듣고 반영했다. 아울러 과거 삼성에서 근무하다가 현재는 삼성을 떠나서 객관적으로 삼성의 인재 양성 시스템을 바라볼 수 있는 골든웨이㈜ 성종형 회장을 비롯한 많은 분들의 이야기도 녹아들어 있다.

3부 '삼성 출신의 살아 있는 이야기'에서는 최근에 자리를 옮긴 황창규 KT 회장을 비롯해 진대제 전 정통부 장관과 서준희 BC카드 사장, 메리츠화재의 남재호 사장, MG화재의 김상성 사장 등 새로운 분들을 소개드린다. 사실 초판에서 언급한 분들도 훌륭한 분들이지만 이번에 새로 등재한 분들은 오늘의 삼성이 있기까지 삼성의 발전에 기여도가 더욱 높고 삼성에서도 그분들이 떠남을 아까워한 인물들이다. 이분들 중에는 필자가 직간접적으로 같이 일한 분들도 있고 직접 같이 근무하지는 못했지만 지인들, 삼성의 CEO나 임원들을 통해 파악한 자료와 인터넷에 있는 객관적인 이력 등을 참고해 기술한 분들도 있음을 밝혀둔다.

아무쪼록 이러한 필자의 작은 노력이 기업의 발전과 변화를 도모하고 삼성을 벤치마킹하고 싶은 많은 기업의 CEO나 인사교육을 담당하는 관리자들에게 한두 가지라도 의미 있는 시사점이 되기를 간절히 소망한다.

2014년 7월

돌아가는 삼각지 필운재에서

너도나도 삼성 출신을
CEO로 영입하려고 한다

필자는 삼성에서 약 26년을, 그중 9년을 조직생활의 꽃이라는 '임원'으로 일했다. 삼성은 내 청춘, 내 인생의 한 페이지를 찬란하게 장식한 멋진 곳이다. 그 삼성을 약 2년 전 그만두고 나왔다. 그러자 재미있는 현상이 나타났다. 어떻게 정보를 알았는지 헤드헌팅 회사로부터 전화가 쇄도했다.

필자는 삼성에서 인사·조직관리 분야에 몸담았다. 그래서인지 헤드헌팅 회사에서 알선하겠다는 자리는 실로 다양했다. 이름만 들으면 알 만한 유명 식품회사의 CEO에서부터 모 경영연구원의 부원장, 모 대기업의 인사교육담당 부사장 등등. 필자의 앞에 뷔페식으로 다양한 자리가 펼쳐졌다. 본인이 원하기만 한다면 마음껏 골라서 갈 수도 있겠다는 생각이 잠시 들었다.

다만 필자는 26년간의 꽉 짜인 조직생활에서 벗어나 좀 더 자유로운 생활을 하고픈 열망, 그동안 직장에 매인 몸이라 쉽게 하기 어려웠던 강의나 컨설팅, 저술 활동을 마음껏 하면서 후반생을 보내고자 하는 열망이 컸기 때문에 헤드헌팅 회사의 유혹에 흔들리지 않았고, 내가 계속 거절하자 자연스레 그런 요청들과는 멀어지게 되었다.

현역 시절에 종종 스카우트 제의를 받은 것도 이제야 밝힐 수 있는 사실이다. 여러 업종을 겸영하고 있는 중견그룹, 모 유명 은행, 유명 IT회사 등에서 인사담당 부사장으로 영입하고 싶다는 요청을 받았었다. 당시에는 '삼성에서 녹을 받고 있는 사람이, 나를 믿고 인정해준 삼성을 배신할 수는 없다!' 는 생각으로 응하지 않았다. 요청의 횟수가 거듭될수록 여러 기업체에서 삼성 출신을 상당히 선호한다는 인상을 받았다.

같이 일했던 선후배들이 퇴직 후나 혹은 현역 시절에 유력기업이나 중견기업의 CEO로 재취업, 전출하는 모습을 많이 보았다. 삼성에서 같이 일했던 선후배들이 유명 금융회사의 CEO로 지금도 상당수 포진하고 있다. 이는 삼성에서 임원급으로 일했거나 전문가로 영역을 확보한 사람들은 회사를 떠난다 해도 자신의 능력을 발휘할 수 있는 자리를 찾기가 타 기업 출신보다 훨씬 용이하다는 이야기다. 새로운 업종이 생겨나고 CEO가 필요해지면 일단 삼성 출신으로 채우고 싶은 창업가나 오너들이 많다는 것은 리크루팅 업계에서는 이미 상식으로 통한다.

그러면 왜 이런 현상이 생겼을까?

필자도 이 부분이 궁금했다. 아무래도 국내에는 삼성만큼 크고 강한 기업이 없다. 특히 조직력 측면에서는 따라올 기업이 없다고 정평이 나 있고 삼성에는 강한 경영자로 양성시키는 확실한 프로세스가 있을 것이라는 짐작 때문이 아닐까 생각된다. 거기다 사회에서 만나는 '삼성맨'들이 반듯하고 성실하며 책임감도 강하고 조직에 충성하니 영입해도 실패할 확률이 낮다고 판단하는 것이다.

필자는 삼성경제연구소에서 약 5년간 인사제도 연구와 기업체 인사조직 컨설팅을 담당했다. 당시 컨설팅을 의뢰하는 고객사들의 요청 사유도 이와 동일했다. 그 기업들은 대부분 외국계 컨설팅사의 자문도 받아보았고, 학계의 전문 교수들로부터 받는 조직진단도 경험해 보았지만 역시 국내에서 성공한 거대 기업집단인 삼성의 경험과 노하우를 전수받는 것이 현실적으로 가장 도움이 된다고 말했다.

사실 선진국 우량기업의 사례를 잘 알고 있고 그들을 컨설팅한 경험이 있는 외국계 컨설팅 회사들의 노하우가 더 훌륭할 텐데 왜 삼성에 컨설팅을 요청할까? 또한 전문성으로 무장되어 있고 선진사례들을 많이 알고 계시는 유명한 교수들로부터 받는 조언이나 컨설팅이 이론적으로는 더 적합했을 텐데 왜 다시 삼성을 찾아 왔을까?

삼성에 컨설팅을 요청한 그들의 생각을 간추려보면 대략 이렇다. 외국계 컨설팅사들의 제안 내용은 맞는 이야기이긴 하나 우리 현실이나 인프라를 가지고 추진하기는 아직 시기상조인 부분이 많고, 교수들의 컨설팅은 이론적으로는 합당하나 현실 경영에 적용하기는 탁상공론적인 대안이 다수라는 것이다.

즉 아직 우리 수준에서는 도입하기가 이르고, 잘못 도입하였다가는 또 다른 실패를 경험할 수밖에 없다는 것이다. 기업경영이란 연습을 해보거나, 두 번 해볼 수 있는 성질의 것이 아니라서 바로 실무에 도입하고 적용해서 성과를 창출할 수 있는 경영 모델을 찾아야 하는 것이다. 그런 측면에서 보면 오랜 기간 여러 경로로 절차탁마를 거친 삼성의 경영기법을 도입하는 것이 가장 현명한 선택이라는 판단에서 필자를 찾아왔다고들 말했다.

또한 이러한 판단의 저변에는 '삼성은 워낙 야무지게 검토하고 실행하는 회사이니 그들의 전략이나 제도는 실패 확률이 낮을 것'이라는 판단도 깔려 있을 것이다. 한동안 시중에 떠돈 이야기 중에 '삼성은 돌다리도 두드려보고 (조금만 이상하면) 건너지 않는다' 는 우스갯소리가 있었다. 그만큼 신중하게 제도나 정책을 검토하고 시행한다는 것을 빗댄 표현이라 생각한다.

국내의 많은 기업가들이 삼성 출신 인재를 선호하고, 삼성의 경영기법을 배우고 싶어 하는 것은 아무도 부인할 수 없는 사실이다. 필자는 이런 현상을 흥미롭게 바라보면서 이 글을 쓰기로 결심했다. 필자는 삼성의 인사부서에서 오랜 기간 근무했다. 인사참모(인사부장, 인사담당 임원)로서 최측근에서 여섯 분의 CEO를 모시며 그분들의 성공 DNA를 보고 배웠다. 이 책은 그때 배우고 익힌 경험과 사례를 바탕으로 썼다.

'왜 삼성 출신을 선호할까?'에서 시작된 발상은 '삼성의 임원들이나 CEO 후보군들에게서 공통적으로 발견되는 CEO로서의 자질과 특성'을 자세히 파헤쳐보고 싶다는 의지로 발전했고, 그렇다면 '삼성은 그런 자질들을 어떻게 양성하는가' 라는 하나의 결론에 도달하게 됐다.

이 책에는 삼성 조직관리의 핵심적인 부분들이 담겨 있다. '왜 삼성의 비결을 외부로 발설하느냐' 라고 우려하는 측면도 없지 않을 것이다. 필자도 오랜 시간 고민에 고민을 거듭한 끝에 내린 대승적인 결단이다. 앞으로 한국을 이끌어나갈 CEO 후보들을 위해 이 책을 썼다. 삼성은 더 이상 하나의 기업이라는 작은 틀로 설명하기 힘들다. 삼성은 대한민국 기업들의 맏형 노릇을 해야 한다. 소기업을 중견기업으로 성장시키고 싶은 경영자, 현재는 일반 사원이지만 경영자로 거듭나고 싶은 미래 한국의 CEO 후보들에게 자기계발의 시사점을 제시하고, 국내 기업경영의 평균치를 한 단계 더 업그레이드 시키는 데 작은 보탬이 되고자 26년간의 경험을 바탕으로 삼성에 대한 이야기를 시작한다.

2012년 8월
저자 조영환

04 삼성의 임원은 어떻게 양성되는가?

3부   삼성 출신의 살아 있는 이야기

column : 삼성 출신이 부적합한 경우

1부

왜 삼성 출신을 원하는가

2010년 〈동아일보〉에서 조사한 자료를 보면 삼성 출신의 인기를 분명하게 알 수 있다. 우리 나라 기업 중 외부감사 대상기업의 임원 수는 총 48,254명이다. 이 가운데 약 1,160명이 삼성 출신이고 현대자동차, SK, LG 그룹 출신 임원은 각각 240여 명에 불과하다. 삼성 출신이 다른 그룹 출신보다 5배나 많은 것이다.

01

삼성 출신을
원하는 이유

삼성 출신 CEO의 인기는 어느 정도인가

삼성은 우리나라 경제계의 '인재 사관 학교'라 불린다. 우수한 자원을 채용하여 교육을 통해 능력을 더 크게 육성시키고 꾸준히 관리하기 때문에 인력시장에서 삼성 출신은 언제나 인기가 높다.

2010년 〈동아일보〉에서 조사한 자료를 보면 삼성 출신의 인기를 분명하게 알 수 있다. 우리나라 기업 중 외부감사 대상기업의 임원 수는 총 48,254명이다. 이 가운데 약 1,160명이 삼성 출신이고 현대자동차, SK, LG 그룹 출신 임원은 각각 240여 명에 불과하다. 삼성 출신이 다른 그룹 출신보다 5배나 많은 것이다.

범위를 좁혀서 우리나라에서 기업 경영을 맡고 있는 CEO들의 출신을 따져보면 2010년 말 기준으로 상장기업의 약 10%, 코스닥 기업의 경영진 중에 약 7% 내외가 삼성 출신이다. 대기업 근무경험

없이 스스로 창업한 경영자들도 많기 때문에 그런 경우를 제외하면 7%나 10%라는 비율이 단지 한 기업군에서 배출되었다는 사실은 경이롭다.

특히 유력기업군인 D그룹은 10개 주력계열사 사장 중 6개 회사의 CEO를 삼성에서 데려왔다. 특히 이곳은 한때 22개 계열사 임원 200여 명 중 40%가 삼성 출신으로 채워질 정도로 삼성 출신을 선호한다.

이런 현상들은 삼성 출신에 대한 대한민국 산업계 전반의 신뢰가 매우 높다는 것을 보여주는 지표다. 헤드헌팅 회사들의 이야기를 들어보면 외부에서 인재를 영입할 때 선호도가 가장 높은 회사가 삼성이라고 입을 모아 말한다. 필자는 담당자로 시작하여 임원까지 인사 실무부서에 약 20년간 재직했다. 그렇기 때문에 직·간접적으로 삼성 퇴직자들을 연결해달라고 요청하는 헤드헌팅 회사의 부탁을 자주 받은 편이다. 경영이라는 것이 여러 요소가 작용하지만 사람에 의해 좌우되는 경우가 많고 특히 CEO의 역할이 지대하다는 판단에서 나온 것으로 사료된다.

실제로 삼성 출신들이 업계에 진출하여 성공적인 경영을 하는 사례가 많다. 금융·보험 업계는 업종을 막론하고 삼성 출신이 중용되고 있다. 대한생명, 동부생명, 동부화재, 메리츠화재, 한화화재, 그린화재, 서울보증보험, 우리은행 등 카드나 은행, 증권업에서 많은 삼성 출신들이 CEO로 일한다. 대한생명의 신은철 부회장, KDB생명의 조재홍 사장, 메리츠화재의 원명수 부회장과 송진규 사장도 삼성 출신이다. 제조업이나 IT서비스, 유통업에서도 많은 삼성 출신들이 빛나는 실적을 내고 있다. 골프존의 창업자 김영찬 사장과 NHN의 이해진 최고전략책임자(CSO), 김범수 한게임 전 대표, 넥센타이어의 현 이현봉 부회장이나 그 전에 맡았던 홍종만 회장이 대표적이다.

삼성에서 CEO감을 스카우트해 가는 경우도 많지만 '2세'를 삼성에 취업시켜 삼성의 조직관리, 인사관리의 노하우를 직접 체험시키려는 오너들도 적지 않다. 필자가 인사부장 시절에 채용한 신입사원이나 중견사원 중에서도 그런 경우를 여럿 목격하였다. 물론 처음에는 2세라는 사실을 알 수 없지만 시간이 지나면서 차츰 이런저런 경위로 알려지게 된다. 알고 나서 인사담당자로 좀 씁쓸했지만 이미 입사한 후라 알고도 일을 시킬 수밖에 없었다.

2세의 입사를 삼성의 CEO에게 은밀히 부탁하는 일도 없지 않았다. 가업 계승을 확실히, 제대로 하기 위하여 자식을 삼성에 위장취업(?)시켜 위탁 육성을 시키는 것이다. 이런 경우도 광의로 보면 삼성 출신의 CEO 영입과 그 사유가 크게 다르지 않다. 삼성의 체계적인 조직관리를 직접 체험으로 배우고 익혀 나중에 자신이 경영을 하게 될 기업에 적용하게 하기 위함이다.

대개 이런 경우 입사 초기에는 삼성에서 재무나 인사, 기획 등 본사 관리업무를 배우고 다음은 공장이나 영업 현장으로 가서 현장관리를 익혀서 과장이나 차장급 정도, 나이로는 40세 전후에 퇴직한 후 자신의 기업으로 돌아가 창업자를 이어 경영을 맡게 된다. 이 경우 그 기업주 입장에서는 삼성의 경영 노하우를 자식이 직접 전수받았으니 좋고, 그에 더해서 2세가 삼성에 근무하면서 눈에 띄는 훌

룽한 인재들을 몰래 점찍어 잘 사귀어 두었다가 자기 회사로 돌아온 후 스카우트할 수도 있으니, 그야말로 기업주 입장에서는 일석이조, 일석삼조의 2세 키우기다.

삼성 출신 전문 경영인을 영입하는 배경

전문 경영인을 영입하는 사유는 다양하다. 우선 '역사가 오래된 기업'의 오너라면 경영에 변화를 주고 싶을 때 외부에서 전문 경영인을 영입한다. 매출이나 이익 등 경영지표에 문제가 있을 정도는 아니라고 해도 그 성장세가 지지부진하거나 인력과 업종에 혁신이 필요할 때는 내부인보다는 외부인이 앞장 서는 게 훨씬 수월하고 성공 가능성이 높다. 내부 풍토에 익숙한 사람으로서는 큰 변화를 일으키는 조직혁신 작업을 추진하기가 용이하지 않기 때문이다.

조직의 특성상 대규모 인력을 구조조정하거나 업종에 큰 변화를 줄 때는 내부 사정을 감안하지 않는 외부전문가가 작업하는 것이 적합하다. 오너 입장에서는 오랫동안 같이 근무하여 정도 들고 서로 사정을 잘 아는 사람들을 중립적, 객관적으로 진단하고 인사조치 하기가 생각만큼 쉽지 않다. 이럴 때 외부 인사를 영입하여 혁신적인 조치를 취하는 것이 조직구성원들의 반발을 무마시키기 쉽다. 이런저런 불만이나 장애요소들이 있지만 외부인의 입장에서는 혁신을 할 때 큰 정신적 부담 없이 추진하는 것이 가능하기 때문이다.

일정기간이 지나 조직의 상처가 치유되고 조직력이 회복되면 영입된 전문 경영인이 그 조직에 눌러 앉는 좋은 케이스도 있다. 하지만 혁신의 부작용에 대한 모든 책임을 지고 물러서 주는 게 서로를 위해 좋다. '토사구팽'은 아니더라도 적절한 타이밍에 물러나는 것이 개인이나 조직에게 모두 적합하다. 이런 경우의 영입은 일종의 '핀치히터' 역할이기 때문이다.

두 번째는 조직의 역사가 아직 짧고 미성숙하지만 '선진 경영기법을 전수 받을 필요가 절실할 때'다. 이런 조직이 삼성의 경험 많은 전문 경영인을 영입하여 도움을 받는 경우가 흔하다. 이와 유사한 경우로 영업실적이나 이익규모도 향상되고, 매출·인력의 규모가 지속적으로 늘어나서 기존의 내부 관리능력으로는 수용할 수 없을 때 외부 전문가를 영입하기도 한다.

창업하여 성장하다가 인력규모가 200~300명 전후가 되면 새로운 경영관리 기법이 필요해진다. 이 정도로 인력이 늘어나면 매출도 상당하여 과거 구멍가게 수준의 경영관리로는 회사경영이 어렵다. 여기서 한 단계 더 성장하여 1,000명 전후로 구성원이 늘어나면 제대로 된 경영관리 기법은 물론이고 대외업무나 관련법규에 대한 정확한 해석과 준법경영 등이 경영의 필수조건이 된다. 이에 더

해 기업공개를 하거나 해외 매출도 늘어나면 제대로 된 반듯한 중견기업으로서 갖춰야 하는 것이 한두 가지가 아니다. 대외 홍보나 섭외도 하나의 일이 되고, 내부경영 못지않게 외부경영 요인도 많아지는 것이다. 이런 경우 대기업에서 선진경영 기법을 익힌 숙련된 사람의 도움이 절실해진다. ▁

다음으로는 내부에서 마땅히 믿을 만한 '후계자를 양성하지 못한 경우'다. 오너인 경영자가 자금관리, 구매선 관리, 외부 영업, 섭외, 세무나 인허가를 위한 관공서 관리 등 정신없이 경영에만 몰두하다 보면 제대로 된 후계자를 키울 여유가 없다.

이제 기업도 안정권에 접어들고 좀 정신을 차릴 만한 시간이 되어 돌아보니 자신은 늙어가고, 자식은 아직 어리거나 경영 마인드가 없어서 마땅히 경영을 맡아줄 후계자가 없다. 그러면 고민을 하게 되고, 주위 사람들과 의논도 하고, 그러다가 외부에서 전문 경영인을 영입한다.

야구에 비유해 보자면 '마무리 투수'를 투입하기에는 아직 이르고 그렇다고 혼자서 7~8회까지 던지기에는 체력이 안 되는 타이밍에 '중간계투용 투수'를 투입하는 경우와 유사하다.

《삼국지》를 읽어보면 이에 해당하는 교훈이 나오는데, 제갈공명이 자신의 뒤를 이을 후계자 육성을 게을리하여 유비가 죽은 후 촉나라가 낭패를 보게 된다. 당시 조조가 이끌던 위나라는 순욱이나곽가, 정욱, 종회, 서서, 사마의 등 기라성 같은 참모진을 거느렸고, 손권의 오나라는 노숙, 감택, 제갈근, 육손 등의 규모는 작지만 수

전에 능한 참모진들이 포진하고 있었다. 그에 비하여 촉은 동윤, 마량, 방통을 비롯한 몇몇 쓸만한 재목들이 있기는 하였지만 특출한 재능을 가졌던 공명의 그늘에 가려 제대로 빛을 보지도 못하고 사그라지고 말았다. 그러다 유비가 죽고 태자였던 유선이 장성할 때까지 공명이 촉의 전문 경영인으로 혼자 경영하다시피 하다가 덜컥 병이 들자 그제야 후회하게 된다.

'내가 세상을 하직하면 촉은 어떻게 될까? 다소 머리가 모자라는 유선이 과연 국가를 제대로 경영할 수 있을까?'

공명의 뒤를 이을 쓸 만한 후계 재목감은 '강유' 하나 정도였다.

두뇌가 명석하고 제법 믿을 만하다고 판단한 강유에게 공명은 병법을 전수하며 키웠으나, 공명이 죽은 후 무리하게 아홉 차례의 북벌전쟁을 일으키고 결국 패하여 전장에서 죽는다. 아무튼 공명

삼국의 주요 전략참모들

위	오	촉
순욱	노숙	제갈공명
곽가	감택	강유
정욱	제갈근	
종회	육손	
서서		
사마의		

입장에서는 삭풍이 몰아치는 벌판에 늙은이 혼자 먼 길을 가야 하는 사고무친(四顧無親)의 처지가 되고 말았다. 당시 촉의 입장으로서는 제대로 된 오너도 없어서 전문 경영인을 모셔올 만한 여건도 되지 않았다. 그래서 공명의 죽음은 곧 촉의 멸망으로 연결될 수밖에 없었다. 후계자를 체계적으로 양성하지 않으면 어떤 어려움이 있는지 역사가 가르쳐준다.

요즘의 기업환경에 대입해 보자면 전문 경영인격인 제갈공명이 유비가 아닌 조조에게 갔어도 성공할 수 있었을까?

전문 경영인과 오너는 서로 보완적인 성향을 지녀야 성공할 확률이 높다. 아마 조조가 공명에게 스카우트 제의를 하였다 한들 공명이 들썩 위나라로 가지는 않았겠지만, 갔다고 가정하여도 오래 버티지는 못하였을 것이다. 조조와 공명은 같은 '두뇌 경영' 스타일이라 서로 충돌이 많았으리라. 오너와 전문 경영인 간에도 서로 간의 궁합이 있다. 이게 잘 맞아야 전문 경영인 영입이 조직의 실적과 성과로 나타나게 된다.

유비는 이렇게 말한다.

"머리는 내가 모자라니 당신이 알아서 해줘."

유비가 이런 스타일이었기에 공명이 죽어라 몸바쳐 일했다고 생각된다. 자신을 전폭적으로 믿고 맡겨 주었기에…….

사기업 외에도 '공기업'이나 '법정관리기업'을 비롯하여 여러 가지 사유로 주인이 없는 기업도 전문 경영인 영입을 선호한다. 일부 공기업에는 정치권이 내려 보낸 낙하산 경영인도 많지만 그런 경

우를 제외한다면 전문 경영인을 외부에서 공모하는 것이 요즘의 일
반적인 추세다.

이 경우에도 삼성 출신의 경영인이 영입되는 사례가 가장 많다.
물론 삼성의 혁신적인 조직관리 노하우를 전수시켜 기업을 정상화나
성장가도에 올려놓으려고 하는 의도가 대부분이지만, 때로는 삼성
출신에 대한 사회평판이 좋으니 인선결과에 대하여 여론에서 문제
제기가 가장 적을 것으로 예상하고 그런 인사를 하는 의도도 있다.

결국 지금까지의 외부 영입 결과 삼성 출신이 가장 많은 성공을
거두었고, 성공 확률도 높기 때문에 계속 영입이 이어지고 있는 것
으로 분석된다.

창업자와 2세 경영인의 차이

필자는 삼성경제연구소에서 다년간 기업 컨설팅을 했다. 수많은 업체를 컨설팅해보니 하나의 공통점이 눈에 들어왔다. 기업체가 종사하고 있는 분야도 다 다르고, 경영인의 나이와 출생지도 모두 달랐지만 한 가지는 모든 기업체가 대동소이했다. 바로 창업자와 2세의 확연히 다른 성격이 그것이다.

우선 창업자들은 성격이 공격적이고 적극적이며 급한 편이다. 자기중심적인 성향이 더 많고 매사에 주도적이다. 겉으로는 조용해 보이는 사람도 알고 보면 속으로는 불같은 성격을 가지고 있는 분들이 과반수가 넘는다. 이는 새로운 분야에 도전하고 창업이라는 모험을 할 수 있는 사람에게만 발견되는 유전자(창업가정신, entrepreneurship)인데, 기존의 조직에서 나름대로 편안하게 살아온 사람이 창업의 가시밭길을 갈 결심을 할 확률은 매우 낮다.

창업을 하려면 기업경영에 필요한 모든 업무, 즉 새로운 일과 조직관리, 자금관리, 물류 등의 내부관리 업무는 물론이고 대외영업, 세무, 무역, 인허가 업무 등등을 혼자서 부딪치며 직접 해결해야 한다. 하루하루 언제 경영의 어려움이나 부도가 닥칠지 모르는 위기 상황을 관리해야 하는 스트레스도 달고 산다. 그래서 성격이 느긋

하거나 수동적, 소극적인 사람은 절대 창업에 나서지 않는다. 설혹 창업한다고 해도 성공 확률은 매우 낮을 것이다.

창업자들은 결코 앉아서 기다리는 법이 없다. 늘 바쁘게 살고 많은 현안들에 대해 신속하게 의사결정을 해야 한다. 그래서 창업가는 자기 말에 순종적이고 충실하며 책임감 있게 경영을 맡아줄 사람을 전문 경영인으로 삼기를 원한다.

반면 2세들은 창업을 옆에서 지켜본 적은 있으나 직접 실행해 본 경험이 별로 없기에 주도적인 성향이 훨씬 약하다. 그래서 의사결정도 신중하게 위원회 같은 조직의 결정을 거쳐서 하고 싶어 한다. 창업가에 비해 심약하고 수비적이며 합의지향적이다. 소위 수성형 경영자가 많다. 이들이 전문 경영인을 영입할 때는 자신이 가지지 못한 성향인, 전권을 휘두르는 '강한 CEO'를 원하는 경우가 오히려 많다. 자기 대신 조직을 휘둘러 달라는 주문이다. 대체로 2세들은 현장보다는 참모들과 사무실에서 보내는 시간이 많고 의사결정에도 창업자보다 시간이 많이 걸린다.

조선시대 초기, 태조 이성계의 아들인 이방원(태종)이 두 차례의 왕자의 난을 통하여 왕권을 잡았을 때는 창업형 정권이었다. 역성혁명을 시작한 것은 이성계가 분명하지만 조선의 실제 창업은 태종 때 완성된 것으로 봐야 된다. 조선시대에는 3정승제(영의정, 좌의정, 우의정)를 도입하고 '의정부(議政府)'를 구성하여 국사를 합의제로 운영하였던 시절이 대부분이었다. 이런 의정부 없이 왕과 판서들이 바로 머리를 맞대고 대사를 결정하는 방식인 '6조 직계제'가 운영되던 때가 조선시대에 딱 두 번 있었는데, 바로 태종과 세조 때다.

이 두 왕은 성정이 호방하고 급하여 의사결정 프로세스의 합리성보다는 빠른 결론을 원하였다. 물론 둘 다 평화롭고 적법하게 왕권을 잡은 것이 아니었기 때문에 정권이 안정되었다고 볼 수 없는 상황이었다. 때문에 자신의 강한 카리스마를 바탕으로 주도적으로 6조 판서들을 직접 관장하고 빠른 의사결정을 통하여 정권을 안정시켜가며 국력을 신장시킬 필요성도 매우 컸다. 기업의 창업 초기라고 하면 딱 맞는 표현일 것이다.

반면 태종의 뒤를 이은 세종 때는 여러 가지 위원회 같은 성격의 조직이 많이 신설되었고 외부신장보다는 내실경영에 주력하였다. 물론 국경을 튼튼히 하기 위하여 육진을 개척하고 국방을 강화하기는 하였지만 이 시기에 새롭게 도입되거나 강화된 제도가 3정승제(의정부)나 신문고, 집현전 등이다. 한글을 만들고 과학기술에도 큰 발전을 도모하면서 학문이나 문화수준 창달에 큰 진전을 이룬 시기다. 아울러 사통팔달의 소통을 강조하고 국민들을 안정시키기 위하여 신문고나 암행어사제도 등 여러 정책을 입안하거나 강화하며 국가 안정에 혼신의 힘을 다한 것으로 회자되고 있다.

이처럼 세종에게서 전형적인 2세 경영인의 특징을 찾아볼 수 있다.

삼성 출신 CEO를 선호하는 8가지 이유

여러 헤드헌팅 회사들의 이야기를 들어보면 구인을 요청하는 기업의 약 30%는 임원급이나 CEO급을 영입할 때 '기왕이면 삼성 출신'이라고 명시적으로 요구한다고 한다. 물론 삼성이 국내에서 가장 강하다고 정평이 나 있는 인사, 조직관리, 감사, 교육 업무 쪽에서는 그 요청 정도가 더 강하다는 설명도 덧붙였다.

업종으로 보면 특히 제조업이나 금융업종에서 강하게 삼성 출신을 선호한다. 이는 전자 제조계열, 섬유, 물류를 비롯하여 금융업종의 각 분야에서 삼성의 계열회사들이 발군의 성과를 내고 있는 사실과 무관하지 않다.

이는 기업의 문화나 경영자의 성격, 창업 업종의 특성과도 무관치 않은데 삼성은 창업 초기부터 제조 조립업과 금융업에서 특히 강세를 나타냈었고 이 점이 최근 들어 더 강화되고 있다. 상대적인 이야기이긴 하나 중후장대 산업에서는 삼성이 경쟁그룹들에 비하여 약하고, 경박단소 업종에서는 더 경쟁력을 가지고 있다(이 부분은 나중에 더 상세히 설명하겠다).

지금부터는 왜 기업체에서 삼성 출신 CEO 영입을 그토록 강렬히 원할까에 대한 답을 상세히 알아보자. 여러 헤드헌팅 회사 컨설턴트와의 면담과 삼성인의 영입을 원하는 기업의 오너, 기존 경영자들에게 들은 의견과 필자가 삼성에서 일하던 시절 요청받고 알선해 주며 겪은 사례들을 종합해서 가장 중요하다고 판단되는 순서대로 설명하고자 한다.

❶ 반듯하고 성실한 이미지

삼성 출신을 선호하는 가장 큰 이유는 '반듯함'과 '성실성', '책임감'에 있다. 삼성 출신 하나하나를 놓고 비교 분석해보면 창의력이 뛰어나거나 출중한 경영능력을 갖춘 개인도 있겠지만, 가장 큰 공통점은 모난 곳이 없는 반듯한 성향이다.

삼성에는 돌출된 행위를 하거나 엉뚱한 성향을 가진 사람이 적다. 그래서 생각이나 행동도 평균적으로 예측 가능한 사람이 대부분이다. 큰 성공은 몰라도 사고나 문제 가능성이 적다는 이야기와 일맥상통한다.

Forte 삼성에 입사하면 채용과정과 체계적인 교육을 통해 반듯한 성향으로 키워진다. 삼성 출신을 흔히 단단하고 반듯한 벽돌에 비유하는데 평균적으로 삼성 출신은 모나지 않고 성실하며 책임감이 강하기 때문에 믿고 맡겼을 때 의도하지 않은 의외의 이상한 결과가 나오거나 실수를 할 가능성이 적다. 오너의 방침에 반발하거나 엉뚱한 방향으로 나가지 않고 주어진 범위 내에서 최선을 다하는 성향이 강하다. 그래서 뜻밖의 결과나 의외의 사태와 만날 확률이 낮은 것이다.

오너 입장에서는 전권을 맡기기보다는 제한된 범위 내에서 경영권을 위양하고 최고의 성과를 기대하는 경우가 많기 때문에 돌출된 행동이나 말을 하는 사람보다 통제 가능하고 예측 가능한 이런 유형의 경영자를 원한다. 이런 면에서 단단한 벽돌로 양성된 삼성 출신이 전문 경영인으로서 가장 적격이다.

❷ 체계적인 조직관리 노하우 보유

삼성은 70년 이상의 기업경영 역사를 가지고 있으면서 한 나라의 GDP · 무역의 20% 전후를 감당하는 거대 성공기업이다. 때문에 삼성에 오래 몸담은 사람이라면 당연히 다양한 경험과 조직관리 노하우를 보유하고 있다. 그런 측면에서 보면 인재가 부족한 중견 기업들이 같은 값이면 삼성 출신을 영입하고자 하는 것은 지극히 당연한 것일 수 있다.

누군가가 이런 이야기를 한 적이 있다. 만약 대한민국의 정부가

무너졌다고 가정할 때 바로 대신할 수 있는 조직은 군대와 삼성뿐
이라고…….

많은 기업들이 CEO 한 사람 또는 주요 포스트맨을 통하여 경영
을 하지만 삼성은 조직으로 일을 한다. 의사결정도 관련부서의 협
의나 합의에 의하여 결정되는 경우가 많고, 수많은 사람들이 긴밀
하게 협조하고 조직적으로 움직여 나간다. 그래서 혹시 일부 직원
이 그만두거나 이탈되더라도 조직이 돌아가는 것에 문제가 적다.
많은 기업들이 주요 의사결정을 톱이나 핵심멤버들에 주로 의존한
다. 이런 경우 한두 사람의 공백이 바로 경영 공백으로 이어질 수
있으나 삼성은 조직으로 일을 하고 판단하기에 그런 일은 거의 발
생하지 않는다.

담당자에게는 담당자에 걸맞은 권한과 업무를, 관리자에게는 거
기에 걸맞은 책임과 미션을 부여한다. 삼성은 담당자에게 일을 맡
기고, 일을 통하여 양성하는 구조다. 필자는 대리 시절에 사장실을
드나들며 현안들을 의논하고 소통한 경험이 있다. 필자가 잘나서
대리 시절에 그렇게 했다는 말이 아니다. 삼성에서는 이런 풍경이
흔하다.

프로세스가 있지만 필요할 때는 담당자도 의사결정에 주도적으
로 참여한다. 그래서 혹자들은 '삼성은 담당자가 제일 세다'는 말
을 자주 한다. 이건 사실이다. 아무리 중요한 의사결정도 담당자의
의견이 부정적이면 진척이 잘되지 않는다. 해당 업무의 담당자가
가장 고민을 많이 하고 전문가적이라고 상사들이 존중해 주고 담당
자의 입장을 대변해 준다. 이런 일들이 모여 삼성의 경영을 그만큼

상대적으로 투명하게 만들고 밀실에서 결정하거나 공개되면 곤란할 일을 적게 만든다.

필자가 과장 시절 일본의 컨설팅 업체로부터 경영혁신 컨설팅을 받은 적이 있다. 그 컨설턴트는 기업진단을 마치고 삼성 직원은 '벽돌' 같다고 이야기했다. 모두가 비슷하게 생겼고 똑같이 생각하고 똑같이 행동한다는 것이다. 창의력이나 자율성이 부족하고 군인이나 기계처럼 움직인다는 비판적 시각이 많이 들어 있는 말로 그다지 긍정적인 의미는 아니다.

삼성의 특질과 삼성인의 특성을 설명할 때 이런 제3자의 냉정한 설명이 썩 유쾌한 것은 아니었지만 일견 정확한 진단이라고 판단되었다. 그 컨설턴트의 이야기는 삼성의 구성원들에게 어떤 질문을 하였을 때 답변이 누구나 비슷하다는 이야기이고, 대책을 논의하는 방법, 나온 대책도 거의 한 방향으로 유사하다는 것이다. 결국 같은 문화나 가치관이 형성되어 있고 같은 규범이나 규율에 너무 익숙해진 결과라고도 진단했다. 혁신을 주도하는 컨설턴트의 입장에서는 이런 문화가 창의력을 저해하는 부정적인 요소로 보였겠지만 필자는 나름 장점도 많다고 보았다.

다른 측면으로 잘 새겨보면 그렇기 때문에 삼성이 강한 조직력을 발휘할 수 있다. 즉 벽돌은 하나하나가 아주 단단하고 모양이 동일하며 품질이 균등하여 하나씩 쌓으면 어떠한 형태로도 조합이 가능하다. 벽돌을 모아서 집을 지을 수 있고 원형의 타워도 만들 수 있다. 작게는 어항의 받침대, 크게는 담도 만들 수 있다. 신라의 첨성대, 백제의 무령왕릉 같은 아름다운 건축물도 벽돌을 모아서 만든 것이고, 인간이 만든 가장 거대한 건축물이라는 중국의 만리장성도 하나하나의 벽돌이 모여 만들어진 것이다. 즉 벽돌이란 단단하고 반듯하다는 자신의 고유한 모양이나 특질을 유지한 채 모아지고 조직화되는 과정에서 큰 공동체로서의 기능을 발휘한다.

벽돌로 만들어진 구조물은 잘 무너지지 않는다. 벽돌 하나하나의 강도가 강할 뿐만 아니라 정방형의 구조들이 정교히 교합되어 있으므로 견고하다. 이는 곧 삼성이라는 조직은 기발함이나 운에 기반을 둔 의외의 도약이나 성장은 기대할 수 없을지 모르지만, 실패는 상대적으로 적다는 의미다. 이것은 삼성에 대한 세계 경영계의 평이기도 하다. 이러한 단단한 삼성 출신 벽돌이 어떻게 만들어지고 숙성되는지에 대해서는 2부에서 자세히 다룰 것이다.

❸ 강한 조직력 체득

다른 많은 기업의 경영자들이 부러워하는 것 중 하나가 삼성의 강한 결속력과 단합력, 공동체의식이다. 최근 신세대의 유입과 글로벌화, 자율화의 풍조 속에 많이 무뎌지고 있긴 하지만 그래도 조직력만큼은 국내외를 막론하고 어디에 내놓아도 모자랄 것 없는, 삼성만의 독보적인 힘이다. 결정하면 어쨌든 해내고야 마는 힘이나 마음이 한 방향으로 정렬되는 능력, 문화적으로 한 몸처럼 결속된 공동체의식은 종교단체를 포함하더라도 세상의 어느 조직 못지않게 강하다.

　오래 전, 필자가 속한 회사에서 노사분규가 일어난 적이 있었다. 일부 주동자들이 세력을 규합하여 적지 않은 인력을 인솔하고 한국노총으로 피신하여 연수원에서 노조설립 교육까지 받은 것이다. 회사 입장에서는 이들이 세력을 더 키우지 못하도록 추가 유입인력을 막고 기존 참여자들을 설득해 농성을 풀어가는 것이 필요한 상황이었는데, 이러한 작업을 하려면 많은 인력이 필요하다.

　필자가 노사담당으로 일할 때였는데 회사 입장을 대변하는 믿을 만한 사람들을 대규모로 동원할 자신이 없어 고민하고 있었다. 그때 이야기를 들은 그룹 노사담당자의 전화로 10여 개의 그룹사 직원들 500여 명이 순식간에 뛰어와 필자가 속한 회사의 노사분규 해결을 위해 일주일가량을 기숙하며 불철주야 도와준 적이 있다. 당시 필자는 '이런 것이 삼성의 조직력이구나' 라는 느낌을 강하게 받았다.

　그때 참여한 다른 회사의 인력들은 자신의 업무와 아무 상관없는 남의 회사에 동원되어 밤을 새우고, 맡은 역할을 불평 한마디 없이 묵묵히 수행했다. 지금도 그때를 회상하면 참 고맙다. 이렇듯 우리도 삼성의 다른 그룹사에 어려움이 닥쳐서 인력동원을 요청하면 불만 없이 지원을 나간다. 스포츠 응원이나 큰 행사에도 군말 없이 참여한다. 유사한 예로 누가 초상을 당하면 전국에서 조문객들이 모여들어 초상을 당한 직원의 가족들을 놀라게 한다. 삼성의 직원들은 이런 문화를 자랑스럽게 생각하고 자신이 속한 조직에 자부심을 가진다. 이런 조직력은 다른 기업체에서는 찾아보기 쉽지 않다. 일종의 '운명공동체' 라는 강한 유대의식, 군대처럼 생사를 같이한다는 공동체의식이 아닐까 생각한다.

삼성 출신의 임원급이나 고참 부장급은 이런 문화적인 공통체의식에 익숙하고 이렇게 조직적·체계적으로 경영을 해 나갈 수 있는 기반을 가지고 있다. 삼성의 노사문제가 다른 기업에 비해 적은 이유도 이러한 공동체의식의 형성과 무관치 않다고 생각한다. 삼성처럼 강한 조직력을 타 기업체에서 형성하려면 어떻게 해야 하는지에 대해서는 계속 이어서 설명할 것이다.

기업체에서 삼성 출신을 선호하는 이유 중에 으뜸 사유는 삼성 출신은 이러한 조직적인 관리를 경험해 봤고 공동체의식을 만들 수 있으며 일사불란하게 조직을 이끌 수 있는 자질이 있기 때문이다. ▬

❹ 한국형 기업경영의 성공모델 경험

이제 삼성은 세계의 유수기업들과 겨룰 만한 거대 기업군이 되었다. 물론 삼성전자가 과반수의 위상을 점유하지만 그룹 전체로도 대단한 기업이 된 것은 사실이다. 필자가 과장·부장이던 시절에는 일본과 미국을 비롯한 많은 선진기업들을 찾아가서 벤치마킹하고 그들로부터 자문과 컨설팅을 받는 것이 주요 정책이었지만 이제는 그들과 어깨를 견줄 만한 위치에 올라섰다. 삼성은 '한국형 경영모델'로도 세계적인 기업이 될 수 있음을 세상에 보여주고 깨닫게 해 주었다.

약 4~5년 전 국내 유수의 모 그룹에서 선진 기업경영 경험을 가진 외국 인사들을 초빙하여 인사나 기획, 마케팅 등의 주요보직을 맡겨서 경영한 적이 있었다. 그러나 이들은 대부분 적응하지 못하고 3년 전후 만에 자기 나라로 돌아가 버렸다. 간단하게 요약하면 서로가 서로에게 적응하지 못한 결과다.

우수한 인력이나 경험을 가졌다고 해서 다른 조직에 바로 이식이 가능하고 효과를 발휘하는 것은 아니다. 그런 선진지식을 받아들일 수 있는 토양이 기업 내에 조성되어 있어야 하고, 선진기법이 한국 기업의 경영현실과 괴리가 크지 않아야 적용과 운용이 가능하며 그 효과가 발생한다.

물론 삼성도 수많은 우수 인력(핵심인재)을 외국이나 다른 기업에서 모셔온다. 그러나 삼성이 바라는 것은 특별한 기술이나 전문성, 노하우이지 경영일반은 아니다. 삼성 내 어느 기업을 보아도 경영을 외국인에게 맡기지는 않는다. 경영고문이나 디자인, 기술연구소장 등의 전문 분야를 맡길 뿐이다.

그들을 삼성의 영역으로 데려와서 기술을 전수받고 삼성화시키려는 방편이지 그들에게 삼성이 동화되는 방식을 구상하지는 않는다. 물론 삼성 외에도 이런 기술전문성을 아웃소싱 하여 성공한 기업이 있다. 국내 자동차회사 K는 이탈리아의 자동차 디자인 전문인력을 영입해 큰 효과를 봤고, 지금도 그 모델은 세련된 디자인의 힘을 바탕으로 판매가 비약적으로 확대되고 있다.

삼성의 이런 경영 스타일은 동서양의 차이를 인정하고 동양적인 조직 정서에 합당한 인력과 조직의 운용전략을 수십 년간 연구하고 발전시켜온 결과물이다.

대개 삼성의 인사관리 시스템을 '한국형 능력주의'라고 표현하는데, 그 속을 자세히 들여다보면 실제 내용은 조금 다르다. 삼성은 개인의 성향을 존중하면서도 조직기여도에 의하여 평가되는, 동서양의 정서를 잘 조화한 제도를 운영하고 있다.

능력주의의 개념도 여러 가지로 해석할 수 있는데 삼성의 능력주의는 개인들이 소지한 능력을 발휘케 하고 그 결과를 처우에 반영하는 서양식 능력주의라기보다는 기본 자질만 보유한 인적자원들을 채용하여 사내에서 직무에 필요한 자질을 육성시켜서 그 능력을 발휘케 하는 '육성형 능력주의'로 보는 것이 더 적확한 표현이다.

짜임새 있는 교육 체계를 바탕으로 개인들에게 직무와 조직문화에 필요한 능력을 육성할 수 있는 기회를 주고, 그 능력이 발휘되는 것을 도와주며 결과에 따라 평가와 처우를 하는 구조이기 때문에 집단적 의식에 가치를 둔 구성원들도 그 제도의 수용성이 상대적으로 높다.

column

동서양의 가치관, 조직관, 인재관의 차이

동양과 서양은 모두 산업화를 거쳤지만 기업 경영의 요소적인 측면을 보면 많은 차이가 있다. 우선 구성원들의 가치관이 다르다. 서양은 개인주의적인 사고방식에서 출발하지만 동양은 집단주의 정서가 아직도 구석구석마다 박혀 있다. 예를 들면 우리나라에서는 자신의 와이프를 '내 아내'로 호칭하는 사람이 드물다. 여전히 '우리 마누라', '우리 집사람'이라 부른다. 마누라를 여럿이서 공유하는 것은 아닐진대 왜 우리나라에서는 '내' 아내가 아니고 '우리' 마누라라고 할까?

장유유서의 가치관도 만만치 않다. 어른에게 쓰는 높임말이 따로 존재하고 지하철이나 버스에는 경로석이 있으며 집안에서도 어른이 수저를 들지 않는데 아이들이 먼저 식사를 시작하면 버릇없다고 타박을 하고 가정교육이 잘못되었다고 핀잔을 준다. 반대로 서양은 아버지한테도 'you' 하면서 반말이고 언어 자체에 경어가 거의 없으며 대중교통에서 경로석을 본 기억도 없다. 그냥 각자 개인별로 따로따로 존재한다.

기업 조직의 측면을 들여다보면 서양은 개인의 일이 분명하게 직무기술서에 명기되어 있지만 우리나라는 부서나 팀 단위의 미션은 있어도 개인 간의 명확한 직무 정의는 불분명하다. 우리는 조직이라고 하면 '공동체' 라는 의식이 강하고 서양은 이익을 좇는 '개인들의 전략적 연합체' 라고 생각한다. 그래서 공동체를 중시하는 우리는 회사를 자주 옮기지 않을뿐더러 옮겨다니는 사람을 '철새족' 이라고 비난하면서 긍정적으로 보지 않지만, 서양에서는 많은 회사를 옮겨다닌 이력을 오히려 능력 있는 인재의 증거라고 생각하기도 한다. 회사를 그만두고 경쟁사로 옮겨가면 우리는 배신자라 매도하고 본인도 몰래 조용히 옮기지만, 서양에서는 상사가 추천서를 써준다.

서양의 개인 중심의 경영에 익숙한 사람들은 우리나라의 조직 중심의 경영을 잘 이해하지 못한다. 이런 동서양의 차이는 경영자 본인이 원하든 원하지 않든 현재 존재하고 있고, 앞으로 단기간 내에 사라질 것으로 보이지도 않는다.

그래서 이런 동양의 공동체 가치관을 무시하지 않고 오히려 장점으로 잘 활용하여 꽃을 피우고 있는 삼성식 경영모델이 국내외적으로 주목을 받는 것이다. 문화나 가치관이 달라 국내 도입에 어려움이 많은 외국의 이론을 받아들여서 진통을 겪을 바에야 국내와 해외에서 큰 성공을 거두고 있는 삼성식 경영모델을 자사에 이식하는 것이 성공 가능성을 높이고 실패를 최소화하는 길이기 때문이다. 그래서 많은 기업에서 같은 값이면 삼성 출신을 스카우트해 가려고 한다.

대부분 이런 사유로 삼성 출신을 택하는 기업들은 직·간접적으로 외국기업의 노하우나 경영사례를 접해본 경험이 있다. 컨설팅을 받거나 자문이나 연수를 받은 경우도 많다. 실제 서구에서 잘 통하는 이론적으로 우수한 기법들이 우리 경영환경과 근로여건(노동관계법규나 인허가, 관행 등)에서는 제대로 운영되기 어려운 경우가 많았기 때문에 시행착오를 줄이기 위해 삼성의 경영모델로 눈을 돌리는 것이다.

필자는 삼성경제연구소 근무 시절 참 고민이 많았다. 주로 외국 석학이 말한 이론과 실제 기업 현장에서의 모습이 달라서였는데, 고민 중 가장 큰 비중을 차지한 것은 '동서양 경영환경의 차이 때문에 벌어지는 일들을 어떻게 해결해야 하나'였다.

당시 인사조직 컨설턴트로 일하며 '능력주의'를 각 고객기업들에 심어가는 것이 필자의 미션이었다. 고객기업들 모두가 성과주의·능력주의라는 원론에는 찬성하지만, 실행부분인 각론에 들어가면 잘 적용되지 않고 삐걱거리는 것이 문제였다. 그중 대표적인 것이 능력·성과에 따른 처우 시스템의 설계와 운용이었는데, 이익과 매출 확대를 목적으로 하는 기업에서 개인이 낸 성과나 보유한 능력에 따라 차별적으로 처우하는 인사 시스템을 짜주겠다고 하면 다들 고개를 끄덕인다. 하지만 막상 세부적으로 제도를 짜 들어가면 여기저기서 암초에 부딪치고 장애물에 걸려서 제대로 작동되지 않는 모습을 숱하게 보았다.

성과에 따라 처우에 차등을 두는 제도는 경력이나 연공에 따라 급여를 책정하던 우리나라의 과거 기업 풍토 때문에 도입 초기에 적지 않은 저항에 부딪혔다. 제지업종에 속하는 어느 기업의 급여 체계를 짜고 적용을 해 보았는데, 같은 레벨의 직원들을 성과에 따라 아주 미세하게 월급의 지급액을 차등화하였더니 소동이 일어나고 분규가 발생하였다. 소위 '배가 고픈 것은 참아도 배가 아픈 것은 못 참겠다' 는 심리가 발동한 것이다. 우리나라 사람들은 오랜 농경사회의 영향으로 공동체, 집단생존이 기본 형태라 그 집단 내에서는 서열과 단합을 더 중시하고 개인의 능력이나 성과의 차이를 크게 인정하지 않았다.

우리에게 깊이 뿌리박혀 있는 연공주의·집단주의 의식의 유래와 원인을 모내기에서 찾아볼 수 있다. 최소한 지금 40~50대의 중장년층들은 어릴 때 모심기를 직접 해보거나 구경한 적이 있을 것이다. 50여 명이 일렬로 논에 서서 기준선에 맞추어 모심기를 할 때, 그중 모심기 능력이 다른 사람보다 뛰어난 사람이 있다고 치자. 그 사람 혼자서 먼저 잘 심는다고 하여 모심기가 성공적이고 성과가 있다고 할 수 있을까? 한 사람의 탁월한 능력이 중요한 것이 아니라 같이 호흡하며 줄을 맞추어 심는 능력이 농경사회에서는 더 중요하다.

지각을 하거나 불성실하게 일하는 사람이 있으면 모심기는 제대로 진행되지 않는다. 이런 농경사회에서는 조직적인 일에 임하는 사람들의 근면성, 성실성, 책임감, 희생정신이 인재의 요건이었지, 개인의 모심기 스피드나 정확성(능력), 얼마나 많이 심었는지(성과)가 핵심요소가 아니었다. 여러 사람이 같이 모심기를 할 때는 한 사람도 모나지 않게 줄을 잘 맞추어 똑같이 허리를 굽혀 모를 심고 똑같이 허리를 펴 일어서는 것이 훨씬 더 중요한 핵심가치였다.

반대로 자연환경적인 이유로 수렵채취 생활이 동양보다 오래 지속된 서양에서는 개인의 사냥 능력(달리기, 활쏘기 등)과 물리력이 생존을 위해 더 중요하게 작용했다. 사냥이 주가 되는 수렵사회에서는 인간도 동물의 한 분류에 속할 뿐, 치열한 적자생존의 룰 속에서 서로 죽고 죽이는 살벌한 투쟁을 해야만 한다. 〈동물의 세계〉〈동물의 왕국〉 같은 TV 프로그램을 보면 당시의 생활상을 어느 정도 유추해볼 수 있다.

서구 사회의 구성원들에게는 사냥 유전자가 오래토록 그들의 몸과 머릿속에 남아 개인주의적인 인사관리 시스템의 정착이 쉬웠던 것이다. 자본주의는 서구에서 태동, 발달하였고, 자유경제주의, 개인주의를 근간으로 하고 있기 때문에 서방 선진국에서 개발된 기업 경영의 큰 틀은 집단생존을 추구해온 우리 동양의 정서에 부합되지 않는 면이 많다.

필자와 동료들은 미국을 비롯한 선진국의 우량 기업에서는 '능력주의'가 너무나 당연시되고 효율적으로 잘 운용되고 있는 모습만을 보아온 터라 우리나라 기업들에서는 왜 잘 정착되지 않는가를 두고 난상토론도 벌이고, 혼자 밤새워 고민도 많이 하였다.

동양과 서양은 분명히 다른 점이 많다. 서양인들은 조직 내 개인 간의 관계에서 '경쟁'을 당연하게 여기고, 기본으로 인식한다. 반대로 우리는 '협동과 협력'을 전제로 생각한다.

이런 차이는 앞에서 이야기한 양자 간의 생존방식의 다름에서 기인하였다. 서구사회는 동양보다 훨씬 오랫동안 수렵사회를 영위해왔다. 반면 황하나 양자강, 갠지스강, 나일강 등 천천히 흐르는 큰 강들이 많아서 물을 가두기가 쉬웠던 동양에서는 수렵사회를 일찍 걷어내고 농경사회로 진화하였다.

농경사회 초기에는 자신의 의식주 해결을 위한 소규모 경작을 하였으나 곧 협동과 농업기술의 발달에 힘입어 점점 대규모의 집단영농이 가능해지고, 대량생산된 농산물을 통해 자신이 먹을 것을 제외하고도 잉여농산물을 갖게 되자 이를 서로 물물교환 하기 위해 시장도 만들고, 물물교환의 불편함을 해소하기 위해 화폐를 만들고, 화폐의 유통을 편하게 하기 위해 금융의 기능까지 확대, 진화하게 되었다.

기껏해야 라인강, 도나우강 정도의 길지 않은 하천만 있고 강보다는 산이 많았던 유럽은 농경사회로의 진화도 늦었거니와 지금도 논농사가 아닌 밭농사가 중심인 사회가 되었다. 따라서 사냥의 진화 버전인 목축업과 보리, 밀, 포도 등 밭 농사가 주 생산수단이었고, 이를 활용한 맥주나 빵, 스파게티, 와인 등이나 버터, 치즈 등의 가공낙농업이 발달하였다.

선호하는 음식도 서양은 목축업의 발달에 따라 육식을 즐긴다. 우리는 그냥 구워먹는 소고기를 그들은 굽는 정도에 따라 미세하게 세분화하고 있다. rare, rare-medium, medium, medium-weldone, weldone 등으로 분류하면서 요리한다. 아울러 치즈도 2,000종이 넘는다고 한다. 대신 우리는 쌀을 위주로 한 식단과 생선요리가 발달했다. 우리가 일상적으로 먹고 있는 생선요리의 방식과 종류는 몇 가지나 될까? 필자가 조사한 바로는 30가지에 가깝다. 그렇지만 서양에서는 겨우 4~5가지 방식이 있을 뿐이다.

여러 가지 생선요리 방법 중 물로 요리하는 방식만 전골, 조림, 찜, 무침, 찌개, 매운탕, 맑은탕, 국 등 8가지를 열거할 수 있는데 서

양에서는 단 한 가지 '수프'로만 표현한다. 우리의 8가지 요리방식
이 조금씩 다름은 먹어본 사람들은 모두 안다. 이렇듯 생존 환경에
따라 성격이나 가치관, 심지어 먹는 음식이나 요리 방식까지 자신
에게 적합한 형태로 만들어 적응하여 왔다.

이렇게 동양과 서양은 각각 다른 쪽으로 유전자가 진화되어 왔
다. 그런 상이한 가치관을 가진 채로 서양에서 만들어진 자유경제
자본주의식의 조직관리 기법을 있는 그대로 받아들이니 우리 동양
의 기업들에서 부작용이 나올 수밖에 없는 것이다.

필자가 컨설팅한 유명 언론기업은 근속기간별 호봉 체계로 운영
되고 있었다. 오래 근무한 사람은 능력이나 성과, 매출 기여도의 유
무를 떠나 급여를 많이 수령하고 있었는데, 이런 제도를 개인주
의·능력주의 가치관으로 무장된 서양의 기업가들이 본다면 정말
이해하기 어려울 것이다. 현재는 능력이나 성과 유무를 따져보지
않고 근속년수에 급여체계를 연동하는 방식의 제도는 국내에서 사
라져가는 추세지만, 동서양은 개인들이 가진 전통적인 가치체계나
유전자가 상당히 다름을 인정해야 한다.

서구의 산업혁명 이후 근대 자본주의가 사회발전의 가장 적합한
모델로 인식되고, 정착되었다. 오랜 농경사회 안주로 산업화가 늦
게 진척된 동양에서도 어쩔 수 없이 서구열강에 의하여 강제로 문
호가 개방되면서 그들 사회의 철학인 개인주의, 자유주의 경제체제
를 받아들이게 되자 그들의 제도, 가치관과의 갈등이 내재될 수밖
에 없었다.

그래서 동양적인 정서에 부합하는 기업경영의 원리를 적용하되

개인 간의 경쟁도 생산성에 긍정적으로 작용하도록 유도하는 것이 이 시대 우리나라 기업경영의 중요한 변수가 되고 있는데, 삼성은 나름대로 이런 동양적인 정서를 반영한 경영으로 성공방정식을 만들어 가고 있는 것이다.

❺ 합리적인 의사결정 시스템 구축

삼성의 의사결정은 매우 신중하다고 소문나 있다. '돌다리도 두드려보고 건넌다'는 말이 딱 어울릴 정도로 삼성의 결정은 신중하다. 삼성의 조심스러운 투자 결정을 두고 '돌다리를 두드려보고도 건너지 않는다'고 비아냥거리는 사람이 있을 정도다.

삼성 출신이 가지고 있는 '합리적인 의사결정'이란 의견을 모으는 과정과 결론을 내리는 프로세스가 타 기업체 출신보다 상대적으로 더 민주적이고 합리적이라는 뜻이다.

삼성의 의사결정 시스템은 이렇다.

1. 먼저 모든 관련 변수들을 검토한다.
2. 그리고 의사결정에 필요한 각계각층의 사람들이 논의에 참여한다.

이는 경영자의 독단이나 일방적인 의사결정이 적다는 뜻이다. 그래서 담당자라 하더라도 일정 부분의 의사결정권을 가진다. 아울러 그런 과정의 민주성이나 합리성 외에, 결론을 낼 때도 가장 리스크가 적으면서 장단기 손익을 시뮬레이션 하여 효율이 높은 방안을 택한다.

물론 반도체 투자나 미래수종산업 발굴과 투자 등은 이렇게 신중한 판단을 한 후에 내려진 것은 아니라고 생각된다. 투자판단이란 과거의 성공 사례나 다각도에서 이론적인 검토를 하여 리스크가 가장 적고 효율이 가장 높은 안으로 결정하는 일인데, 새로운 사업이란 그런 선례나 경험이 없는 경우가 태반이라 합리적인 판단 자체가 무리이고 설사 가능하다고 해도 별 도움이 되지 않는다. 만약에 삼성이 합리성에 기준한 판단으로 반도체에 진출하려 했다면 아직까지도 미적거리고 있을지 모를 일이다. 반도체 투자는 순전히 최고경영자의 창의적인 판단에 따른 것이었고 초기에는 그룹 내 반대 의견도 만만치 않았다.

삼성의 '돌다리도 두들겨 보는 식'의 너무 신중하고 합리적인 의사결정 과정이 오히려 불리한 업종도 분명 있다. 예를 들면 건축업의 부동산 구매가 그렇다.

삼성에서는 주도면밀하게 그 부동산의 상대적·절대적 가치와 주변 정황, 법적인 문제, 근저당이나 질권 설정 여부 등의 문제를 세밀히 조사하고 분석한다. 그래서 이런저런 회의를 거쳐 한 달 후 이제 이 정도의 가격으로 구입하면 합리적이겠다는 판단으로 접근하곤 했는데, 이미 그 부동산이 팔려버린 후거나 아니면 그 사이에 가격이 엄청 뛰어버렸다. 지금은 부동산 가격이 많이 안정되었지만, 과거 회사 사옥을 짓기 위하여 또는 사원 아파트나 기타 목적으로 부동산을 구매할 때 실제로 일어났던 일이다.

의사결정의 프로세스는 정확하고 신중했으나 시장은 기다려주지 않았다.

이처럼 신중하고 합리적인 의사결정에도 단점은 있으나 확률적으로 기업경영에 더 유리하고 안전한 것은 사실이다. 삼성은 상대적으로 지나치게 합리적이고 신중하기 때문에 '삼성은 너무 냉정하고 계산적이다' 라든지 '삼성은 절대로 자기들 손해날 일은 안 한다' 라는 비난성 평가도 적지 않게 듣고 있다. 하지만 비즈니스의 본질은 사회봉사가 아니다. 이러한 정밀한 분석, 판단, 계산은 기업이 생존·발전하는 데 필요불가결한 요소다.

필자가 과장·부장 시절 모 유명그룹의 전략참모와 정보교류 차원에서 정기적인 만남을 가지곤 했는데 삼성에서 도입한 것은 1~2년 지난 것이라도 좋으니 알려달라고 부탁을 하곤 했다. 삼성에서 검토하고 시행한 것이라면 아무래도 안전하고 문제가 적을 것이라는 판단에서였다. 그래서 삼성만 열심히 잘 따라가면 리스크는 최소화하면서 2등은 할 수 있다는 소위 'Me too 전략'을 가지고 있었다.

또한 필자가 인사부서장으로 재직 시에 조직개편이나 구조조정, 인사제도 개편 등의 인사조직 혁신 작업을 하고 제도에 적용하고 나면, 6개월 전후로 업계 다른 회사들이 거의 유사하거나 똑같이 따라하는 것을 자주 보아왔다. 아마도 '2등 전략'이 아니었나 싶다. 그렇게 1년 정도 경과하면 같은 업계의 조직명이나 부서의 기능, 명칭이 삼성과 거의 동일하게 통일되는 모습을 수차례 보았다. '삼성이 한다면 문제가 없을 것이고, 오랜 검토와 고민을 거쳐 결정하였을 터니 우리끼리 너무 고민하지 말고 삼성만 따라하자'는 발상이 아닌가 생각되었다.

이런 삼성의 의사결정 과정과 결론정착 방식에 익숙한 삼성 출신을 데려오면 삼성과 유사한 경영이 가능하기에 삼성 출신의 인재들을 전문 경영인으로 영입해 간다.

❻ 파벌을 만들지 않으며, 조직과 오너에 충성

삼성은 강한 조직력으로 정평이 나 있다. 조직력이 강하다는 말은 조직이 결정한 방향으로 전 구성원이 합심하여 성과를 일구어내고 조직에 충성한다는 뜻이다. 이는 믿고 맡겨도 오너를 배반하거나 오너의 재산을 탐내거나 하는 경우가 없으니 안심해도 된다는 뜻이다. 그래서 이런 가치관이 잘 훈련된 삼성 출신을 선호한다.

삼성은 체질적으로 구성원들이 사적인 파벌을 만드는 것을 싫어하고 실제로도 드러난 파벌이 별로 없다. 그렇다 보니 조직 자체와 오너를 향한 충정이 다른 조직에 비하여 강하다. 앞에서 본 것처럼 삼성의 구성원 한 사람 한 사람은 벽돌과 비슷하여 단단하기는 하나 서로 다른 특성이 별로 없다. 사내에 학연, 지연 등을 중심으로 규합되는 모임도 없고, 업무와 상관없는 사적인 모임을 터부시 하며 회사 내규로 그런 모임을 용납하지도 않는다. 오히려 삼성이 하나의 거대한 파벌이다. 그래서 모여서 이야기하다 보면 동문이나 동향보다 삼성이라는 조직공동체로서의 공감대가 더 원활하게 형성되어 작동한다.

Forte   삼성에 근무하는 사람들은 동문회, 향우회, 전우회 같은 모임에 잘 나가지도 않을뿐더러 그런 파벌이나 비공식조직 참가를 회피하는 경향이 있다. 필자도 현역 시절에는 그런 류의 모임에 나가본 기억이 거의 없다. 사실 나가기 싫어서 그렇다기보다는 회사에서 그렇게 교육받았고 더욱이 그런 곳에 갈 시간이 없었다. 지인들은 그런 필자에게 핀잔을 주었다. 그러다가 나중에 퇴직하고 늙어서 동

문회나 동향 모임에 나가면 안 받아준다고 하면서 말이다. ▬

　이런 이야기를 길게 하는 이유는 다른 조직을 컨설팅하면서 회사라는 조직에 이런저런 파벌들이 참 많다라는 점을 느꼈기 때문이다. 무슨 낚시 모임이나 골프 모임에서 인사를 결정한다느니, 그런 파벌에 속하지 않으면 진급이 안 된다느니, 누구 줄을 잡아야 한다느니 등등 필자의 경험으로는 이해가 안 되는 우스운 이야기들이 많았다.

　어떤 조직에 컨설팅을 나갔다가 이런 이야기도 들었다. 부사장은 등산반이고 내부경쟁자였던 전무는 낚시반이었는데, 이번에는 등산반 출신이 대거 요직에 기용되었다고 한다. 그런데 그 인사 내용의 골자를 전월 등산 모임에서 결정했다는 소문이었다.

　삼성은 그런 일이 상대적으로 적다. 인사를 오래 담당한 필자의 경험에 비추어 전혀 없다고 주장하고 싶지만, 그룹 내부의 모든 일을 알 수는 없는 노릇이니 적어도 '거의 없다' 고 믿는다. 삼성 출신들은 어떤 기업에 영입되더라도 출신이나 동향끼리 이런 비공식조직을 만들거나 참여하거나 하지 않고 오로지 조직에 충성하는 사람들이 대부분이다. 삼성에서 그렇게 훈련받는 것이다.

　1990년대 중반, 필자는 삼성경제연구소 컨설턴트 생활을 접고 삼성 금융사의 인사부장으로 부임하였다. 삼성의 문화를 잘 모르는 이웃들은 이 소식을 접하고선 '이제 이 집에는 명절 때 선물이 미어터지겠구나' 라며 부러워했다. 하지만 명절에 선물은커녕 쥐새끼 한 마리 얼씬대지 않았다. 집사람은 은근히 기대하였는지 모르지만 필자는 코웃음이 나왔다. 절대 그럴 리 없다는 것을 이미 알고 있었기 때문이다.

삼성은 전통적으로 그런 '줄대기 문화'가 없다. 오히려 후배들이 빈손으로 상사 집을 찾아와 집에 있는 술을 다 동내고, 심지어 어떤 녀석은 취한 몸으로 집안을 난장판을 만들고 가는 경우는 있어도, 상사 집이나 인사담당자의 집에 찾아가서 잘 보이려고 하거나 인사청탁 하는 일은 필자가 아는 한은 절대로 없다.

그만큼 삼성 출신은 사람이나 파벌보다는 조직 전체에 충성하는 성향이 길러져 있다. 집단주의 성향이 확고한 만큼 상사를 존경하고 부하를 사랑하는 그런 사고방식이 강하게 형성되어 있는 것이다.

❼ 노사 문제 해결 기대

삼성은 전통적으로 비노조 경영을 지향한다. 이는 경영철학이기도 하고 그룹 총수의 신념이기도 하다. 필자도 노사관리 현장에 장기간 몸을 담았다. 이런 비노조 경영의 취지는, 첫째 조직력이 분산되는 것을 막고자 함이다. 경영자의 지휘 아래 일사불란하게 목표나 과업을 향해 매진해야 치열한 경쟁에서 살아남을 수 있는 것이 기업의 생존원리인데 노조라는 존재는 그 성격상 조직의 지향성에 반기를 들고 비판하는 것을 본질로 한다. 그래서 결과적으로 조직이 한 방향으로 몰입하는 것을 방해한다.

최근의 과격한 노조들은 경영권, 인사권에도 발을 들여놔 경영활동을 스피드 있게 추진하는 데 브레이크를 거는 일이 많다. 이는 단순히 정책 반대의 문제로 끝나는 것이 아니라 조직력이 흐트러져서 그 피해는 2중, 3중이 된다. 피라미드형 조직은 상하 간의 일사불란한 지휘·복종체계가 원활히 작동할 때 가장 강한 힘을 발휘한다. 아래나 옆으로부터 다른 의견이나 행동들이 돌출되면 조직의 힘과 에너지가 급격히 감소된다.

그래서 이러한 부작용이나 문제 요인을 최소화하고 노조를 통하여 이룰 수 있는 직원의 권리 신장과 복지 향상을 기업 측에서 먼저 실현해 줌으로써 종업원들로 하여금 노조의 필요성을 못 느끼게 하는 것이 삼성의 노사관리 전략이다. 즉 요구하기 전에 제공하는 '선제'가 삼성의 목표다.

두 번째는 사실 노조가 있는 기업이 잘되는 경우도 없진 않겠지만 노사분규로 야기되는 폐해가 많은 것이 아직 우리나라 산업사회의 현주소임은 분명하다. 산업사회가 고도화되면서 한 번쯤 겪고 지나가야 할 홍역이라면 모르되 그런 분규로 인하여 기업의 생존기반조차 흔들거린다면 이는 분명 다른 문제다.

고속으로 비행하는 항공기나 KTX는 작은 새 한 마리나 돌멩이 하나와 부딪혀도 그 궤도를 벗어나거나 추락한다. 급변하는 기업환경이나 시장여건에서 수많은 기업들과의 피 말리는 생존경쟁에서 이기고 살아남으려면 조직 내 구성원들 간에 작은 마찰이나 갈등 없이, 총력을 흐트러짐 없이 한군데로 모아야만 한다.

비즈니스 생태계에서 2등은 아무도 기억하지 않는다. 1등이 독식하는 경우가 태반이다. 그런 환경에서 조직의 의사결정이나 행동이 사분오열되고 더구나 노사분규까지 발생한다면 조직의 발전은커녕 생존조차도 위협받을 수밖에 없는 것은 너무나 자명한 이치다.

수년 전 필자가 유럽여행을 간 적이 있는데, 이동 중 버스를 타니 자그마한 팻말이 하나 기사 옆에 세워져 있었다. 통역을 통해 뭐냐고 물어보니 그 기사는 웃으면서 '지금 노동쟁의 중'이라고 답했다. 피켓에 요구사항을 써서 근무 중 시위를 하고 있는 것이었다. 운행을 중단해 시민들의 발을 묶어 놓고 협박식의 데모를 하는 것이 아니라 일은 하면서도 자신들의 의견을 주장하는 방식이었다.

우리나라의 노사분규나 쟁의도 이런 수준이면 노조의 존재를 굳이 막을 필요는 없다고 본다. 그러나 우리나라 국민성이 워낙 화끈하고 다혈질이라 아직까지는 그런 점잖은 방법으로 투쟁하는 모습을 본 기억이 없다. 언론매체를 보면 상부 노조의 조종 아래 격렬하고 치열하게, 투쟁을 통해 무언가 얻으려 하고 자본가 조직 자체를 와해시키려고 하는 경우가 대부분이었다.

그렇기 때문에 삼성에서는 요청하기 전에 제공하는 한이 있더라도 노조 설립을 막으려고 한다. 비노조 경영철학은 이러한 노조의 부정적 폐해를 염려하여 노조가 없어도 종업원들이 더 잘 생활해 갈 수 있도록 복지나 인사제도를 합리적으로 운용하겠다는 정신과 의지가 담겨있다.

삼성은 조직이 문제없이 잘 돌아갈 수 있도록 상하좌우 간 소통체계의 원활한 작동과 종업원 후생관리에 정성을 다한다. 노사문제가 터져도 현장경영과 소통으로 문제를 해결하고자 최선의 노력을

다 한다. 외견상으로 볼 때 노조가 있는 기업들은 노사 간의 '협조'
보다는 주요 현안에 대하여 '대결과 협상'으로 노사관계를 유지해
왔다는 느낌이 든다.

삼성은 종업원들과 회사의 관계가 '갑과 을'이나 '협상 당사자'
이기보다는 같은 공동체 내의 가족으로 생각하도록 훈련된다. 경조
사 대거 참여 현상이나 외부 비공식조직에 눈 돌리지 않고 삼성 내
부로만 시선이 향하게 되는 현상과 무관하지 않다.

삼성의 경영자나 관리자들은 누구나 노사관리를 자신의 큰 업무
로 생각한다. 삼성은 전 관리자가 노사관리자인 셈이다. 노사관리는
인사부서에서 담당하는 일이 아니고 전 관리자의 조직관리 목표임을
잘 알고 있고 정기적으로 전 관리자에 대한 노사교육을 실시한다.
'노사 문제는 인사부서의 일이고 나머지는 지켜보기만 하면 된다'는
입장에 있는 다른 기업들과는 확연히 다른 측면인 셈이다. 삼성은 노
사관계에 적극적으로 신경을 쓰고 노사문제의 사전 예방에도 적극적
으로 노력함으로써 다른 기업에 비하여 노사문제가 적다.

노사문제가 발생하여 분규화되면 기업이 입는 손실은 실로 막대
하다. 기업 이미지 저하는 물론이고 분규나 농성으로 생산시설이
가동중단 된다면 그 영향은 무시무시하다.

역사를 되돌아보면 삼성전자와 금성사(지금의 LG전자)로 칭해지
던 초기 우리나라 전자산업 육성기에 희비가 엇갈린 사건이 하나
있었다. 1970~1980년대에는 막 시작한 삼성전자의 가전제품보다
는 오랜 역사를 가진 금성사의 라디오나 TV가 품질도 좋았고, 시장
점유율에서 절대적인 우위에 있었다. 하지만 1980년대 후반 민주

화 바람이 거세게 불 때 일어난 노사분규로 금성사가 수십 일간 생산중단이라는 사태를 맞았을 때 노사분규 없이 생산과 판매를 계속할 수 있었던 삼성전자가 금성사를 따라잡고 추월하였다.

특히 수출기업이나 해외기업과 파트너십이 형성되어 있는 기업들의 경우는 이런 노사분규가 해외 파트너들에게 품질이나 납품 시기, 생산량에 대한 불신감을 안겨주기도 한다.

삼성의 관리자나 경영자들은 노사문제를 슬기롭게 해결할 수 있는 방법을 정기적, 지속적으로 교육·훈련 받는다.

오너라면 누구나 자기 업체의 종업원들이 소란 없이 일체감을 가지고 한 방향으로 나아가기를 소망한다. 그래서 오너들은 삼성 출신들을 선호한다. 삼성 출신은 자기 몸 돌보지 않고 노사관계 관리에 헌신하며 현장경영과 소통, 정성과 사랑으로 조직의 문제를 최소화시켜 나간다. 말투나 행동도 노사관계 안정에 부정적인 영향을 끼치지 않도록 훈련받는다. 말꼬리를 잡히거나 작은 허물로 시비가 붙는 경우가 드물다.

최근 어느 강성노조가 있는 금융기업에 필자가 잘 아는 삼성 출신이 CEO로 진출한 적이 있다. 그분이 부임하여 처음 한 일이 노조 사무실 방문이었다. 서로 겸연쩍은 어색한 만남이었겠지만 그분은 노조 관계자들의 손을 잡고 반갑게 인사하며 잘 부탁한다고 머리를 조아렸다. 아울러 이제 한 몸이 되었으니 경영의 주요 현안들을 같이 의논하겠다고 약속하고, 매달 경영현황을 직접(독대) 또는 간접으로 설명하고 경영회의에도 참석시켰다. 그동안 매우 강성이었던 노조는 이후 원만한 노사관계를 형성했고 그분은 지금도 순조롭게 경영을 잘하고 계신다.

노조 집행부의 구성원들도 감정을 가진 사람들인 만큼 자신들을 존중하고 경영 정보를 공유하며 정책에 대한 조언도 같이 나누고 한 식구처럼 대해 주니 경영자에 대한 오해나 편견이 줄어들어 노사관계가 당연히 원만해질 수밖에 없다. 삼성의 부서장, 임원들은 이런 교육을 평소에 철저히 받는다.

❽ 일과 목표에 대한 몰입도와 열정

삼성에서 10년을 버틴 사람은 검증된 사람이란 이야기를 들은 적이 있다. 그만큼 근무강도가 높고 혹독하게 훈련시킨다는 뜻으로 해석할 수 있는데, 필자의 경험상 업무강도가 그렇게 강하지만은 않다. 타 기업에 비해 상대적으로 높기는 하지만 그렇다고 못 견딜 정도는 아니다. 나름대로 익숙해지면 삼성의 일하는 방식이 당연한 것이고, 다른 기업들이 엉성한 것이라는 생각이 들기도 한다. 글로벌 1등 기업이 아무런 이유도 없이 불쑥 나온 것이 아니다.

다만 독불장군이나 외골수 기질은 삼성에서 일할 수 없다는 것은 사실이다. 대부분은 채용과정에서 걸러내고 설사 입사하였다 하여도 분위기에 잘 적응하지 못해 오래 버티지 못한다. 집단따돌림은 아니더라도 그러한 성향을 배척하는 기류가 강해서 대부분 스스로 퇴직한다.

삼성형 벽돌의 모양을 만드는 데 적합하지 않은 재료(?)들은 사전에 또는 초기에 걸러지는 것이다. 그런 뜻으로 '10년을 버틴다'는 용어를 사용하는지는 모르지만 반골기질이나 조직을 생각하지 않는 생각, 판단은 용납되지 않는 분위기가 강하다.

이런 강한 조직지향적 분위기에 억눌려서 억지로 일하는 사람도 더러 있지만 대부분은 적응하고 자신의 길을 간다. 오너 입장에서는 이런 인재를 더 중용할 만한 사람이라고 판단하는 것이 지극히 당연하다. 능력은 차용해 올 수 있지만 이런 충성심이나 조직지향성은 타고나거나 오랜 기간 숙성시켜야 하기 때문에 삼성에서 갈고 닦아놓은 인재를 영입하는 것이 키우는 것보다 쉽다.

다른 기업에도 인재들이 수없이 많이 있겠지만 삼성의 이런 인사 스타일을 잘 아는 오너들은 '선발의 오류'를 범할 확률이 낮다는 판단에서 삼성의 인재를 더 미더워한다.

전자업종을 비롯한 다른 업종도 그렇지만 특히 삼성의 보험회사는 다른 기업군에 비하여 규모나 성과면에서 독보적인 우위에 있다. 삼성생명과 삼성화재는 시장점유율이 30% 전후에 이르는 경이적인 위치에 있고 2~3위 경쟁사들과 비교하여도 발군의 경영실적을 내고 있다. 그런데 한 가지 재미있는 사실은 보험업이라는 업종의 성격상 차별화 요소라는 것이 별로 없다는 점이다. 현대경영의 핵심이라고 흔히들 이야기하는 자금력·기술력·정보력 등의 요소가 보험업에서는 그다지 중요하지 않다.

우선 자금에 대해 살펴보면, 보험업의 특성상 자금이 많이 소요되지 않는다. 기껏 몇백억의 자본금을 가지고 사업을 영위하고 있어 제조업에 비한다면 많은 자금이 아니다. 하지만 지금 삼성의 보험회사들은 자본금의 500배에서 1,000배 가까운 경이적인 매출을 매년 기록하고 있고, 자본금의 2배에 가까운 금액을 매년 사회봉사 기금으로 후원하고 있다. 이러다 보니 회사의 주식가치는 상상을 초월한다. 액면가의 400배를 넘나드는 주식 시가를 형성하는 데는 이런 자본금 대비 매출과 이익창출 능력에 기인하는 것이다.

또한 보험업은 유형의 제품을 생산하는 일이 아니기에 제조업에서 경쟁력의 요소가 되는 구매·생산·물류·재고관리 등도 차별화 포인트가 아니다. 새로운 보험 상품을 개발하면 6개월만 상품판매 독점권을 인정하는 감독기관의 규정 때문에 개발력, 기술력, 정보력도 경쟁 우위를 보증하는 요소가 될 수 없다. 오히려 삼성은 다른 그룹군이 가지고 있는 중후장대(선박, 대형건설, 중공업 등) 산업이 상대적으로 적어서 손해보험의 '당연 가입대상' 물건들이 훨씬 더 적다.

그런데도 삼성은 보험 영업에는 불리하다고도 할 수 있는 환경과 여건을 슬기롭게 잘 극복하고 선두에 우뚝 서 있다. 불리한 여건에도 불구하고 독보적인 1위로 성공한 이유는 결국 삼성의 조직관리, 사람관리 능력에서 차이가 난다는 것 말고는 생각해 내기가 참 어렵다.

보험업은 인지산업(人紙産業)이라서 사람과 종이만 있으면 경영이 된다. 독보적인 경쟁력을 갖는다는 것은 결국 사람에 대한 투자, 사람의 능력을 발휘케 하는 제도나 열정을 불러일으키는 시스템에서 경쟁력이 나온다는 말이다.

사람에 대한 지원과 투자라는 부분은 삼성의 전통적인 장기다. 삼성에서 조직으로 일하고, 조직을 통하여 성과를 창출하는 능력을 제대로 배운 사람들이 필드로 나가서 뛰기 때문에 더 불리한 출발선에서 시작해도 삼성 출신의 성과가 더 높게 나타난다.

사람의 차이에 따라 실제 경영환경에서 어느 정도의 성과 차이가 나는가에 대해 평소 관심이 많았던 필자는 인사부서장 시절에 경쟁사들과의 '맨파워'를 비교해본 적이 있다.

삼성은 타사에 비해 소위 SKY 출신들의 비율이 상당히 낮다. 근무하고 있는 직원 개개인의 잠재능력만을 비교한다면 삼성이 타사보다 나을 것이 없다는 이야기다. 서울 출신도 적다. 대체로 지방 국립대 출신들이 많다. 머리가 좋은 사람보다 열정과 근성을 가진 이들이 장기적으로는 더 좋은 성과를 내는 것이었다.

아울러 고객 스스로가 상품을 비교분석하여 구매를 결정하는 자동차판매업과 보험업은 판이하게 다르다. 보험이라는 무형의 상품을 판매하려면 화법이나 설득 능력도 갖춰야 하지만, 무엇보다 끈기를 가지고 지속적으로 고객을 만나는 것이 관건이다. 인내심과 열정이 없으면 아무리 출중한 전문능력을 보유하더라도 별로 소용이 없다. 따라서 일과 조직에 대한 열정을 키워주는 것이 보험업의 중요한 경쟁력이 됨은 부인할 수 없다.

다른 기업의 CEO들을 폄하하는 것은 아니지만 특히 삼성 출신들은 책임감이 대단하다. 목표가 정해지면 당연히 달성해야 하는 것이고, 달성하지 못하면 어떤 변명도 의미가 없음을 잘 알고 있다.

삼성에는 '당이 결정하면 우리가 행한다' 는 해병대 못잖은 돌격정신이 형성되어 있다.

필자가 컨설팅을 한 어느 식품회사는 해당연도 목표 달성률이 60~70%에 머물러 있었다. 그러나 최고경영자를 제외한 다른 경영진이나 핵심 스태프들조차 목표 미달성을 걱정하지 않았다. 만약 삼성이었다면 긴급 대책회의를 하고 난리도 아닌 상황이 발생했을 텐데 너무나 태평스러운 모습을 보고 놀란 적이 있다. 당시 필자가 느낀 바로는 '능력 대비 너무 과도한 목표를 책정' 했거나 '목표달성이 된 적이 별로 없어서 목표라는 개념이 달성할 수도 있고 없을 수도 있는 것 아닌가' 라는 생각에 젖어 있는 것 같았다. 즉 그들에게 목표달성은 그렇게 절대적인 개념이 아니었던 것이다.

삼성에서는 차기 목표를 현재 능력의 130% 전후로 책정한다. 이는 경제규모나 목표 추진능력의 자연 상승분과 의욕치가 포함된 수준이다. 필자의 경험상 이런 목표를 달성하지 못한 해는 IMF가 닥친 직후인 1998년뿐이었고, 그때를 제외하고는 항상 초과 달성하였다. 이는 늘 적정한 목표(달성 가능하면서도 도전적인 목표)를 설정하였기 때문에 가능하였고, 성과를 위하여 경영진을 포함한 전 구성원이 일치단결하여 일구어낸 결과인 것으로 판단된다.

결산을 하다가 몇몇 연도에서 목표를 과도하게 초과달성하여 오히려 목표를 너무 낮게 책정한 것이 아닌가라는 자성의 소리가 나온 적도 있었다. 즉 삼성은 결코 안일한 목표도, 달성 불가능한 목표도 세우지 않는다. 끝까지 포기하지 않고 도전하면 겨우 이룰 수 있는 정도의 목표를 설정하고 전 직원이 달성을 위해 매진한다. 이런 정신으로 CEO로부터 말단사원까지 혼연일체가 되어 추진하기 때문에 목표는 늘 당연히 달성하는 것으로 인식이 되어 있는 것이다.

이런 훈련이 되어 있는 삼성 출신의 CEO감을 마다할 기업인이 과연 누가 있을까 싶다.

오너가 영입을 후회하는 전문 경영인의 특성

지금까지 오너들이 선호하는 삼성 출신의 특징에 대해 살펴보았다. 그렇다면 반대로 오너들이 싫어하는 전문 경영인의 특성에는 어떤 것이 있을까? 여러 상황과 실제 사례를 종합해 보면 아래와 같은 결론에 이른다.

- 자기 파벌을 만드는 전문 경영인
- 사리사욕을 도모하는 전문 경영인
- 자기주장이 너무 선명한 전문 경영인
- 오너에 대한 절대적 충성심이 떨어지는 전문 경영인
- 오너의 결정에 저항하거나 비방하는 전문 경영인
- 인기몰이나 언론플레이에 앞장 서는 전문 경영인
- 본업 외에 다른 일에 정신을 쏟는 전문 경영인
- 자기 책임을 회피하거나 전가하는 전문 경영인

이에 대해서 하나씩 자세히 살펴보자.

· 자기 파벌을 만드는 전문 경영인

우리나라는 유독 인맥들이 많다. 학연, 지연, 군대, 출신성향별로 모임들이 많다. 조직력이 강한 세 가지 인맥을 칭할 때 ○○전우회, ○○학우회, ○○향우회를 들먹인다. 이 조직 출신들은 서로 결속력이 유달리 강하여 다른 조직에 들어가서도 끼리끼리 뭉치고 사조직화될 공산이 크다. 어느 오너든 조직 내에 자신 외의 파벌을 만드는 것을 긍정적으로 보지 않는다.

어떤 기업에서의 일이다. 능력은 출중하지만 자신의 학교 후배, 출신 후배, 지역 후배들 중심으로 요직을 맡긴 전문 경영인이 위기감을 느낀 오너에게 방출된 사례가 있다. 누군들 자신을 중심으로 뭉쳐지지 않고 영입된 전문 경영인을 중심으로 권력이 모여드는 것을 좋아하겠는가? 영입된 전문 경영인은 이런 점을 특히 조심해야 한다. 일을 잘하기 위하여 마음이 맞고 자신에게 충성을 다하는 후배들을 모으고 싶은 마음이야 누구에게나 있을 수 있지만, 오너 입장에서는 방치할 수 없는 사안이다.

· 사리사욕을 도모하는 전문 경영인

전문 경영인은 오너가 처우를 결정하거나 인사 기준에 따라 연봉을 책정하는 것이 일반적이다. 요즘은 성과배분제나 초과이익배당제, 관련 회사나 숨겨진 방계 회사의 지분 취득, 각종 이권 개입 등으로 장기간 기업경영을 한 CEO 중에 오너 못지않게 부를 축적한 케이스가 꽤 있다. 대기업에서는 전문 경영인으로 근무한 사람이 수백억의 자산가로 등극하는 경우는 물론, 아주 극소수이지만 수천억을 만든 사례도 있다. 정상적인 급여나 처우로 축적된 부라면 자본주의 경제체제에서 누가 뭐라 할 수 없는 일이지만, 비정상적인 경위로 자산을 축적한다면 오너 입장에서 기분 좋을 리가 없다. 결국 그런 재산들은 CEO가 속한 법인의 이익이나 기업의 사회가치를 차감하여 생겨나는 것이기 때문이다.

전문 경영인도 주어진 범주 내에서는 일정 부분 경영 권력을 쥐고 있다. 그래서 알게 모르게 이권도 생기고 자산을 축적할 기회가 생기는 것인데, 쥐도 새도 모르게 추진한다는 것이 사실 불가능하다. 세월이 지나면 자연히 세상에 드러나게 된다. 일부 오너들은 남몰래 주요 보직자들의 뒷조사를 하거나 자신의 심복을 통하여 전문 경영인의 일거수일투족을 관리하기도 한다. 모름지기 전문 경영인은 오너가 정해준 범주 내에서 오너의 승인 아래 정당한 부를 일구어 나가야 오너의 눈 밖에 나지 않고 소임을 다할 수 있다.

· 자기주장이 너무 선명한 전문 경영인

소위 대기업이나 중견기업에 CEO로 영입될 정도의 인물이라면 유명세는 물론 자신만의 고유 경쟁력을 가지고 있다. 그것이 조직혁신 능력이 되었든, 사람을 다스리는 기술이 되었든 또는 전문 기술이 되었든 나름 뛰어난 능력을 소지했을 것이다. 때문에 전문 경영인으로 영입도 되었을 것이다. 그러나 본인의 선명성 때문에 일회성의 용도로 기용되는 CEO도 적지 않다. 전문 경영인은 집안으로 본다면 '집사'에 해당되기 때문에 자기 목소리가 너무 크면 오너의 눈 밖에 나게 된다.

필자가 잘 아는 분이 다른 기업의 CEO로 영입되어 가게 되었다. 이분은 조직혁신 부분에 뛰어난 강점을 가지고 계셨고, 그 기업에서 인사쇄신과 조직혁신을 주도하게 되었는데 그런 와중에 오너 일가의 사람들도 터치하게 되었다. 결국 오너에게 이런저런 투서나 항의가 들어갔고, 오래지 않아 자기 뜻을 제대로 펼쳐보이지도 못하고 CEO직을 그만두어야 했다.

전문 경영인은 자기에게 주어진 범위 내에서 의견을 주장하고 관철해야지 그 선을 넘으면 장기간 CEO로 일하는 것이 불가능하다. 종합적으로 중용의 도를 지키지 않는다면 이런저런 이유로 오너나 조직의 문화와 충돌하게 되고 장기간 버티는 능력이 떨어진다.

· 오너에 대한 절대적 충성심이 떨어지는 전문 경영인

필자도 여러 곳에서 CEO급으로 영입 제안을 받았다고 전술한 바 있지만 극구 사양한 이유는 필자의 성정이 조직에는 충성하지만 사람에게는 타고난 충성심이 없다는 약점 때문임을 부인하지 않겠다. 상사에게 공손히 예의는 지키나 워낙 반골 기질의 집안에서 태어나 진심으로 충성심을 보이지는 못했다. 회사가 잘되기 위하여 필요한 조치는 밤을 새워서 할 자신이 있으나 개인 누구를 위하여 그렇게 할 자신이나 생각이 없었던 것이다.

안타깝지만 전문 CEO로 부임하는 사람은 사람에게 충성하는 능력이 필수적이다. 오너들은 경영력이 일부 떨어지더라도 자신에게 충성을 맹세한 사람은 수용하지만, 아무리 출중한 능력을 가지고 있다 하더라도 자신에게 충성하지 않는 사람은 병적으로 싫어한다. 왜냐하면 기업경영이라는 것이 늘 투명하게만 운영하기 어렵기 때문에 비밀도 있고 함구해야 할 일도 적지 않다. 그래서 오너의 허물을 같이 보완하고 공유하며 죽을 때까지 입을 다물 수 있는 충성심이 있는 사람을 선호하기 마련이다.

오너들이 원하는 전문 CEO의 기본 요건 중에 '조건 없는 충성심'이 1번임은 분명하다. 누구든 자신에게 충성 또는 아부하는 사람을 미워하지 못한다. 어느 기사를 보니 아부를 싫어하는 사람은 1%도 안 된다고 한다. 그래서 어느 정도 이상의 직급에 올라가면 업무능력보다 부하를 잘 관리하고 상사를 잘 섬기는 능력이 가장 중요한 요소가 되기도 한다.

· 오너의 결정에 저항하거나 비방하는 경영인

아무리 능력이 뛰어나고 인품이 훌륭한 경영인이라 하더라도 자신에게 저항하는 사람을 좋아하는 오너는 없다. 충성심이 부족하다는 말과 상통하기도 하지만 은연중에 비방하거나 저항해 겉으로 표시 나지 않은 경우를 지칭한다. 이런 행동도 언젠가는 드러나기 마련이다.

새롭게 영입된 경영자는 대부분 조직 쇄신을 위해 전임 경영진을 비방하거나 비판하게 마련이다. 그 전의 정책을 비판하고 잘못된 부분을 지적해야 새로운 정책을 시행에 옮길 수 있기 때문이다. 현상을 유지하기 위해 외부에서 전문 경영인을 영입하는 경우는 드물다. 그러다 보면 직접적으로는 어렵더라도 간접적으로 오너를 포함한 과거의 경영방식을 부정하거나 비판하는 경우가 생긴다. 드물게는 오너의 비리를 조사하여 정보화하고 이를 무기화하는 경우도 있다. 이런 무기를 갖고 자신에게 불리한 인사를 못하게 오너를 압박하는 전문 경영인도 있지만, 대부분 오너나 전문 경영인 모두에게 상처만을 남기게 된다.

'후임자에게 물려주는 세 가지 위기극복 방안'이라는 짧은 이야기 하나를 소개하겠다.

어떤 기업의 경영자가 후임자에게 비법이 담긴 복주머니 3개를 주며 잘 보관했다가 정말 급할 때 1번부터 열어보라고 당부했다. 어려운 여건에 경영을 맡게 된 후임자는 한 달간 고심하다가 경영이 자신의 뜻대로 잘 풀리지 않자 1번 비법을 열어보았다. 거기에는 '무조건 나를 비판해라. 내가 한 일은 다 잘못되었다고 성토해라'라는 글이 쓰여 있었다. 다소 미안한 생각은 들었지만 안 그래도 그런 마음이 있었던 터라 이것저것 따질 경황이 아니라 그대로 실행에 옮겼다. 현장이든 임원회의 석상이든 전임자를 비난하는 말부터 시작하곤 하였다. 말하자면 지금의 어려움은 전임자로 인한 것이라는 일종의 책임전가 행위였다. 그로부터 1년이 지났다.

여전히 경영이 개선되지 않고 어려움이 지속되자 두 번째 비법을 열어보았다. 거기에는 '내가 한 정책을 무조건 다 바꿔라'고 쓰여 있었다. 비법대로 전임자가 만들어 놓은 대부분의 주요정책들을 대폭 수정해 보았다.

한 1년을 버티고 난 다음 더 이상 조직을 관리할 자신이 없어졌다. 이렇게 되자 마지막 세 번째 비법을 열어보지 않을 수 없었다.

거기에는 '더 이상 버티기 어렵다. 이제는 사표를 써라' 라고 되어 있었다.

누가 웃자고 지어낸 이야기일지는 몰라도 실제 영입된 전문 경영인이 귀담아 들어야 할 프로세스가 아닌가 한다. 새로운 경영자가 살 길은 전임자와 차별화하는 것이다. 그러기 위해서는 오너를 포함한 전임 경영인들을 비판의 대상에서 제외하기가 어렵다. 처음에야 새로운 쇄신을 위해 필요한 조치로 용인이 되겠지만 몇 번 반복되면 누군가 이런 부정적인 내용을 오너에게 고자질하기 마련이다.

또한 경영방식에 대한 의견 차이를 드러내는 경우도 있다. 이런 것이 오너의 심기를 강하게 자극해 영입할 때의 필요성을 잊어버리고 즉시 해고하는 사례도 많다. 오너 입장에서는 조직관리 능력도 중요하지만 자신이 결정한 방향과 다른 방향으로 가고자 하는 전문 경영인은 쓸모가 없다. 물론 오너가 없는 공기업의 경우는 약간 상황이 다를 수도 있다.

오너도 지속적으로 경영 현안에 의견을 내고 싶어 하고 자신의 의견을 존중받고 싶어 한다는 점을 명심해야 한다. 때문에 자신의 의견에 반대하거나 토를 다는 사람을 오너들은 좋아하지 않는다.

· 인기몰이나 언론 플레이에 앞장 서는 전문 경영인
자신의 치적이나 활동을 언론에 드러내기를 좋아하는 경영인이 있다. 정책발표에 기자를 초대하고 자신이 봉사활동이라도 하러 가면 홍보담당자를 닦달하여 언론에 보도되도록 조치하고, 작은 상이라도 받을라치면 대내외 홍보에 몰입하는 등 조직관리보다 외부활동에 더 신경을 쓰는 경영인을 오너들은 못마땅해한다.

물론 조직의 위상 제고나 대외에 브랜드를 알리는 계기가 됨은 사실이지만 오너들은 전문 경영인이 자신의 조직에 함몰하여 외부보다는 내부관리에 더 신경 써줄 것을 원한다. 어느 누구나 잘한 점은 부하나 상사에게 공을 돌리고 잘못한 일은 책임지는 자세를 가진 경영자·관리자를 원한다. 신문이나 방송에 자신의 얼굴이나 치적이 나가길 좋아하면 오너로부터 미움 받을 것을 각오해야 한다.

또한 늘 웃음으로만 조직을 관리하려는 경영인도 환영받지 못한다. 웃음이 넘치는 즐거운 일터가 좋다는 것이야 누구든 동의한다. 하지만 비즈니스를 하다보면 때로는 독설 섞인 독려도 해야 한다. 전문 경영인이 자신의 평판만 좋게 하기 위하여 대중연설가나 엔터테이너로서만 활약하려고 한다면 오너가 좋아할 리 없다. 악역을 맡겼는데 자신은 좋은 평만 들으려 한다면 외부 영입의 의미가 없다.

경영자란 종합예술인이라서 좋은 것도 싫은 것도 가리지 말고 기꺼이 몸 바쳐 일할 수 있어야 한다. 무대의 앞면에서 멋있게 벌리기만 하고 누군가가 뒤치다꺼리를 해주어야 할 경영인을 원하는 오너는 없다고 봐도 무방하다.

· 본업 외에 다른 일에 정신을 쏟는 전문 경영인

경영자가 자신의 주요 미션보다 다른 일에 주력하는 경우도 있다. 예를 들면 책을 저술한다든지, 강의에 자주 나간다든지, 박사 학위를 취득하기 위하여 학교를 나간다든지 아니면 종교생활이나 자신의 취미생활에 시간을 너무 많이 할애한다든지 하는 분들은 장기간 CEO의 자리에 머물기 어렵다.

사람마다 자신의 선호가 있어 다양한 과외활동을 할 수 있다. 하지만 기업의 CEO는 작게는 수십 명에서부터 많게는 수만 명의 생계를 책임지는 자리다. 그래서 본업에 더 몰입하고 현장을 더 돌아보고 경영혁신과 조직 발전에 헌신적으로 몰두하기를 오너뿐 아니라 조직원 전체가 원한다. 경영 외에 종교활동이나 기타 과외활동, 자기계발에 정신을 쏟다보면 자연히 경영일반과는 거리가 생기기 마련이다. 자신은 조용히 아무도 모르게 하는 일이라고 생각하거나 퇴근 후에 하는 일이라 하더라도 오너 입장에서는 정신을 분산하는 행위라고 생각한다.

모름지기 CEO 역할을 위임받은 사람은 그 조직의 일에 자신의 생각과 시간, 정신과 열정을 다 바치는 사람이 되어야만 조직과 오너에게 만족할 만한 평가를 얻을 수 있다.

· 자기 책임을 회피하거나 전가하는 전문 경영인

관리자(크게는 전문 경영인까지 포함)에는 '책임전가형, 장렬전사형, 선제공격형'의 세 가지 유형이 있다고 한다.

'책임전가형'은 경영진과 종업원 사이에 어떤 문제가 발생했을 때 상사(오너)나 부하에게 그 잘못의 책임을 돌리는 형이다. 잘못된 의사결정으로 근로자가 사고를 당했다면 이 부류의 인간들은 '그런 큰 의사결정을 내가 할 수 있었겠어? 상부의 지시 혹은 정부의 방침이라 어쩔 수 없었어'라고 하며 자신만 그 책임에서 빠져나간다.

사실 대부분의 인간은 어떤 문제가 발생했을 때 순순히 자신의 책임이라고 인정하거나 사죄하는 것을 두려워한다. 그 책임을 인정하는 순간 자신에게 상응한 벌이나 불이익이 닥칠 것을 염려하기 때문이다. 하지만 전문 경영인이 그런 식으로 행동하다가는 오너와 부하 모두에게 버림 받을 가능성이 크다. 무언가 조직에 잘못이 있을 때 설사 자신의 과오로 생긴 문제가 아니라도 스스로 관리자, 경영자로서의 책임감을 느끼고 의연히 나서는 것이 오히려 살아남는 방법이다. 병법에 '살고자 하는 사람은 죽고, 죽고자 하는 사람은 산다'는 구절이 있는데 바로 이 경우를 말한다.

'장렬전사형'은 '책임전가형'과 정반대로 행동한다. 자신이 직접 관계치 않은 일도 무조건 자신의 책임으로 돌리고 결국에는 자신이 희생되는 유형이다. 날아오는 화살로부터 오너나 상사를 보호하기 위해 자기 몸으로 받아내는 충직한 부하들과 같은 경우다. 이런 분들은 오히려 상사의 책임이 분명해도 내가 그랬다고 나서는 형이다. 경영자나 오너 입장에서는 너무나 고마운 사람임에 분명하지만, 이런 일들이 하나 둘 쌓이게 되면 그 상처들이 스스로를 지탱하기 어렵게 만든다.

자기 책임을 인정한 사람을 왜 계속 기용하느냐는 압박이 상하좌우에서 나오기 마련이다. 이렇게 되면 오너는 마음에 걸리고 아깝지만 용퇴를 시킬 수밖에 없다. 다른 자리를 마련해 주거나 퇴직금을 두둑하게 주는 선에서 보상을 대신하기도 한다. 책임전가형보다 낫기는 하지만 장기적인 관점에서 보면 장렬전사형도 그다지 바람직한 경우는 아니다.

마지막 유형은 '선제공격형'이다. 문제가 생기기 전에 먼저 상대방을 공격함으로써 그 문제의 화살이 회사나 관리자, 경영자에게 날아오는 것을 사전에 예방한다. 필자가 모시던 상사 중에 이런 분이 계셨는데 늘 사원대표(노조와 유사) 사무실을 정기적으로 찾아가서 이런 저런 화두를 던지고 온다.

예를 들면 '복지제도 개선을 위하여 카페테리아 방식을 도입하면 어떠냐? 이건 종업원 복지와 관계되니 노조에서 연구해 보는 게 좋겠다' 또는 '순환근무제가 이런저런 문제가 있는데 노조에서 좋은 아이디어를 내어 달라' 등등 경영진들이 결정해야 하나 여러 가지 후유증이 예상되는 난제들을 미리 노조에다 숙제로 던지는 식이다. 이를 숙제로 받은 노조는 끙끙대다가 회사를 공격할 거리들을 생각할 시간을 잃는다. 그 상사는 정기적으로 노조를 방문하여 '그 연구는 잘되어 가느냐? 그 방식은 검토 해봤냐?'는 식으로 오히려 닦달을 하며 관리하는 것을 보았다. 그런 공격적인 경영은 오너에게 돌아올 수도 있는 화살을 미연에 방지하는 결과가 되었다.

관리자나 전문 경영인은 이 세 가지 유형 중에 세 번째 유형을 행동의 중심에 둔다면 오너에게도 신임 받고 종업원들로부터도 존경을 받는 절묘한 관리자가 될 수 있다. 최소한 전문 경영인이라면 책임을 전가하거나 회피해서는 절대로 환영받는 CEO가 될 수 없다는 것을 명심해야 한다.

'경영은 예술이다' 라는 말이 있다. 그만큼 오묘하고 정답도 없는 것이라는 이야기다. 예술이라는 정의에는 과학적인 접근으로 안 된다는 뜻도 내포하고 있다. 이론적으로 설명하거나 할 수도 없다는 이야기다. 정해진 해답이 있다면 그렇게 하면 되겠지만 시대에 따라 다르고 업종에 따라 다르고 기업의 수준과 역사에 따라서도 다르며 경쟁 상태나 경영 여건에 따라서도 다르다.

경영이 그만큼 어려운 것이면, 최일선에서 헤쳐나가야 하는 CEO들은 어떤 자질을 갖춰야 할까? 대체로 유수의 기업들은 CEO 양성 과정을 운영하고 있다. 미국의 GE도 경영자 양성코스(succession course)를 운영하고 있고 일본의 마스시타에는 '정경숙' 이라는 정치 지도자 과정이 있으며 삼성은 SLP(senior leadership program)가 있다. 군에는 장군을 양성하는 국방대학이 있으며 공무원들도 이사관급으로 진급할 때 국방대학원에서 위탁교육을 받는다. 일반적으로 CEO에게 요구되는 자질은 이 교과 과정을 일별해 보는 것이 의미 있는 접근이 될 것이라 생각한다.

또 한 가지는 기업의 생존과 발전에 필요한 핵심 요소를 찾아서 그 줄기를 살펴보는 방법이 있다. 경영자든 관리자든 경영관리 요소는 '일(목표·과업), 조직, 사람' 3가지가 주 대상이다. 이 3가지를 어떻게 잘 관리하고 유기적으로 결합, 조율, 균형점을 맞추어 가는지에 따라 성공적인 CEO로서 활약 여부가 결정된다.

다른 또 한 가지 방법은 현재 CEO로 성공했다고 인정받는 사람이나 인구에 회자되는 유명 CEO들이 갖추고 있는 성향과 특질을 찾아보면 경험적인 사례에서 정답에 접근할 수 있지 않을까 생각해 본다. 참고로 삼성에서 임원을 평가하는 요소는 다음과 같다.

· 전문능력 : 해당 분야 전문지식, 기술, 노하우, 경험

· 경영성과 : 최근 3년간 또는 해당 직급 체류 시의 업적

· 충 성 심 : 회사에 대한 충성심, 조직에 대한 충성심, 주인의식

· 리 더 십 : 판단력과 결단력, 조직 장악력과 목표 달성력

· 인　　성 : 희생정신, 팀워크 능력, 포용력, 협조성, 인간성, 도덕성
　　　　　　 과 청렴성

그러나 이런 요소를 객관적으로 정확히 평가하여 반영하기란 쉽지 않다. 나름대로 최고의 위치에 올라와 있는 사람을 판단하는 일

은 말처럼 쉬운 것이 아니기 때문이다. 특히 과거 오랜 경험이 쌓인 직무는 모르되 신규진입 업종이나 새로운 변화를 시도할 때 이런 판단을 한다는 것은 무리다. 그래서 5가지 평가항목이 있지만 그 직종이나 타이밍을 감안하여 종합평가하는 것으로 갈음한다.

사실 직원들의 평가는 엄정하고 객관적이지만 임원평가는 최고 경영자의 판단에 맡기는 것이 경영의 원리가 아닌가 한다. 다만 상기한 다른 기업이나 해외 선진사들의 임원 교육항목과 평가항목을 포함하여 종합적으로 유추해 보면 다음과 같은 능력이나 자질을 현대 경영자에게 공통적으로 요구하고 있다.

관리자로서의 기본 자질	책임감, 조직장악력, 리더십
방침설정 능력	미래/위기 극복을 위한 전략적 상황판단력/방침설정력
대외 능력	관련 대외 기관이나 고객, 협력사들과의 제휴 · 설득 · 친화력
창의력	스스로의 창의적 경영 능력, 구성원들의 아이디어 수용 능력
글로벌 마인드 · 능력	어학 능력을 포함한 열린 마인드와 글로벌 친화력
열정과 근성	스스로의 열정, 구성원에게 열정을 유발시키는 능력
인재 육성 능력	후배 및 후계자 양성을 위한 체계적인 노력과 행동

삼성 출신이라면 반드시 갖추고 있는 자질들

여러 가지 CEO의 자질 중 삼성에서 성장한 사람이라면 반드시 가지고 있는 자질을 좀 더 심층적으로 살펴보자.

삼성이라고 하여 모든 평가항목에서 최고점을 받는 인재들만으로 구성될 수는 없다. 하지만 대체로 다음과 같은 자질들은 경영진으로 선발할 때 성과나 실적 등의 외형적인 지표와 함께 중점적으로 체크하는 부분이라 삼성 출신이라면 상대적으로 달성 정도나 성취수준이 더 높다고 하겠다.

· 책임감 · 충성심 · 청렴성 · 도덕성

· 희생정신 · 열정 · 도전의지 · 규율성

필자가 20년 이상 인사부서에서 지켜본 바로는 삼성에서 고위직으로 올라가려면 이 자질들을 모두 갖춰야만 한다. 물론 이 요소들은 다른 기업의 훌륭한 CEO들도 어느 정도는 갖추고 있을 것이다.

책임감_ 결과 이외에는 어떠한 변명도 하지 않는다

삼성 출신은 강한 책임감을 가지도록 양성된다. CEO로 성장하려면 본인의 능력과 실적으로 자질을 입증받아야 하는데, 이는 투철한 책임감이 없으면 불가능하다. 하지만 책임감도 뛰어나면서 조직 구성원 누구에게나 좋은 평을 받을 수 있는 팔방미인형 경영자는 별로 없다. 그래서인지 삼성의 최고경영자 중에 성격이 온화한 사람을 만난 기억이 별로 없다.

성격이 온화하다 보면 강한 책임감이 형성되기 어렵다. 경영자의 조건에 온화하고 부드러운 이미지가 불필요하다고 할 수는 없지만, 적어도 필자가 보아온 삼성 CEO의 전형적인 모습은 '강한 의지와 책임감을 가진 열정적인 사람'이다. 따라서 반감을 가지는 사람도 내부에 적지 않고 개인적인 불만도 있을 수 있지만, 대체로 그 사람이 가진 능력과 장점, 열정으로 인해 작은 불만요소들은 묻히는 편이다.

삼성의 조직관리는 목표달성을 그 원초적 전제로 한다고 앞에서 밝혔듯이 그런 경영상의 책임감은 호인으로만 행세해서는 달성할 수 없다. 필자가 모신 여섯 분의 CEO 중에 성격이 부드럽고 온화한 분은 한 분도 없었을 뿐만 아니라 어떤 상황에서도 강한 책임감을 가지고 업무에 매진하는 모습을 보고 놀라워했던 기억이 많다.

삼성에서는 부드러운 이미지만 가지고는 경영자로 성공할 확률이 낮다. 경영자라면 때로는 강한 질책도 해야 하고 때로는 부드러운 카리스마도 발휘해야 한다. 삼성 경영자들의 잠재의식 속에는 항상 강한 책임감이 흐르고 있다. 그렇다 보니 늘 강한 모습으로만 비치는 것이 현실이다. 경영목표 달성, 조직관리에 대한 총체적인 책임감은 삼성 출신의 최고의 덕목이다. 삼성에서는 결과 이외에는 어떠한 변명도 용납되지 않는다.

공정하고 투명한 평가요소로 삼성의 CEO 자리까지 올라갔다면 당연히 책임감도 높이 형성되어 있다고 볼 수 있다. 경영 프로세스가 합리적이고 공정한 편이라 책임을 회피하고 이런저런 변명을 늘어놓을 만한 거리도 별로 없다. 온전히 자신의 능력과 열정으로 경영을 하고 그 책임도 감수해야 하기 때문에 강한 조직관리나 독려가 필수적이다. 따라서 경영성과가 나빠 해임되더라도 불만이 상대적으로 적다. 오랜 기간 인사부분에서 근무했지만 이의제기나 불만을 표출하는 CEO를 본 적이 없다.

선배들도 늘 그래 왔고 핑계 댈 것도 별로 없기 때문에 온전히 자신의 책임하에 경영을 완수하고 성과가 신통찮으면 해임도 달게 받도록 훈련되어 있다. 이러한 책임감은 개인적인 성정의 차원도 있지만 삼성의 경영 여건이 그만큼 투명하여 자신의 공과가 적나라하게 드러나기 때문이 아닌가 생각된다.

충성심_ 해병대보다 강한 삼성 출신의 조직애

조직에 대한 충성심 부분에서 삼성의 임원들을 따라올 사람은 없다. 장기간의 평가와 세밀한 관찰, 엄정한 심사를 통하여 임원으로 승진하기에 그런 자질을 가진 사람들만으로 구성된 집단이기도 하지만, 비단 임원이 아니라 하여도 삼성 출신들은 여러 가지 육성방법과 단련 기회를 통해 조직에 대한 충성심만큼은 철저히 형성된다.

조직에 대한 충성심이란 말은 책임감과도 맥을 같이 한다. 일사불란함이나 공동체의식, ‘싱글 삼성’에 대한 강한 노력 덕분이기도 하다. 또한 최고의 대우를 해주고 최고의 시설에서 근무하게 함으로써 자긍심을 고취시켜 조직에 대한 충성심을 유발하기도 한다.

Forte 충성심이 부족한 사람들은 승진심사 과정에서 자연 도태되기에 상위 직급으로 올라갈수록 회사에 대한 충성심이 부족한 사람들이 설 자리가 없다. 삼성의 강한 조직력은 이렇게 형성된 충성심을 바탕으로 해서 나온다.

충성심에 대한 삼성만의 평가 지표나 방법이 따로 있는 것은 아니다. 하지만 주위의 평판이나 업무수행 태도를 관찰하면 알 수 있는 일이라 지표화되지 않는다고 하여 판단조차 어려운 것은 아니다. 일을 아무리 잘하더라도 충성심이 부족하면 고위직으로 승진한다는 것은 사실 매우 어렵다. 고위직 임원이란 조직뿐만 아니라 오너에 대한 충성심도 자동적으로 판단되는 것이라는 평이 삼성 내부의 중론이다. 관리자급인데 회사에 대한 방관적 태도나 비판적인 분들을 다른 회사에서 본 적이 많다. 하지만 삼성에서는 과장급 이

상만 되더라도 조직지향성이 강하게 형성되어 거의 회사 측 자산이 된다. 직원들과 부화뇌동 하거나 노사분규 시에 뒷짐 지고 지켜보는 관리자는 찾아보기 어렵다. 이런 점들이 회사 입장에서는 경영에 얼마나 큰 자신감이 되는지 겪어본 사람은 알 것이다.

충성심이 뛰어나다 보면 시키는 일은 잘해내지만 새로운 일을 벌이는 창조성은 다소 떨어지기 마련이다. 삼성의 CEO 중에 창조성이 뛰어난 사람이 없는 것은 아니나, 창조적이려면 대체로 독단적인 면을 같이 가지고 있어야 하고 전체적인 분위기에서 동떨어질 확률이 높아서 장기적으로 성공하는 경우는 많이 보지 못했다. 소위 '벽돌론' 의 부작용인데 일단 방침이 정해지고 방향이 정립된 일은 불같이 이루어내는 데 비하여 새로운 일은 주저하는 경우가 많다.

그래서 선진사들을 거의 따라잡은 지금부터가 삼성의 추가적인 발전에 고비가 될 것이라고 우려하는 사람들이 많다. 미국이나 일본, 독일의 선진기업들을 벤치마킹해서 그들을 따라잡기는 하였으나 앞장서서 새로운 세계를 만드는 창조성은 삼성의 마인드로는 용이한 일이 아니다. 오너는 이런 면에서 미래를 걱정하는 것인데 여러 가지 방법으로 창조성을 보완하고 있지만 원초적으로 생성되어 있는 집단주의 성향이 창조성을 방해하는 것은 사실이다. 일사불란함도, 강한 조직력도 새로운 창조에는 장애가 된다. 엉뚱한 발상을 장려하기는 해도 선뜻 나서는 이가 적고, 이단을 못 참는다. 그래서 창조적인 분야의 성취는 상대적으로 낮은 편이다.

청렴성, 도덕성_ 삼성 출신은 청백리여야 한다

삼성의 엄정한 감사나 부정에 대한 결벽증은 이제 세간에도 많이 알려졌다. 평균적인 경우 최소한 15년 이상의 직장생활을 거쳐 임원이 되고 CEO까지는 25년 전후를 소요하면서 여러 번의 개인 정밀 감사나 진단을 거친다. 작은 부정도 용서하지 않는 풍토와 분위기 때문에 정말 사생활이 깨끗하다고 검증된 사람만이 임원으로 승진한다. 또 그런 사람들 중에서 최고경영자가 선발되는 것이라 청렴성과 도덕성 만큼은 삼성의 임원이라면 확실한 보증을 받는 것이라 믿어도 좋다.

1원이라도 회사 공금을 유용하거나 횡령한 경우 용서가 없다. 100억 원 규모의 사업을 실패해도 조직을 위하여 한 일이라면 용서받을 수 있지만 사리사욕을 도모하는 행위는 아주 작은 것도 용서되지 않는다. 이런 분위기이기에 도덕성과 청렴성은 삼성인이라면 누구나 갖춰야 하는 기본 자질에 해당한다. 특히 임원급이나 경영자는 공과 사를 엄격히 구분하고 더더욱 깨끗한 사생활을 해야 한다.

희생정신, 열정, 도전의지_ 삼성 출신은 일을 사랑한다

삼성의 어떤 경영자는 10년 동안 가족들과 영화를 같이 본 기억이 없다고 말했다. 바람직한 일은 아니지만 그만큼 회사 발전에 정성과 열정을 쏟다 보니 가족들을 돌아볼 여력이 없었다는 뜻일 게

다. 요즘은 많이 잦아들었지만 급하고 필요하면 휴일이든 심야시간
이든 가리지 않고 회사 일에 몰입하는 것이 삼성인이다. 최고경영자
부터 이런 분위기가 형성되어 있으니 부하직원들은 더 열심히 할 수
밖에 없고 이런 열정이나 투지가 삼성 경쟁력의 핵심요소가 되었다.

반대로 요즘 입사하는 젊은 인력들은 이런 분위기를 좋아하지 않
는다. 40~50대들은 입사 이후 사원 시절부터 이런 풍토에 젖어 있거
나 경험을 한 세대라 저항감이 별로 없지만, 요즘 형제가 한두 명에
불과하여 귀하게 성장한 아이들은 이런 희생정신이나 조직에 대한
열정이 과거에 비하여 많이 희석된 게 사실이다. 그래도 동일한 경영
여건에서 삼성이 맡으면 상대적으로 조기에 성장하는 이유 중에 하
나가 이런 조직을 위한 희생정신, 의지임을 부인하기 어렵다.

규율성_ 삼성 출신은 엄격하다

삼성인들은 규율에 대단히 엄격하다. 정직하고 투명한 업무관행 `Forte`
이 지향가치이다 보니 그렇기도 하지만 정해진 규율은 무조건 지키
는 것이 토착화되어 있다. 개인적인 약속도 늦지 않도록 10분 전에
는 도착하는 것이 묵계로 되어 있고, 남보다 늦게 와서 사과하는 것
을 굉장히 터부시한다.

필자가 삼성경제연구소에서 컨설턴트로 재직하던 시절에 벤치
마킹단을 구성하여 일본을 간 적이 있다. 삼성 출신은 물론 여러 타
기업에서 그 직무경험을 가진 분들과 함께 선진 경영사례를 둘러보

고 새로운 사업으로의 진출을 타진하기 위해서였다. 동경에 도착해 숙박을 하고 아침 8시경에 숙소에서 출발한다고 공지되었다. 다음 날 아침 7시 50분에 집합장소에 나가보니 삼성 출신은 예외 없이 이미 집합해 있었다. 하지만 다른 기업 출신들은 약속시간이 다 되어서 나타난 분들이 대부분이었고 한 10분 지각한 분도 있었다. 뭐 처음이고 들뜬 기분으로 나간 외국에서 일어난 일이라 그럴 수도 있지만, 이러한 단체생활에 대한 규범 지키기는 삼성인에게는 필수적인 일이다.

그날 10분 늦게 나온 사람은 유명 대기업 출신이었는데 지각하면서도 느긋한 걸음으로 왔고 미안하거나 죄송하다는 인사도 없었다. 여유시간이 있는데 굳이 딱 정시에 출발하지 않아도 되지 않느냐는 생각이었을 것이다. 그런 판단이 딱히 틀렸다고 할 수는 없지만 먼저 내려와서 기다렸던 삼성 출신들은 이해할 수 없는 행동이라며 속으로 짜증을 삭였다. 이는 공동체의식이 밑바닥에 깔려 있기 때문에 나타나는 행동이라고 생각되는데 조직으로서 본다면 이처럼 단단하게 조합되어 있는 벽돌들도 없을 것이다.

CEO를 데려가면서 규율성이라는 가치가 과연 어느 정도의 비중이 있느냐는 점에서는 저마다 생각이 다르겠지만 이런 풍토에서 성장했기 때문에 임원이 되어서도 행동이나 말이 표준적이고 예측이 가능하다는 점을 강조하고 싶다. 소위 엉뚱한 일을 벌이거나 사고 칠 가능성이 적다는 표현으로 봐도 좋을 것이다.

02

삼성에게
배우려는 것은
무엇보다
조직력이다

삼성은 강한 조직력을 가지고 있다

우리가 흔히 '조직력이 강한 집단'이라고 말할 때, 그 조직력을 구성하는 일반적인 요소는 무엇일까? 여러 학자들이 이런저런 이론들을 내놓고 있지만 26년간 거대 기업의 인사·조직관리 일을 했고 여러 기업을 컨설팅한 필자의 경험에 비추어 보자면 '목표달성력', '위기대응력', '활성력' 이 세 가지로 압축되는 것 같다. 조직력이라는 용어가 다소 막연하고 추상적인 단어지만 이렇게 세 가지 요소로 쪼개 놓고 보면 조금은 명확해진다.

목표달성력

목표달성은 어쩌면 거꾸로 조직력이 없으면 불가능하다. 그래서 오히려 조직력의 결과이기도 하다. 비즈니스 환경에서는 모든 것이 맞물려 돌아가기에 원인과 결과를 구분하기가 쉽지는 않지만, 어떻게 해서든 기어이 어려운 목표를 달성해 낸다면, 그것이 조직력이 있다고 판단할 수 있는 근거가 된다. 삼성은 주어진 목표는 무조건 달성해 내는 집단이라는 점에서 상대적으로 조직력이 강하다고 판단할 수 있다.

삼성은 목표가 주어지면 특별한 변수가 없는 한 반드시 달성해 내고야 만다. 그래서 경영진들은 자신감을 가지고 마음 놓고 자신의 스타일대로 지휘할 수 있다.

위기대응력

기업이 순항할 때는 누구나 잘할 수 있지만 노사분규가 발생한다든지, 회사에 화재가 발생한다든지, 기타 예기치 못한 어려운 상황이 생겼을 때 구성원들이 어떻게 행동하는가의 정도와 수준을 의미하는 게 '위기대응력'이다. 이는 조직에 대한 애정이나 응집력, 일체감이 어떻게 형성되어 있는가와 맥을 같이한다.

회사에 노사분규가 발생하였을 때 관리자 중에는 방관하는 사람 Forte 도 있고, 같이 걱정하고 힘을 합치는 사람도 있다. 삼성에는 조직에 우호적이고 긍정적인 사람이 방관자보다 훨씬 더 많다. 즐거운 자리를 같이 할 수 있는 사람이 있고 어려울 때 도움이 되는 사람이 따로 있다고 하지만, 삼성에는 위기를 만나도 수수방관하지 않고 회사를 위해 땀흘려 뛰는 사람들이 많아서 위기대응력이 높다. ▬

활성력

잘되는 조직 내부를 들여다보면 늘 구성원들의 에너지가 왕성하고 시끌시끌하면서 대화나 소통이 잘되고 쉴틈없이 꿈틀거린다. 조직력은 어쩌면 이런 활성력의 결과이기도 하다.

사실 한 방향으로의 집단적 공동체의식이 왕성한 삼성 같은 조직에서 단위 개체간의 활성력을 만든다는 것은 쉬운 일이 아니다. 그래서 삼성은 그런 활성력을 만들기 위하여 여러 가지 의사소통제도나 참여제도, GWP(Great Work Place) 운동 등 제도적인 노력들을 한다.

활성력이 있는 조직은 많다. 그러나 이런 활성력을 바탕으로 조직의 목표를 기필코 달성하고, 위기에서도 똘똘 뭉쳐서 극복해 내는 조직이 '진정한 조직력' 을 갖췄다고 봐야 할 것이다. 이 세 가지 요소를 전부 균형 있게 갖춰야 조직력이 있다고 할 수 있을 것이고, 한두 가지만 있다면 그 조직력을 속단하기가 매우 어렵다.

삼성의 강한 조직력은 어디서 나오는가

대학을 졸업하고 입사할 무렵의 사원들은 성향이나 자질이 서로 엇비슷하다. 그런데 다른 기업에 입사한 인력보다 왜 삼성의 사원들은 조직력이 특히 더 강하게 육성되는지 그 이유에 대해 살펴보자. 특히 CEO로서의 자질을 찾아보기 위해서는 그 CEO가 양성되는 토양이 되는 조직문화나 인사제도를 파악해 보는 것이 중요하다. 이렇게 강한 인재로 키워내는 삼성 조직력의 비밀은 어디에 있는지를 먼저 살펴봐야 한다.

삼성에는 '공정한 인사, 청결한 조직, 강한 교육'이 있다. 이 3가지 요소가 삼성의 강한 조직력을 낳았다는 데는 대내외적으로 누구나 인정하고 동의한다. 정상적인 삼성맨이라면 이 세 가지를 철두철미하게 교육받았고 문화나 전통으로서 체화되어 있다.

기업 경영인이라면 이 세 가지의 중요성을 잘 알 것이다. 하지만 실제 비즈니스 현장에 적용해서 현실화시키고 조직문화로 승화시키기란 말처럼 쉽지 않다.

공정한 인사

삼성의 강한 조직력을 만드는 첫 번째 요소는 '공정한 인사'다. 삼성은 합리적이고 '공정한 인사'로 정평이 나 있다. 인사에 대한 구성원의 불만이 상대적으로 적을뿐더러 승진이나 발령에 정실(情實)이나 인맥, 사적인 감정 등이 개입되는 일이 없다. 그렇다 보니 인사에 관한 한 회사의 조치에 순응하는 것이 삼성 구성원들의 일반적인 분위기다.

누구나 자신의 인사에 늘 100% 만족할 수는 없다. 하지만 불만족스러울 때 스스로의 책임이 아닌 제도나 다른 요인의 핑계를 대면서 불평불만을 터트리는 직장인들이 많은데, 삼성은 그런 빌미가 될 일을 원천적으로 차단한다는 뜻이다. 따라서 삼성인들은 '인사는 인사부서나 상사가 하는 것이 아니라 자신이 하는 것'이라는 생각이 강하다. 자신이 열정적으로 일하여 좋은 성과를 낸다면 더 좋은 평가를 받게 되고 승진이나 높은 보수가 보장되는 것임을 자각하고 있다.

그만큼 본인이 만들어 가는 성과와 실적이 평가의 가장 중요한 요소가 되고, 상대적으로 외부의 변수가 개입할 소지가 적다. 그래서 스스로 열정과 근성을 최대한 발휘하면 삼성에서 성공할 수 있다고 생각한다. 누구든지 소위 빽이나 인맥 없이 자신의 능력과 열정만으로 경영자 반열까지 승진이 가능하다 생각하고 실제 그렇게 성공한 사례도 많다. 그래서 구성원들은 자신의 승진과 성장에 '제한 없는 비전'을 품고 열정적으로 일한다.

인사 자체도 밀실에서 인사담당자와 사장만 참여하여 결정하는 방식이 아닌, 합리적인 판단기준이 공개되어 있고 그 지표만으로도 자신의 승진 여부를 대강 알 수 있다. 또한 '인사관리 위원회'라는 것을 열어서 인사제도로 다 가려내지 못한 개인별 자질과 능력, 성과에 대한 평가를 더욱 객관화시켜나가는 데 활용한다. 그래서 조직구조나 인사제도 상의 한계 때문에 생긴 소외된 인재를 구제하기도 한다.

이중으로 마련된 인사관리 체계가 인사의 공정성을 보장하니 구성원들은 회사를 믿고 자신의 업무에만 매진하게 되고, 인사담당자를 찾아가 청탁을 하거나 상사의 눈치를 보며 매달릴 일도 없다.

피라미드형으로 이루어진 현대 기업의 조직구조상 경쟁에서 승리한 아주 극소수의 사람만이 실제로 경영자로 승진하겠지만, 시스템상으로는 전원에게 동등한 기회가 열려 있다. 이런 점들이 대다수의 구성원들이 몰입하여 주어진 목표에 매진하게 만드는 가장 결정적인 요소인 것이다.

청결한 조직

삼성의 강한 조직력을 만드는 두 번째 요소는 '조직의 청결성'

이다. '청결한 조직'이란 공정한 인사와 맥을 같이 하는 말로, 뒷거래나 음성적·부정적인 의사결정이나 개인적·사적인 감정으로 조직이 끌려가지 않는다는 뜻이다. 삼성은 부정부패가 타 기업에 비해 상대적으로 적고 깨끗한 의사결정과 청결한 조직문화가 형성되어 있다.

따라서 인사 시에 누구를 찾아간다든지, 뇌물로 무슨 일을 이루고자 한다든지, 외부 거래처로부터 접대나 선물을 받는 일은 거의 없다. 1원이라도 부정한 돈을 받거나, 이유 없이 선물을 받거나, 회사 공금을 사적으로 사용하거나 하면 예외 없이 해고를 비롯한 강한 징계가 내려진다. 따라서 부정적인 업무관행이 필자가 아는 한 없다.

최근 삼성에서 추진하는 그룹 차원의 경영진단도 이런 청결한 조직문화가 무너지면 안 된다는 우려에서 미리 점검하고 조기에 정화하기 위함이다. 감정과 본능을 가진 인간들로 구성된 기업조직이라 이런 문제가 전혀 발생하지 않기는 어렵겠지만 삼성은 지속적인 점검과 교육을 진행하기에 부정과 유착이라는 문제가 상대적으로 적다.

삼성에는 수십 년간 지속되어온 '신상필벌'이라는 인사원칙이 있다. '잘한 사람에게는 응당히 상을 주고 잘못하거나 부정을 저지르면 가차 없이 처벌한다'는 것이다. 한 번의 잘못도 용서하지 않는 이유는 '작은 부정을 용서해 주면 다음에 유사한 잘못을 다시 저지른다'는 선대 회장의 경험에서 나온 신념이다.

사실 '한 번 실수는 병가지상사'라는 말처럼 인간이니 실수나 잘못을 저지를 수도 있지만, 실수가 아닌 고의로 저지른 부정은 지위고하를 막론하고 절대로 용서하지 않는 것이 삼성의 철칙이다. 그냥 넘어간다고 당시에는 착각할 수 있지만 인사기록란에 기록으로 남겨두기 때문에 두고두고 인사상의 불이익을 감수해야 한다. 그래서 대개 이런 사람은 머지않아 스스로 회사를 그만두기 마련이다. 삼성에서 절대 용납되지 않는 숨은 금기사항 2가지를 들라면 '노조 설립'과 '부정'이다.

강한 교육

삼성의 강한 조직력을 만드는 마지막 요소는 '강한 교육'이다. 삼성의 강한 교육은 정평이 나 있다. 삼성의 교육 분야에서 일하던 인재들이 독립해서 만든 교육 관련 회사들이 많은데 대부분 큰 성공을 거두었다. 그만큼 삼성의 교육은 체계적이고 정교하다. 교육 체계나 방법, 강사의 수준, 교육 내용과 횟수를 중요하게 생각하고 그 실체도 알차다. 이는 다른 기업도 마음만 먹으면 얼마든지 따라올 수 있는 요소인데도 대부분 실행하지 않는다. 교육비나 교육시간을 장기적인 '투자'로 생각하느냐 '비용'으로 생각하느냐의 차이인데, 그 마인드의 전환이 쉽지 않은 것 같다.

교육에는 많은 시설과 시간의 투자가 요구된다. 필자가 컨설팅한 적지 않은 기업에서 삼성의 교육 시스템을 배우고 싶어 하였다. 그래서 삼성의 교육시설도 견학시키고 커리큘럼도 카피하여 도입토록 지원한 바가 있으나 성공하는 사례는 많지 않았다. 교육은 눈에 보이는 시설이나 커리큘럼 등의 하드웨어가 중요한 것이 아니라 그 과정을 운용하는 진행자, 강사 등의 자세나 열정이 더 핵심적으로 작용하는 요소이며, 교육의 중요성을 알아 주고 교육입과를 지원해주는 상사나 경영자의 역할도 교육 효과를 배가시키는 데 필수적인 역할을 한다.

삼성에서는 교육 대상자로 분류되면 특별한 불참 사유가 있는 사람을 제외하고 90% 이상이 참여한다. 교육에 대한 중요성을 모두가 절감하고 있고 그런 분위기에서 진행자와 강사도 열정적으로 참여하기 때문에 교육의 효과가 높아지는 것이다.

교육 대상자가 50명이라면 최소한 40명(80%)은 참석해야 교육 분위기가 잡힌다. 이런저런 사유로 교육에 불참하면 교육장의 분위기가 잘 형성되지 않는다. 필자의 경험상 교육에 주로 빠지는 사람들은 본사의 핵심부서원들인 경우가 많다. 듬성듬성 비어 있는 자리에 앉은 교육 대상자들은 자신이 불참한 사람들보다 덜 중요한 업무를 하는 것처럼 생각하게 되고, 그러다 보면 교육 진행자, 피교육생 모두 교육에 대한 몰입도가 떨어져서 교육 효과가 아주 저하된다.

또 다른 요인은 교육에 대한 마인드의 차이에서 기인한다. '바빠 죽겠는데 무슨 교육?' 이라는 생각을 하고 있는 구성원이나 자체 연수원 건립 등 교육에 적지 않은 자금이 소요된다는 점을 부담스러워하는 경영자 모두 교육 강화에 상당한 걸림돌이다. 업무 외의 시설에 투자할 돈이 필요하고 강사 요원이나 피교육자들도 업무를 전폐하고 교육에 임해야 하기 때문에 작은 기업들은 이런 교육 투자를 망설인다.

교육에 소요되는 경비는 비용이 아니라 투자라고 생각해야만 과
감한 교육을 실시할 수 있다. 삼성에서는 평균적으로 1년에 60일
전후 동안 교육에 직간접으로 참여한다. 이는 다른 기업과 단순히
수치만을 놓고 비교해 봐도 압도적인 차이가 난다.

아울러 삼성은 선후배 간의 OJT(On the Job Training, 종업원이
직무에 종사하면서 받는 지도교육)나 일을 통한 육성체계가 정비되어
있어 직무 지식은 물론 정신적인 가치관, 조직관을 심어가는 중요
한 과정을 갖추고 있다.

삼성은 스피드에서 힘을 뽑아낸다

보통 앞에서 이야기 한 공정한 인사, 청결한 조직, 강한 교육, 이 세 가지를 삼성의 강점으로 꼽는다. 필자는 여기에 한 가지를 더 덧붙이고 싶다. 바로 의사결정과 집행의 '스피드' 다.

아인슈타인은 $E=mc^2$이라는 물리학 공식을 발표했다. '에너지(파워)는 질량 곱하기 속도의 제곱' 이라는 뜻이다. 여기서 주목해야 할 것은 속도, 즉 스피드다. 속도는 그냥 곱하기가 아니고 그 승수만큼 제곱으로 파워를 끌어낸다. 같은 질량이라도 스피드를 2배 올리면 그 파워는 4배로 커지고, 4배로 올리면 16배로 벌어진다는 원리다.

필자는 이를 회사의 업무 추진에도 적용할 수 있다고 본다. 빠른 업무 처리는 다른 경쟁자들을 움츠러들게 만들고 도전이나 경쟁 자체를 포기하게 만드는 주요 요소다. 사실 회사 업무의 성격상 스피드를 2배, 3배로 쉽게 올릴 수는 없지만 상대적인 경쟁이 이루어지는 경영 현장에서는 20~30%만 빨라져도 결과가 확실히 달라진다. 더욱이 '2등은 아무도 기억하지 않는다'는 격언처럼 1등이 독식하는 현재의 완전경쟁 여건에서 스피드는 더욱 중요한 변수다.

여기서 '스피드'란 프로세스를 과감하게 생략해 버리고 본질만으로 단도직입적으로 진행한다는 뜻이 아니다. 앞에서도 이야기 했듯이 삼성의 의사결정은 신중한 것으로 유명하다. 따라서 대강대강 빨리 의사결정 하는 것을 스피드 있다고 하지 않는다. 삼성은 프로세스 하나하나를 신속하게, 적시에 처리한다. 미적거리거나 미루거나 하여 실기(失機)하는 일을 최소화한다는 의미다.

대학을 졸업하고 삼성에 입사하던 약 30여 년 전에 필자는 삼성 외에도 여러 기업의 1차 서류전형에 합격했다. 그런데 삼성에서 2차 면접과 신체검사 등의 후속 전형절차를 신속하게 진행해버려서 다른 기업에 추가로 응시할 의지를 아예 꺾어버렸다. 이미 입사가 결정된 좋은 기업이 있는데 다른 기업에 가서 피곤한 면접을 또 보고, 피를 또 뽑아야 한다고 생각하니 고민할 여지가 없었다. 채용뿐만 아니라 매사를 이렇게 신속하게 처리하니 다른 기업은 따라오기 어렵다. 이런 스피드가 삼성의 또 다른 강점이다.

필자가 발로 뛰던 시절에는 각 동업사 간에 실적마감을 하고 나면 실적표를 서로 공유하는 관행이 있었는데, 이 실적표를 받아서 과거의 데이터를 취합 정리하고 현 상황에 대해 판단하여 미래의 방향성에 대한 의사결정을 빨리 내리는 기업이 훨씬 더 유리한 입장에서 비즈니스를 주도할 수 있었다. 이때에도 삼성과 다른 기업의 업무 스피드는 차이가 많이 났다.

삼성은 담당자가 그런 데이터를 받으면 아무리 시간이 늦더라도 당일 처리하여 경영자나 관리자에게 밤늦게라도 보고하고 대응 전략을 즉시 수립한다. 늦어도 다음 날 아침에는 산하부서에 공표하고 일사불란하게 새로 수립된 업무 목표를 추진을 해 나가는데 비하여, 다른 기업들은 자료 취합이 늦으면 당일은 퇴근하고, 그다음 날 아침에 정리하고 분석하였으니 대응전략은 또 그다음 날 오후나 되어야 전파될 수 있었다. 그렇다 보니 삼성과의 경쟁에서 밀릴 수밖에 없다.

삼성은 그런 데이터를 받으면 뛰어다니면서 복사하고 분석하여 보고서를 만들곤 했었는데 경쟁사의 직원들은 그렇지 않았다. 정보전에서 정확성과 스피드가 최고의 요소이듯이 회사 업무도 스피드가 조직의 성패와 사활을 좌우한다. 결국 이런 스피드도 조직지향성에서 유래한다. 조직에 대한 열정이 없거나 부족하다면 자연스레 업무 처리의 스피드도 느려지게 마련이다.

얼마 전 나온 삼성의 스마트폰이나 태블릿도 다른 회사가 동일한 상태에서 개발하려면 3년은 족히 걸리는 일이라고 다들 말한다. 갤럭시탭은 개발을 시작한 지 불과 9개월 만에 완성된 제품이다. 기술력과 추진력을 바탕으로 하여도 최소한 3년은 소요될 거라는 전문가의 의견을 보기 좋게 뒤엎어버린 것이다.

물론 이런 신속한 의사결정과 추진결과는 그 프로젝트에 참여한 구성원들의 피나는 노력과 고난의 산물이기도 하다. 다른 기업이라면 3년(36개월)은 걸리는 일을 4분의 1(9개월)의 기간으로 축약하려고 그 구성원들이 겪었을 고통과 희생, 과부하는 보지 않아도 뻔한 일이다. 그래도 삼성에서는 이것이 가능하다. 21세기는 '스피드가 경쟁력'이라는 이야기를 많이들 한다. 그렇지만 실제로 행동에 옮길 수 있는 조직력을 갖춘 회사는 많지 않다.

삼성은 신속한 제품개발력, 출시능력이 조직문화로 정착되어 있다. 상부에서 결정하면 어쨌든 시기를 맞춘다는 조직문화나 체질이 있기에 불가능을 가능케 하는 것이다. 결과가 원하지 않게 좀 신통찮더라도 일단 정해진 시일을 맞춘다. 좀 부족하면 일단 만들고 이후 계속 고쳐가는 전략이다. 이를 구성원의 교육이나 조직문화로 체질화시켜 놔서 웬만한 일은 이렇게 진행된다. 그래서 의사결정자의 판단력이 중요하다. 정확하고 확실한 판단력으로 적합한 의사결정을 해줘야 망설임 없이 밀어붙이고 처리해 내는 것이다. 만약 이런 의사결정에 문제가 있다면 이는 또 다른 실패를 만드는 결과를 초래할 텐데, 다행히 그런 일은 많지 않았다.

삼성 출신들이 다른 기업의 CEO나 경영자로 전입되어 가서 처음으로 부딪히는 문제가 바로 이런 '구성원들의 투지와 추진력 문제'다. 삼성과는 많이 다르다고 다들 입을 모아서 말한다.

도덕성과 공정성이 뒷받침된 구조적 조직문화

조직의 문화란 하루아침에 이루어지거나 경영자가 원한다고 하여 만들어지는 것이 아니다. 물론 경영자의 영향이 가장 크다고 할 수 있지만 언행이 일치하지 않으면 문화로 형성되지는 않는다. 예를 들면 '인간 존중' 이라는 경영이념을 제정하고 경영자가 회의석상에서 강조하며 이벤트를 한다고 인간 존중의 기업문화가 만들어지는 것은 아니다. 모든 조직관리 제도에 그 철학과 정신이 녹아 들어가야 하고, 경영자가 진정으로 그런 언행을 보여야만 문화로서 형성되는 것이다. 따라서 우선은 경영자의 생각과 철학이 공표되고 공감되어야 하고 경영자가 그 철학을 말과 행동으로 옮길 때 비로소 문화로서 자리를 잡아간다.

필자가 어느 중견 제조업체의 공장을 컨설팅 할 때다. 공장 지붕에는 큼지막하게 '공장을 내 집처럼, 직원들을 가족처럼' 이라는 홀

류한 캐치프레이즈가 쓰여 있었다. 그만큼 '한 가족 의식'을 가지고 회사를 경영하겠다는 경영자의 다짐이고, 종업원들도 그렇게 생각하고 서로를 따뜻하게 챙기며 가족처럼 지내달라는 메시지로 이해되었다.

그런데 불행하게도 필자가 컨설팅 하는 기간 중에 작업장에서 사고가 발생했다. 알루미늄 원판을 프레스로 찍어서 냄비류를 만드는 작업을 하던 한 종업원의 손가락이 프레스로 말려 들어가는 사고가 났다. 그 종업원이 큰 부상을 입어 신속하게 병원으로 데려가기 위하여 작업반장은 회사 주차장에 주차되어 있던 차 중 가장 가까이 주차해 있고 기사가 대기 중이던 사장차에 종업원을 태웠다. 그런데 마침 그 부근을 지나가던 사장이 이를 보고 '차 시트 버리니 다른 차에 태우라'는 이야기를 했다. 이 한마디에 사장이 만들고자 했던 '가족처럼'은 순식간에 물거품이 되고 말았다.

이 사례는 진심으로 공감하지 않고, 자신의 생각과 일치하지 않는 캐치프레이즈나 사훈, 비전 등은 실제로 아무 의미가 없다는 교훈을 준다. 또한 마음속으로 느껴지지 않는 기업문화나 '사장인 나만은 예외'로 하는 조직가치는 생명력을 가지기 어렵다.

또 한 가지 사례를 들자면 TV를 통해서 중계됐던 유명한 H철강의 일화다. 여러 가지 사유로 회사가 부도가 나고 법정관리에 들어가던 당시의 일인데, 기업의 오너가 생사고락을 같이 하며 경영을 분담하였던 임원급을 지칭하면서 재판정에서 "머슴이 뭘 알겠는가?"라는 이야기를 공개적으로 하였다.

물론 회사나 자신의 이익에 반하는 이야기를 공개적으로 하는 바람에 홧김에 그런 말을 했는지는 모르겠지만 그 오너의 마음 깊은 곳에는 '종업원은 머슴에 불과하다' 라는 인식이 있었다는 이야기가 된다. 그런 생각을 품은 오너 아래서 일했던 수많은 종업원들이 좌절한 것은 너무나 당연했고, 그런 마음으로 경영을 하였으니 당연히 종업원들의 마음을 한 방향으로 모으지 못했다는 생각도 든다.

H철강이 어떤 핵심가치나 미션을 가지고 있었는지 지금으로서는 알 길이 없지만 부도가 나지 않았다고 해도 종업원을 머슴으로 생각하는 기업의 풍토에서 성공을 거두기는 참으로 어려웠을 것이다.

공감, 공유, 솔선수범, 실천

좋은 문화이든 부정적인 문화이든 모든 조직에는 알게 모르게 조직문화가 형성된다. 자연스럽게 형성된 그런 기운이나 관행, 습성들을 우리는 조직풍토라고 한다. 조직문화란 자연스레 형성된 풍토보다는 좀 더 긍정적이고 의도적인 노력이 들어간 것이다.

삼성의 조직문화는 경영자의 철학이 반영되어 있는 것이긴 하지만 대부분의 구성원이 공감하고 공유하고 있다는 점이 다르다. 조직문화는 일하는 체계나 매뉴얼로 책자화해 교육자료로 구체화되어 있다. 이런 문화적 가치는 경영자를 포함한 구성원들이 토론하고 소통하여 만들어낸 것이다. 그것이 조직의 대표적인 풍습이나 공통가치관이 되었고, 똑같은 사고와 판단을 할 수 있는 기준이 된 것이다.

또한 조직문화란 사회적으로 바람직하고 미래지향적이라야 한

다. 도덕성과 공정성은 사회적으로도, 상식적으로도 좋은 가치임에
는 분명하다. 하지만 실천하기란 말처럼 쉽지 않다. 작금의 사회 각
분야의 비리나 불공정성은 언론매체를 통하여 하루도 쉴 날 없이
보도되고 있다. 그만큼 쉽지 않은 일이다.

그렇지만 삼성의 70년이 넘는 기업 역사의 가운데 누구도 부인
못할 가치인 '도덕성'과 '공정성'이 있다. 이는 선대 회장의 경영철
학 가운데에서 출발하였지만 긴 세월을 보내면서도 한결같이 삼성
인의 마음속에 굳건히 자리 잡고 있다. 이는 도덕성과 공정성 없이
기업을 경영한다는 것이 얼마나 위험하고 미래가 불확실한지를 선대
회장의 선견지명으로 또는 '한비사건(삼성 계열사인 한국비료가 사카린
을 밀수해 관세를 포탈하고 부당이득을 챙긴 사건)' 등을 경험하면서 뼈
저리게 느낀 기업의 도덕률일 수도 있다. 조직이든 개인이든 도덕성
과 공정성이 없으면 장수하기가 어렵다. 그래서 삼성은 구성원 모두
에게 이 두 가지 철학을 심으려고 간단치 않은 노력을 해 왔다.

결국 기업경영이란 사람을 통해서 할 수밖에 없는 일이고 그 사
람 하나하나가 도덕성과 공정성이 부족하다면 무너질 수밖에 없음
을 직시하고, 삼성인의 정신이나 경영이념에 도덕성과 공정성을 포
함하여 강조함으로써 이제는 삼성인이라면 누구나 지키고 존중하
는 기업가치로, 종업원의 자세로 확실히 뿌리 내려져 있다.

교육 부문에서 언급하겠지만 삼성의 구성원이라면 누구나 공유
하고 지켜야할 도리가 도덕성과 공정성이다. 이를 기업가치로 정하
고 끊임없이 교육하고 각종 제도에 반영하여 실천하고 모범을 보임
으로써 이제는 완전한 기업문화로 자리 잡은 것이다.

도덕성과 공정성 문화의 체계화

조직력이란 한두 사람의 힘으로 완성되는 것이 아니다. 전원이 같은 생각, 한 방향으로 매진할 때에만 가능한 것이다. 수십 명의 인원으로 조직을 운영하는 중소기업은 경영인이 현장에서 같이 일하면서 말과 행동으로 구성원들을 설득시키고 한 방향으로 이끌 수도 있다. 하지만 이 구성원의 숫자가 수천 명, 수만 명이 되고 관련 업체 종사자들도 수십만 명이 된다면 한 사람 한 사람 따라다니면서 도덕성을 강조하고 설득할 수만은 없는 일이다. 그래서 기업문화로 뿌리내리는 작업이 필요하다. 그런 작업이 성공했기에 오늘날 삼성이 단단히 성장·발전해올 수 있었다고 필자는 단언한다.

물론 수천 명, 수만 명의 생각이 똑같을 수는 없을 것이고 감사팀이 개개인이 하는 일을 늘 보고 있을 수도 없지만, 극소수를 제외한 대부분의 삼성맨은 강한 도덕성으로 무장하고 회사 업무에 사적인 감정이나 이해관계가 개입되지 않도록 공정하게 처리한다. 조직력과 공동체의식도 이러한 도덕성과 공정성이라는 토양이 있어야 자리잡기 쉽다.

삼성에서는 다음과 같은 조치들을 통해 조직 구성원들의 도덕성과 공정성을 체계화시킨다.

· 채용 시의 선별 기준
· 신입사원 교육 때부터 기본교육사항
· 계층교육·직능교육 때도 의무교육사항으로 기본 과목화

· 인사를 비롯한 모든 경영활동의 전제 기준화

· 합리성과 공정성을 지향하는 인사제도

· 강한 신상필벌제도

· 정기적인 감사를 통한 일탈행위 엄단

· 청탁 배격을 행동기준화

· 부정 · 청탁 시의 자기신고제도

필자가 인사부서에 대리로 근무할 때의 일이다. 당시에 대기업들은 여름 휴가철이 되면 전국 휴양지 중에 두세 군데를 물색하여 직원들이 휴가를 즐길 수 있도록 휴양지 부근의 숙소(여관이나 호텔 등)를 장기간 단체로 임차하는 '하계 휴양소'를 운영하였다. 필자는 여름철이 되자 동료 두어 명과 전국을 돌며 적당한 휴양지를 물색하고 계약하는 일을 맡았다.

어느 해 동해안 ○○해수욕장을 방문하여 직원들이 휴가기간 동안 사용할 수 있도록 숙소를 장기계약하려고 했다. 그런데 그 숙소의 주인은 계약서에는 1실당 1박에 20,000원으로 계약서를 만들고 실제로 돈은 1실당 15,000원만 받겠다고 하였다. 필자는 깜짝 놀랐다. 말하자면 이면계약을 하자는 제안이었는데, 필자가 의아해하자 주인은 '다들 그렇게 한다'고 대수롭지 않게 이야기하는 것이었다(다른 기업의 휴양소 담당자들을 비난하는 것이 아니고 당시의 관행이라는 것을 설명하려고 한다).

필자는 회사에서 배운 대로 단호히 거절하고 15,000원에 계약하고 돌아왔다. 만약 필자에게 사심이 있고 사리를 취할 욕심이 있었다면 숙소 주인이 제시한 부정에 쉽게 영합했을 것이지만, 삼성에서 치열한 부정비리 예방교육을 받았고 뒤에서 자세히 이야기하겠지만 군 시절 부정의 부작용을 몸소 뼈저리게 경험했던 터라 배척할 수 있었다. 추측컨대 이런 강한 교육이나 방침이 없었다면 슬그머니 그런 이면계약을 하고 돈푼깨나 챙겼을 수도 있었을 것이다.

만약 그렇게 했다면 그 숙소 주인에게 휘둘려서 부실한 서비스나 계약과 상이한 지원에도 큰소리 한 번 못 치고 참고 있어야 했을 것이고, 결과적으로 그 피해가 직원들에게 고스란히 돌아갔을 것이다.

이런 작은 사례들은 어느 부서에서나 적잖게 발생한다. 각 사건에서 어떤 입장을 취하는지는 순전히 담당자에게 달려 있기 때문에 한 사람 한 사람의 의식이나 교육 정도가 조직을 부정적인 모델로 만들어 가느냐 아니냐를 결정하고 궁극적으로는 조직의 순수성과 일체감 형성에 상당한 타격을 입힐 것임은 분명하다.

과감히 거절할 수 있는 실무자의 권한

어느 해 채용 시즌에 일어났던 일이다. 채용이 진행되는 중에 사장실의 호출이 있었다. 아마도 거절할 수 없는 외부기관으로부터 청탁을 받은 것 같았다. 매우 어렵게 말을 꺼내는 사장은 해당자의 입사지원서와 면접 성적 등을 훑어보면서 이 사람은 우리 직원으로 적당하지 않은 것 같은데, 사장으로서도 어쩔 수 없는 곳으로부터 청탁이 들어오니 어떻게 하면 좋겠는가라며 인사과장인 필자에게

넌지시 부탁을 했다.

이건 지시나 명령이 아닌 인사과장에게 '읍소'를 하는 것이었다. 필자가 봐도 부실한 자원이었는데 사장의 부탁을 받고 고민을 하여 '조건부 연고 채용'을 한 기억이 난다. 사장은 자신이 명한 공정성을 스스로 무너뜨리기 어려웠고, 그렇다 보니 명령이 아닌 부탁을 하게 된 것이다. 만약 이 채용이 꼬이면 외부기관 때문에 회사가 어려움에 빠질 수도 있다는 자탄과 함께……

이런 경우 사장보다 인사과장이 더 큰 권한을 갖는다. 인사과장으로서 사장에게 '채용이 불가합니다. 다른 곳을 알아봐 드리지요'로 그런 문제를 헤쳐나온 기억도 있다.

이 정도의 강한 공정성이 조직의 핵심 공유가치로 상정되어 있기 때문에 담당자들이나 실무과장도 프라이드와 자신감을 가지고 매사를 도모할 수 있는 것이다. 속된 말로 사장도 실무과장이 아니라고 하면 아닌 것이 바로 도덕성과 공정성에 대한 영역이다. 이 영역에는 담당자나 사장이나 예외적인 적용이 없었다.

이런 점들로 인해 부실 자원의 유입이 차단되고 조직 내의 순수성이나 균질성이 유지되며, 이런 사례들로 전통이 선순환해 좋은 가치들이 늘 더 강화되어 온 점이 삼성의 또 다른 강점이 되었다.

다만 종업원의 자녀들은 채용전형 시에 어느 기업이나 마찬가지로 일정비율의 가점처리로 입사를 도와준다. 이것마저도 엄정하게 처리한다면 내부 사정을 잘 아는 직원들이 이런저런 불공정한 방법을 도모할 것을 우려한 나머지 고육지책으로 사용하는 방법이다. 인사담당을 오래 경험한 입장으로서는 이것도 바람직한 제도는 아니라고 생각한다. 가점의 비중은 적다 하더라도 공정성을 저해하게 되고 면접위원들도 '팔이 안으로 굽는다'고 웬만하면 동료의 자녀에게 후한 점수를 주게 된다. 1~2점의 차이로 당락이 결정되는 전형의 현실을 보면 이런 가점이 결정적인 변수가 되어 어떨 때는 삼성식구의 자녀들이 전체 합격자 수의 10~20%를 점하기도 하고 상대적으로 더 우수한 응시자들이 탈락하게 되는 경우도 발생하였다.

상대적으로 부실한 자원이 조직에 진입하게 되면 공정성의 원칙도 엄정하게 지켜지지 않은 것이고, 결국 조직력을 갉아먹는 악영향을 미칠 수밖에 없다. 다른 일은 모르되 인사에 있어서만큼은 100% 예외가 없어야 한다. 애매하면 행하지 말고 행한 후에는 믿고 맡긴다는 선대 회장의 인사철학에 120% 공감한다. ▬

강한 조직력으로 승부하는 삼성의 기업문화

강한 조직력을 키우려면 '목표달성력', '위기대응력', '활성력'의 세 가지가 필요하다고 앞에서 이야기하였다. 그렇다면 삼성은 이 세 가지 요소들을 어떻게 관리·장려·육성해왔는지 사례와 경험을 통해 설명하고자 한다.

반드시 달성하는 수립 목표

'목표달성력'은 조직이 생존하고 발전하는 데 필수적인 항목이다. 조직이 사람을 채용하고 자금을 동원하며 대내외적인 일을 하는 이유는 목표달성을 하기 위함이다. 주어진 목표를 달성해내지 못하면 조직으로 생존하기가 어렵다.

대표적인 목표로 매출 목표를 들 수 있다. 삼성은 9월경에 그해 성과를 가결산을 하고 다음해 경영 계획을 수립하기 시작한다. 삼성의 강한 목표달성력의 요체는 적정한 목표 설정에서부터 시작된다. 각 단위 조직 입장에서 본다면 부여되는 목표가 과하거나 상대적으로 무난하거나 할 수도 있지만 회사 전체를 모아서 보면 늘 도전적인 목표를 설정한다.

또한 수립된 목표는 기필코 이뤄낸다. 필자가 입사할 무렵인 1980년대 초반에 삼성의 위상은 여느 대기업 그룹들과 큰 차이가 없었다. 오히려 H그룹보다 자산규모나 매출규모가 적었던 해도 있었다. 그러나 30년이 지난 지금은 각 업종에서 거의 다 국내 최고의 수준이거나 근접해 있다. 이런 결과는 목표를 도전적으로 설정하고 매년 초과달성해 온 성과의 총합과 다르지 않다.

대부분의 경우 차년도 목표로 설정된 수치들을 보면서 '과연 우리가 이루어낼 수 있을까'의 의문을 가졌지만 IMF 직후 한 해를 제외하면 거의 다 초과달성하였다. 우리가 어떻게 이런 결과를 만들었을까 하며 대견해한 기억이 난다.

우선 목표설정 과정을 들여다보면 늘 현재 체력의 130% 전후를 차기 목표로 설정했다. 처음엔 엄두가 잘 나지 않지만 일단 책정된 목표는 '절대과제'가 된다. 물론 이런 과정에서 보이지 않는 부실매출도 없지 않았지만 일단은 추진하면서 정기적으로 진단하고 보수하면서 조직을 성장시켜 온 것이다.

다른 기업과 비교해 보면 이런 도전적인, 그러나 달성 불가능한 목표가 아닌 적정한 목표설정이 늘 조직을 역동적이게 만들고, 목

표달성을 통하여 단합력과 조직의 성취감을 만들어 매년 선순환의
고리를 만들어온 것이 아닐까 생각한다.

안일한 목표는 도전의지와 열정을 줄인다. 반대로 현실과 동떨
어진 너무 엄청난 목표는 달성의지를 꺾고 책임을 회피하는 빌미를
만들어 준다. _

사람은 누구나 늘 30% 전후의 여력을 가지고 있다. 심지어 우리
가 매끼 먹는 식사량도 필요한 양의 30%를 더 먹어야 포만감을 느
끼게 된다. 인력이나 매출도 마찬가지다. 최선을 다한다면 늘 지금
보다 20~30%는 더 성과를 낼 수 있다는 자연적 현상을 매출관리에
적용시킨 것이다.

예를 들면 어떤 부서에 인력을 차출한다고 치자. 20% 전후의 인
력을 회사의 필요에 의하여 차출하면 불평은 하더라도 수용한다.
하지만 30%를 넘기면 반발이 일어나고 항의가 공식화된다. 이론적
인 뒷받침은 없지만 사람들의 심리적인 수용성의 한계는 30%라는
생각이 든다.

이는 업무 경험상 체득한 조직관리의 마지노선이다. 그렇다 보
니 특별한 변수가 없는 한 늘 매년 20~30% 전후의 성장율을 책정
하고 추진해 왔으며 그 결과 책정된 목표의 100~103% 전후를 달
성해 왔다. '한 번 정해진 목표는 무슨 수를 쓰더라도 해내고 만다'
는 돌격정신도 한몫했을 터인데 적정한 목표라서 돌격정신이 생성
되고 유지되고 있다고 생각한다.

'한번 해보자', '해볼 만하다', '열심히 하면 이룰 수 있다' 는 자
신감과 도전정신, 또 늘 초과달성해 왔다는 결과를 상기시키면서

조금도 사심 없이 업무에 몰입하게 만드는 일, 그것이 경영자의 역할이다.

경조사로 다지는 조직력

삼성의 조직력일까 아니면 공동체의식일까, 상호부조 정신일까? 삼성이 만들어 가는 조직문화 가운데 참 신기한 모습 중 하나가 경조사 참석 풍경이다. 이는 과거 집단생존의 전통 가운데 가장 아름다운 풍습이라고 생각한다.

경조사, 특히 초상의 경우 거의 전국적인 행사가 된다. 특별히 신임을 잃거나 다른 동료의 경조사에 발을 들여놓지 않았던 사람의 경우를 제외하고는 누구나가 다 자신의 초상이라는 생각이 들 정도로 단합하고 위기를 도와주려는 의식이 강하다.

현장업무를 하는 부서에서 더욱 강하게 형성되어 있는 이 전통은 누가 시켜서 하는 일이 아니다. 전국 어디의 초상이라 하더라도 거의 수백 명 이상이 문상을 간다. 어떤 경우는 지역 또는 단위 조직별로 버스를 대절하여 문상을 간다. 그래서 오히려 공식적인 행사인 전국 지점장 회의나 부서장 회의를 넘는 인파가 모여 슬픔도 같이 하고 상호부조 정신을 발휘하여 십시일반으로 조의금을 모아 초상을 당하여 물질적인 부담이 있던 상가에 적잖은 도움을 준다.

식구들은 평소에는 늘 늦게 퇴근하고 일에 허덕이는 삼성맨 가장을 보며 짜증도 내곤 했는데, 이런 경조사를 겪어보면 삼성의 강한 일체감에 정말 놀라워 한다. 또한 그런 일을 겪고 나면 다들 삼성에 몸담은 자신의 가족을 매우 자랑스럽게 생각한다.

필자도 2009년에 경북 김천에서 장인상을 치른 적이 있다. 사실 서울에서 김천까지 이동하려면 어떤 교통수단을 쓰더라도 3시간은 족히 걸리는 거리인데도 거의 1,000명에 이르는 직원들이 직접 문상을 다녀갔다. 전국 방방곡곡에서 찾아와서 문상하는 바람에 처가집에서 매우 놀라워하는 눈치였다. 필자는 막내 사위였지만 찾아오는 문상객이 절대 다수를 차지해서 초상에서는 으뜸 사위가 되었고 처가에서 필자의 위상이 한 번 더 수직상승하는 계기가 된 것은 너무나 당연한 일이었다.

어떤 분들은 저녁에 업무를 다 마치고 밤늦게 서울에서 출발해 새벽 2시경에 장례식장에 도착한 후 잠시 앉았다가 돌아간 경우도 있다. 아무튼 이런 일은 삼성에서는 크게 놀랄 만한 일도 아니라며 당연하게 받아들인다. 다들 가족으로 생각하기에 경조사에 빠지면 큰 잘못을 저질러 벌이나 비난을 받을 것처럼 걱정한다.

직원들의 경조사는 개인적인 일이기는 하나, 실제로는 많은 사람들이 모이다 보니 비공식적인 소통의 기회가 된다. 전국의 임직원들이 모이니 자연스레 각 지역별, 직종별 어려움이나 현안들도 화두가 되고, 응어리나 갈등도 풀고 오랜만에 만난 사람들과 친교도 이어간다.

그래서 삼성 직원의 경조사는 단지 축하와 위로, 슬픔을 나누는 자리를 넘어 소통의 기회가 되며 조직력을 배가시키고 더 단단하게 엉키는 데 상당한 역할을 한다. 위기가 기회로, 어려움이 더욱 단단

한 조직으로 단합시키는 요소가 됨을 이런 경조사 자리에서 느끼는 것이다. ▬

퇴근 후의 소통

필자가 삼성에 재직할 때는 일주일에 4, 5회 정도 술자리가 있었다. 낮에 얼굴 보고 일했으면 저녁에는 일찍 퇴근하여 가족들과 오붓하게 지내야 함이 마땅하나 삼성 직원들은 가정보다 동료들과 더 많은 시간을 보낸다.

다른 기업에 근무하는 직장인들의 저녁자리도 별반 차이는 없겠지만, 삼성의 직원들은 특히나 공장(?) 이야기를 많이 한다. '5분만 공장 이야기하지 말자' 는 언약도 해보지만 진짜 5분을 넘지 못하고 다시 회사 업무 이야기로 연결된다. 그러니까 결과적으로 근무시간을 넘겨서 3~4시간을 더 일하는 모양새가 된다.

술자리에서 근무시간에 엉켰던 것도 풀고 오해도 해소하며 낮에 합의되지 않은 일을 협의한다. 아울러 다른 부서의 진척도도 듣고 좋은 사례도 청취함으로써 일하는 것이나 다름없는 시간을 보낸다. 회사 입장에서는 119(한 가지 술로 1차만, 9시 이전에 종료) 등의 캠페인으로 늦게까지 술자리가 지속되는 것을 막아보려고 하지만, 결과적으로 본다면 술자리는 순기능이 훨씬 더 많다.

어떤 경우는 술내기를 통하여 낮에 풀리지 않은 과제를 타협하기도 한다. 술시합에서 이긴 사람의 의견대로 하기가 그것이다. 과음이 건강에 나쁜 것은 사실이고 무리한 음주는 다음 날 업무에도 부정적인 영향을 미치지만, 분명 술자리는 무시 못할 만큼 중요한 업무조정과 부문 간 협의시간임에 분명하다.

군대에서 낮에는 강한 기합을 주고 스트레스를 주었더라도 저녁에는 따뜻한 자리를 만들어 엉킨 마음을 풀어준다. 그래서 강한 결속력과 공동체의식을 만들어 가는데 삼성도 이런 부분이 매우 유사하다. 업무를 하다보면 짜증내거나 큰소리가 오가기도 하며 서로 감정적으로 불편한 일이 생긴다. 상하 간에도 그렇고 부서 간에도 그런 일이 흔하다.

삼성에서는 공식적이고 업무적인 불만을 비공식적인 소통으로 풀어간다. 낮에 협조가 원만하지 않은 사안들을 저녁에 허리띠 풀어놓고 소주 한잔하면서 대화로 해결한다. 아침 7시부터 저녁 9시까지 생활을 같이하는 끈끈한 조직체가 바로 삼성이고, 오랜 시간을 같이 보내니 그 단결력은 가족보다 오히려 강하다. 그렇다 보니 동창회, 동기회 같은 모임에는 소원해지고 삼성 내 모임, 공동체의식이 훨씬 강하다. 그래서 삼성의 본사 부근에는 이런저런 식당과 술집들이 많고 영업도 밤늦도록 잘된다.

필자가 사원, 과장 시절에는 12시 전에 집에 들어간 날을 손에 꼽을 수 있을 정도로 적었다. 그 정도로 술과 친하게 지냈고 구성원들과 식사자리가 많았는데 이런 현상들이 조직력을 만드는 또 하나의 중요 요인이 아닐까 생각한다.

한국 기업의 두 가지 인재 양성 모델 - 삼성과 현대는 어떻게 다른가?

대한민국의 경제사를 이끌어 온 양대 산맥, 삼성과 현대는 서로 판이하게 다른 문화가 형성되어 있다. 기업은 업종, 창업자의 성향에 따라 문화가 형성된다. 이제는 역사가 오래되어 두 그룹도 세분화되고 계열사들도 2세, 3세에게 승계되면서 지각변동을 했지만, 그 뿌리에 흐르는 정신은 변함이 없다. 예를 들면 삼성에서 분화되어 나온 신세계나 한솔제지, CJ에 가보면 사무실 풍경이나 언어, 문화가 서로 비슷하다. 이 점은 현대그룹의 관련 회사들도 유사할 것으로 생각한다. 크게 본다면 우리나라의 기업환경에서 형성되는 풍토나 문화는 비슷할 것 같은데, 두 그룹을 자세히 들여다보면 적지않은 차이가 보인다.

삼성의 창업주인 이병철 회장은 성품이 꼬장꼬장하고 치밀하며 합리적이고 말이 별로 없지만, 근성이 있고 자기정체성이 분명하다. 식민지 시대라 하여도 정미소를 하는 제법 부유한 가정에서 태어나 성장했으며 타고난 경영 마인드로 기업을 일으켜 성공한 케이스다.

반면 현대의 창업주인 정주영 회장은 성격이 시원시원하고 말도 많은 편이며 공격적이고 불같이 화를 내기도 하지만 뒤끝은 별로 없는 스타일이다. 가난한 농부의 아들로 태어나 가난이 싫어 일찍 고향을 등지고 서울로 와 연탄배달도 하고 작은 쌀가게를 운영하는 등 사업을 시작하여 한국을 대표하는 기업인 현대그룹을 만들었다.

두 분의 타고난 환경이나 스타일은 정반대라고 보아도 된다. 그래서인지 삼성의 빌딩들은 수려한 외형을 가지고 있고 내부 인테리어나 구조도 아기자기하고 정교한 편이다. 반면 현대그룹의 빌딩들은 크고 시원시원하며 실용적으로 지어졌다. 내부 디자인도 모양보다는 실질적인 편의성에 중점을 둔 듯하다.

이런 모습들은 두 그룹에 형성된 문화와도 일맥상통한다. 삼성은 치밀하게 따지고 합리적이며 다소 냉정하다는 평을 듣고, 현대는 대범하고 합목적적이며 프로세스가 다소 거칠다는 평을 듣는다. 현대그룹 모 기업의 광고 카피 중에 '끝이 좋으면 다 좋다' 라는 구호와 같이 과정보다는 결과를 더 중시하는 문화가 현대에 있고, 삼성은 프로세스를 중요시 한다. 삼성은 한 번도 정치에 나선 적이 없고 정치 참여 자체를 터부시 해 왔지만, 현대는 고 정주영 회장이 대선에 출마한 적도 있고 자녀들 중 한 분도 정치 일선에 머물고 있다.

일률적으로 단정할 수는 없지만 상대적으로 삼성은 내부지향성이 강하고 현대는 외부지향성이 강하다. 그래서 삼성은 '관리' 가 강하고 현대는 '비즈니스' 가 강하다.

경영이념이나 철학을 비교해보면 삼성은 균형적인 모양을 갖추고 짜임새가 있지만 복잡하고, 현대는 심플하지만 호소력이 있다. 삼성의 경영방침이나 이념은 최소한 세 가지 기본 축이 있고, 그 아래 세 가지 전후의 실행방침이 있어, 한 해에 지향하는 테마가 적어도 9개 전후는 된다. 하지만 현대는 매년 한두 가지 기본 경영방침만을 정한다. 모양은 삼성이 좋지만 실행력은 현대가 나아 보인다. 종업원에게 주는 메시지가 간단명료하기 때문이다. 삼성은 모양을 중시한다. 경영가치들도 한두 개만 있으면 왠지 허전해 보이고 어설퍼 보인다. 그래서 '三성'인지도 모르겠다.

창업한 사업체나 주력업종도 삼성과 현대는 차이가 확연하다. 삼성은 '삼성상회'라는 무역업으로 시작하였고 제일제당, 제일모직 등 생필품 제조업으로 사업을 발전시켜 왔다. 현대는 자동차와 건설, 중공업이 중심이다. 소위 '경박단소(輕薄短小)' 업종은 삼성이 강하고 '중후장대(重厚長大)' 산업은 현대가 더 강하고 큰 조직을 가지고 있다.

일제강점기 말기나 대한민국 건국 초기에는 우선 먹고 입는 문제가 가장 절실한 당면과제였기 때문에 삼성은 설탕, 밀가루 등 먹을거리의 수입과 의류사업을 중심으로 사업을 시작했다. 혹자들은 이런 모습을 비난하면서 '삼성은 내수산업으로 성장했고 현대는 건설, 조선 등의 수출주도형 산업으로 성장'한 것을 비교하는 경우도 있지만 이는 잘못된 시각이다.

1938년 삼성이 창업할 당시의 상황은 수출은커녕 먹고사는 것이 가장 시급한 문제였기 때문에 내수 산업을 시작할 수밖에 없었다. 그래서 당시 창업이념도 '사업보국'으로 삼은 것이다. 그리고 내수산업이 성장하여 안정기에 접어들자 삼성은 전자산업과 중건설 쪽으로 그 영역을 확대하기 시작하였고, 지금의 삼성그룹으로 우뚝 서는 계기를 마련했다.

현재는 전자조립업과 금융업이 삼성의 2대 축이 되었다. 현대는 여전히 중후장대 산업에 더 힘이 실려 있다.

삼성이 강점을 가지고 있는 조립업과 제조업은 섬세하고 치밀하며 규범적이고 합리적인 성향이 필요한 산업군이어서 개혁보다는 품질 개선에 포인트를 두며 사업을 영위한다. 이는 창업자의 성향과 무관하지 않다.

근성과 열정, 끈기, 인내가 삼성 조직관리의 핵심이라면, 현대는 리스크도 마다하지 않는 저돌적이며 화끈한 '사나이 문화'가 형성되어 있다. 창업자나 대표산업군의 특성도 이러한 양 그룹 간의 문화 차이를 만드는 핵심요인이다.

현대그룹의 회사들은 대부분 노조가 있다. 거친 환경에서 물리적인 일을 많이 하는 현장의 특성상 자동차, 중공업 등의 노조는 매우 강성노조로 알려져 있고, 얼마 전만 하여도 치열한 분규현장의 사진들이 언론매체를 장식하는 장면도 흔하지 않게 보였다. 그러나 현대 식구들은 치열했던 분규가 끝나면 막걸리 한잔하면서 어깨동무로 함께 어울리고, 서로의 격한 감정들은 눈 녹듯이 금방 풀어진다. 곡괭이 들고 치고받는 극렬한 몸싸움을 하고도 그렇게 쉽게 다시 한 몸으로 엉키는 조직문화가 신기하고도 무섭다.

삼성에서 만약 그런 문제가 발생하면 서로의 감정 대립으로 뒤끝이 남을 것이고, 그 앙금이 오래 갈 것이다. 일사불란한 조직이 가진 단점이기도 하다. 서로 젠틀하게 업무나 비공식적인 자리를 가진 사람들이라 제대로 한판 붙으면 다시 그 관계를 회복하는 데 시간이 걸리는 것이다. 사실 삼성이 노조를 반대하는 것도 스스로 이런 성향이 있음을 알고 있기 때문은 아닌지 모르겠다.

삼성이 일사불란한 질서와 군기가 다져져 있는 '보병 사단'이라면, 현대는 평소에는 덜렁거리며 서로 으르렁거려도 전방에 적이 나타나면 최고의 전투력을 발휘하는 '특전사'로 비유해도 되지 않을까 싶다.

현대 정주영 회장의 이러한 무데뽀(삼성에서 본다면) 정신이 드러난 사례를 두 가지만 들어보자.

아산만 간척 사업을 할 때 마지막 물막이 공사가 필요했는데 밀물 썰물의 흐름이 빨라 일반적인 방법으로는 어렵게 되자 대형 컨테이너선 폐선을 양안 사이에 밀어 넣어 물을 막은 사례가 있었다. 또 해양플랜트를 울산에서 건조하여 인도네시아까지 운송하는 데 보험 가입 없이 대형바지선에 싣고 간 사례가 있다. 다행히 태풍이나 해난사고를 만나지 않고 무사히 도착했는데, 아마도 삼성이라면 이러한 두 가지 일은 굉장히 실현되기 어려웠을 것이다.

삼성은 무모하거나 정상적인 방법을 벗어나는 것을 극히 싫어한다. 늘 규범적, FM적으로 업무에 접근하고 일을 처리하는 것이 습성화되어 있는 것이다. 현대는 주위의 우려에도 불구하고 예리한 선견력으로 대부분 성공했고 그것이 수용되는 문화가 형성되어 오늘날 우뚝 서게 되었다.

현대는 새로운 일에 쉽게 도전한다. '가봤어?', '해봤어?'로 조직과 사람을 질타하던 정주영 회장이 거북선 모형 하나 달랑 들고 영국에 건너가 선박 수주를 위한 차관을 받아온 일화도 유명하다. 또한 공무원들은 물도 없고 뜨거운 사막이라 공사가 불가능하다고 판단한 아라비아 수로관 건설공사도 긍정적인 요소를 더 강하게 인식하여 수주와 건설을 성공시킨 사례도 유명하다.

'안 되면 되게 하라!'

이러한 절대적 긍정성이 오늘의 현대를 있게 했다. 혈액형으로 비유해 본다면 삼성은 내성적이고 깐깐하며 찬찬한 A형, 현대는 공격적이고 저돌적인 O형의 기질을 가지고 있다고 볼 수 있다.

현대와 섬성의 인재관과 인사 스타일도 짚어보자. 현대의 인사 스타일은 화끈하다. 마음에 들면 이런저런 혜택도 준다. 그러나 오너의 마음에 들지 않으면 1년에 CEO를 2번씩이나 바꾸는 경우도 있다. 제대로 인정받으면 10년씩 장기간 경영인으로 기용하기도 한다. 삼성은 CEO의 임기를 거의 3년 전후로 보장한다. 현대같이 그렇게 길게 근무하는 사람도 별로 없다. 삼성의 인사는 어느 정도 예견되지만, 현대는 시기나 룰을 별로 따지지 않고 필요하면 비정기적인 인사도 자주 하는 편이다.

삼성은 조직원이 새로 들어오면 계획적으로 조직에서 키워주고 일정 시점이 경과하면 냉정하게 성과를 판단하는 편인데, 현대는 처음부터 스스로 살아남아야 한다. 그렇다 보니 한 사람 한 사람 구성원의 자생력은 현대 출신이 더 높다. 다만 조직화되었을 때는 삼성의 위력이 더 크다.

현대는 인재관도 저돌적이고 씩씩하며 적극적인 사람을 더 높이 평가한다. 삼성은 합리적이고 룰을 지키며 도덕성을 갖춘 사람을 더 원한다. 이는 업의 특성과 창업자의 생각이나 가치관에서 기인

한 바가 크다고 생각된다.

필자가 수원에서 사업부장으로 재직할 때, 삼성의 회사들이 많이 입주해 있는 수원과 현대의 기업들이 즐비한 울산의 교통사고율과 운전문화를 비교해본 적이 있다. 삼성 사람들은 운전도 조용히 룰을 지키며 안전운전을 하여 사고가 거의 없고, 교통법규 준수율이 높을 거라고 예견했는데, 결과는 반대였다. 수원의 사고율이나 교통문화가 더 나쁘게 나타난 것이다.

추측해 보면, 삼성 사람들도 속으로는 울분이 많지만 사내에서는 표출할 기회가 없다 보니 차를 운전할 때는 상대적으로 더 난폭해지는 것이었다. 반대로 현대 출신은 사내에서는 시끄럽고 저돌적인 성향이지만 개인으로 돌아와 운전대를 잡으면 매우 순해지는 것 같았다. 희한한 현상이지만 아마도 원래 인간이 가지고 있는 본성은 유사한데 서로 다른 조직에 들어감으로써 조직 내에서의 행동양태와 자연인으로서의 행동성향이 반대로 나타난 것이 아닐까 생각되었다. 그래서 사내외를 종합하면 인간으로서는 서로 유사한 성향을 나타내는 것이라고 결론지었다.

이런저런 사항들을 종합해 보면 삼성 출신은 기존의 산업군에서 오너가 있고 전문 경영인이 필요할 때 적합한 인물이고, 현대 출신은 자금주만 있고 새롭게 창업해야 하는 경우에 적합한 인물로 보인다.

내부혁신과 관리가 흐트러져 생긴 문제는 삼성 출신이 주워 담을 수 있지만 대체로 새로운 창업형 CEO로는 적합지 않다. 반대로 현대출신은 그러한 신규 진출이나 창업형 전문 경영인이 필요한 경우에 더 적합하다.

다만 작금의 글로벌 완전경쟁 상태에서는 삼성이나 현대나 서로의 단점과 약점을 보완하여 더 높은 경쟁력을 가져야 한다. 그래서 현대는 삼성의 치밀성과 세밀함을 알게 모르게 벤치마킹하고 있고, 삼성은 현대의 도전적이고 창의적인 업무 스타일을 배우게 하고 있다.

현대가 독보적인 경쟁력을 가지고 있는 자동차 산업은 2만 개 이상의 부품을 생산하고 조립하는 것이 업의 본질이라 부품 간 정교한 조립이 생명이다. 그래서 정교함과 세밀함이 없으면 글로벌 경쟁력을 만들 수 없다. 현대 특유의 거친 남성적 문화와는 다소 배치되는 산업문화가 필요한 것이다. 한편 삼성전자가 1년에 50종 전후의 이동전화를 개발할 수 있었던 능력은 현대의 저돌적인 도전정신, 창조정신을 벤치마킹한 결과가 아닐까 생각해 본다.

현대와 삼성의 문화와 인재관 비교

	현대	삼성
창업자	정주영	이병철
창업자 성향	대범, 씩씩, 활달	합리, 세심, 냉철
성공 직군	중후장대 산업 (건설, 중공업, 조선, 자동차)	경박단소 산업 (전자, 제조, 금융)
군대 비유	특전사	보병사단
경영 문화	저돌, 소탈, 협상	꼼꼼, 균형, 관리
인재관	강한 능력주의	육성형 능력주의
적합한 진출기업 유형	신규 창업형	유지 관리형

2부

삼성의
인재 육성 시스템

기업과 개인이 조직에서 만나는 기간은 약 30년 전후로 장기전에 해당한다. 당장의 화려한 제스처나 얄팍한 지식, 원하는 정답을 맞혔다고 하여 기업에 오래 머무르고 충성을 다 하며 업무에 열심히 매진한다고 볼 수는 없다. 오히려 이런 사람들이 잔머리 잘 굴리고 오버하거나, 오너나 조직을 우습게 생각할 확률이 높다. 삼성은 묵묵히 자기 자리를 지키며 주어진 목표와 책무를 다하는 사람을 원한다.

01

떡잎부터
골라내는
채용 시스템

삼성은 완성된 인재보다는 조직에 맞는 사람을 뽑는다

필자는 지방에서 고등학교와 대학을 나왔다. 다른 기업에서는 어떤지 모르지만 삼성에서는 출신대학이 지방이라고 차별하거나 승진에 보이지 않은 장해가 되는 일은 없다. 삼성 임원 1,500여 명의 출신지역을 분석해 보면 지방 출신이 훨씬 더 많다. 입사할 당시에는 출신대학이나 지역을 주위 사람들이 알 수 있어도 일단 입사한 후에는 그런 출신 경위는 전혀 고려의 대상이 아니다.

앞에서도 언급했듯이 삼성은 정신은 순수한 열정으로 차 있고 능력은 아직 덜 개발된 신입사원을 더 선호한다. 이미 능력이 수면 위로 나타나 매끄러운 화법과 매너를 구사하는 사람보다는 잠재된 능력을 가진 인재를 발굴하는 것이 삼성 채용의 기본 철학이다.

언젠가 면접장에서 서울 출신의 잘생기고 말 잘하는 응시자가 달변으로 면접위원들의 질문에 정확한 답변들을 쏟아내었지만, 우리는 그를 합격시키지 않았다. 오히려 말투도 어눌하고 사투리도 섞여 있어 얼른 들으면 귀에 거슬리는 지방대 출신을 합격시킨 경우가 더 많다.

또한 필자는 인사부장 재직 시에 면접위원들에게 '서울 출신의 달변에 현혹되지 말라'고 사전 교육을 하기도 했다. 지방 출신들은 사투리는 물론이고 상대적으로 햇볕에 많이 노출되어서 서울 출신들보다 얼굴과 피부가 훨씬 더 검다. 이런 그들이 가진 어쩔 수 없는 특성을 흠결요인으로 보지 말고 눈빛과 말투 그리고 자세를 보고 냉정하고 합리적으로 판단하도록 면접위원들에게 사전 교육을 한다.

물론 기업고객들을 상대하는 일부 직무들은 서울 유명대학 출신들을 선호하기도 한다. 시장이 주로 서울과 경기권이라 이 지역 출신학교들의 인맥이 많이 있으면 시장개발에 유리하기 때문이다. 물론 이 경우도 그 인맥사회에서 좋은 평판을 받을 때만 긍정적으로 작용한다. 대개는 이런 외형적 조건이나 특성보다는 내부에 잠재되어 있는 뚝심, 열정, 인내, 근성이 기업조직에서는 더 중요한 직무수행능력의 핵심요소가 된다.

기업과 개인이 조직에서 만나는 기간은 약 30년 전후로 장기전에 해당한다. 당장의 화려한 제스처나 얄팍한 지식, 원하는 정답을 맞혔다고 하여 기업에 오래 머무르고 충성을 다 하며 업무에 열심히 매진한다고 볼 수는 없다. 오히려 이런 사람들이 잔머리 잘 굴리고 오버하거나, 오너나 조직을 우습게 생각할 확률이 높다. 삼성은 묵묵히 자기자리를 지키며 주어진 목표와 책무를 다 하는 사람을 원한다. ▬

겨우 대학 문턱을 넘은 시골학교 출신이 서울 유명고교 출신들보다 대학 입학 후 공부를 더 잘하는 경우가 종종 있다. 공부하는 기술이나 시험 보는 요령 등을 덜 체득한 학생들이 입학 후에 이런 기술이나 요령을 배우고 익히면 서울 출신들보다 더 높은 능력을 발휘하기 때문이다. 이런 순수한 열정을 가진 사람들은 요령 피우지 않고 열심히 앞만 보고 달리기 때문에 기업 입장에서는 당장의 능력 발휘보다 최소한 3~5년의 미래를 내다보고 투자를 한다.

삼성의 채용면접에서 면접자의 '대답' 은 평가에서 극히 일부분의 비중밖에 차지하지 않는다. 오히려 걸음걸이, 앉아 있는 자세, 눈빛, 말하는 태도 등을 더 중시한다. 그래서 응시자가 들어와서 자리에 앉는 순간 이미 70% 이상 당락 여부가 결정된다. 그런 주변적인 요소들은 아무래도 면접위원들을 속이기가 말보다는 어렵기 때문이다. 그래서 삼성에 응시하는 사람들은 대기할 때부터 면접이 시작되었다고 생각하고 행동거지에 주의해야 한다. 진행요원도 면접위원의 일부인 것이다.

삼성은 구체적으로 어떻게 표현되었든 간에, 일에 대한 열정과 근성, 조직에 대한 긍정적이고 순수한 충성심, 활력을 가진 사람을 최고의 인재로 여긴다. 다만 전문 연구인력이나 기획, 마케팅 등 특별한 창의력이 요구되는 직무군은 이런 기본 가치에다 직무 수행에 필요한 전문적인 능력을 2차적으로 판단한다.

기본적인 열정과 근성, 긍정적인 마인드, 활력을 갖춘 재원들을 1차 합격시키고, 2차에서는 직무와 관련된 전문성을 체크하는 것이다. 아무리 직무능력이 뛰어나고 국내 유일의 인재라 해도 기본자질이 부족하다고 판단되면 합격이 어렵다. 합격시킨다 해도 계약직 등의 방식으로 그 사람의 기능만 사는 경우가 대부분이다.

지방 출신의 또 다른 장점은 개인이 기업에 기대하는 수준도 서울 출신보다 상대적으로 높지 않다는 것이다. 지방에서 학교를 마치고 서울로 올라와 삼성에 취업한 것만으로도 자부심을 느끼고 프라이드가 생기기 때문에 회사 차원에서 사기관리나 동기부여 노력이 덜 들고, 회사에 대해 훨씬 더 긍정적이다. 서울 출신들은 일 많이 시키고 강한 집단의식을 요구하는 삼성을 선호하지도 않고, 삼성도 이들을 특별히 더 좋아하지 않는 편이다.

물론 이런 인사채용의 저변에는 삼성의 사업장이 전국에 골고루 퍼져 있다는 점도 작용한다. 특히 금융회사는 전국 방방곡곡에 영업 점포들이 포진되어 있기 때문에 당연히 그 지역 인맥관리를 할 수 있는 자원을 무시할 수 없다.

결론적으로, 삼성에서는 서울 유수대학을 나오고 화려한 스펙을 꼭 갖추지 않더라도 입사와 승진의 기회가 열려 있다. 필자가 바로 그 산 증인이다. 지방에서 올라와 명망 있는 좋은 기업에서 높은 보수를 받고 좋은 시설에서 일하는 것만으로도 충분히 만족하고 열심히 조직에 충성해야겠다는 마음가짐이 신입사원 시절에 이미 형성되었다. 그렇다 보니 회사의 핵심직무 중 하나인 인사부서에서 오랜 기간 근무할 수 있었다.

채용은 조직 전체가
참여하는 핵심 업무다

다시 한 번 강조하지만 조직관리에서 채용이 모든 일의 시작이고, 채용이 가장 중요하다. 그런데 대부분의 기업들은 인사부서의 업무 중에 채용업무가 비교적 난이도가 낮다고 판단하는지 핵심 인력을 이쪽에 배치하지 않는다.

이 착각은 아마도 채용의 프로세스에서 시작되는 거 같다. 프로세스만 놓고 본다면 채용은 아주 간단해 보인다. 복잡성이나 전문적인 지식이 요구되는 일도 아닐 것처럼 보인다. 인사운영팀에서 각 부서의 소요인력을 받아서 전사 채용규모를 판단하고 필요한 자격요건과 전공별 규모를 결정하여 채용팀으로 넘어오면, 채용공고 내고 필요한 전형절차 준비하고 진행하며, 업무상 덜 바쁜 사람들을 동원하여 면접과 관련 과정을 진행하고 합격자에게 통지하면 그뿐이라고 생각한다.

채용이 과연 간단한 일일까? 잘못된 채용으로 조직에 잘못 들어온 인력이 만들어내는 해악은 상상 이상이다. 집안에 며느리 하나 잘 들어오고 아니고에 따라서 그 집안 전체의 분위기는 물론 흥망이 좌우될 수도 있다는 점과 유사한다.

삼성은 채용을 아주 중요하게 생각한다. 이 말만으로는 그 느낌이 제대로 전달되지 않을 것 같으니 다시 한 번 말한다. 삼성은 채용을 아주 아주 중요하게 생각한다.

삼성은 채용 절차에 최고경영자가 깊숙이 관여한다. 최고경영자는 과중한 업무 때문에 시간을 분 단위로 쪼개서 사용하지만 아무리 바빠도 면접에는 반드시 참여하는 것이 삼성의 관례다. 예전 이병철 선대 회장도 신입사원 면접에 꼭 참여하셨다. 지금도 각 사의 최고위급 경영자를 비롯한 임원들의 주요 업무 중 하나는 채용 면접에 참여하는 일이다. 최고경영자의 면접 참여는 면접의 중요성을 알리는 계기도 되고 핵심인력들로 하여금 면접위원으로 참여케 하는 보이지 않는 명분을 제공한다.

그래서 삼성에서는 면접위원으로 위촉되지 못한 임원들이나 부서장들은 그것을 자신에 대한 나쁜 평가라고도 받아들인다. 회사의 가장 중요한 일에 참여하지 못한다는 것은 자신이 핵심인재가 아니라는 증거이기도 하기 때문이다. 그만큼 면접위원이나 진행요원, 채용부서의 실무인력들도 회사의 최고 인재들이 담당한다. 진행요원이나 면접위원으로 차출되면 누구나 자부심을 느낀다.

노사문제도 그렇지만 각 부서의 핵심인력들은 인력의 확보와 교육 등에 대해 '인사부서의 일'이라거나 '인사부서의 일을 도와주는 것'이라는 식으로 생각하지 않는다. 채용과 교육에 대해서 '나 자신의 주요직무'로 생각한다. 삼성에서 '면접위원'이나 '교육선배', '교육담당'으로 위촉되는 것을 영광으로 생각하고 열정적으로 참여한다. '업무만 해도 바빠죽겠는데 왜 시간 빼앗기게 하느냐?'라고 생각하는 사람은 없다.

다른 기업에 컨설팅을 나갔을 때 보았는데, 채용과정에 그 회사의 소위 핵심인력들은 요리조리 핑계를 대고 빠져나가고 그저 그런 인력들로 채용 절차를 진행하는 것을 보았다. 그러다 보니 채용의 중요성도 잘 인지하지 못할 뿐더러 핵심인재들이 아니니 기업에 적합한 인재를 정확하게 가려내는 정도가 훨씬 낮았다. 그 기업들은 악순환의 고리에 들어갈 수밖에 없다.

삼성에서는 채용 과정에 회사의 핵심인재들이 꼭 참여한다. 최고경영자부터 사원급까지 핵심인재로 분류된 사람들은 늘 신입사원 채용과 교육과정에 어떠한 형태로든지 참여하도록 정해져 있다. 인재를 확보하고 양성하는 일을 자신의 고유 미션으로 생각하고 주도적으로 참여하도록 교육하고 전통으로 여기게 만드는 것이다.

발로 뛰는 사람을 찾아라

조직이 잘 굴러가고 계속 발전하려면 우수한 두뇌를 가진 사람과 창조성을 갖춘 인재가 필요하다. 당연히 삼성도 이런 인재들을 S급 인재로 별도로 관리한다. 이 S급 인재들에게 높은 지위와 보수를 주고 중용하는 것처럼 보이지만 실상 열정과 충성심이 검증되기 전에는 아무리 인재라고 해도 경영의 중심에는 잘 세우지 않는다. 일종의 기술자로 취급하는 것이다.

반면 명석한 두뇌나 창조력이 다소 부족하더라도 기본자질이 잘 구비되어 있으면 일정기간 검증을 거쳐 주요 보직에 기용한다. 삼성에서는 머리 좋고 잔머리 잘 굴리는 사람보다 약간 투박하더라도 투지와 근성을 갖춘 사람이 관리자나 경영자로 성공할 확률이 훨씬 더 높다. 조직구조적으로 본다면 삼성은 창조와 정책기조는 소수의 사령탑(두뇌) 몫, 나머지 대다수는 열심히 일하면 되는 건강한 어깨나 발이 되기를 원한다. 그런 소수의 사령탑 인력 중에 후보자를 뽑아 전문능력을 더 육성해서 경영자 군에 포함시키는 것이다.

삼성에서 현직으로 근무하는 CEO급이나 고위 임원들은 특수목적으로 외부에서 영입한 전문인력 말고는 대부분 이런 인력들이다. 따라서 평균적인 비율로 본다면 95%는 발로 뛰는 인재, 5% 전후는 두뇌로 일하는 사람을 원하고 그런 비율로 인재를 발굴하고 채용한다.

삼성의 임원급들도 현장경영, 발로 뛰는 경영을 가장 우선으로 생각한다. '현장에 문제와 답이 같이 있다'는 것을 수없이 교육 받는다. 그래서 발령이 나거나 새롭게 자리를 옮기면 밑바닥부터 훑어가는 것이 경영의 기본자세다. 마치 이순신 장군이 백의종군 후 수군절제사로 부임하여 처음 찾은 곳이 수병들의 숙소인 것처럼 말이다.

필자도 임원으로 발탁된 후 지역본부장으로 7년간 일한 적이 있다. 필자가 현장에 내려가서 처음 한 일은 각 영업소 방문이었다. 작지 않은 지역을 관장하고 있기 때문에 조직의 말단까지 다 가보는 데만 1년이 걸렸다.

아주 시골에 위치한 작은 점포를 방문했을 때의 일인데 '입사하여 10년이 되었는데 임원을 처음 본다'는 분도 계셨다. 강원도에서도 워낙 오지다 보니 본부장이 방문하기란 쉬운 일이 아니었다. 3개월간 관장 지역을 매일 돌며 고충도 듣고 술도 한잔하면서 그들과 어울렸다. 식당부터 노래방까지 다니다 보면 퇴근은 거의 11시가 넘어야 가능했다. 그렇다 보니 거의 매일 술을 마시고 건강도 많이 악화

되었다. 그렇지만 말단의 조직구성원까지 한마음으로 뭉칠 수 있다는 자신감, 그리고 그들로부터 소중한 신뢰와 연대의식을 얻을 수 있었다.

그런 현장방문을 계속하고 있던 어느 날, 영업을 총괄하는 부사장께서 호출하셨다.

"자네 이제 술 좀 그만 마시게. 그러다 죽는다고……."

필자는 속으로 쾌재를 불렀다. 이 정도로 현장경영에 몰입하니 최고위층에서 믿고 마음을 놓으신 것이다. 필자가 인사부서에서만 오래 있다 보니 현장경영은 경험이 없어서 불안해하셨는데, 현장을 밤낮없이 다니는 것을 보고 안심을 한 모양이었다. 이제부터는 본인의 구상대로 경영을 이끌어도 신뢰할 것이라는 자신이 섰다.

대체로 최고경영자들은 임원을 발탁하고 나면 신임 임원이 어떻게 조직을 장악하고 관리하는가를 유심히 지켜본다. 경영도 밑바닥을 잘 알아야 상응하는 정책을 입안할 수 있고, 고객들과 함께 해야 좋은 상품과 서비스를 만들 수 있기 때문이다. 삼성의 임원은 본사나 높은 빌딩의 독립된 방에서 자신의 정책이나 전략만 입안하고 부하들의 서류에 결재만 하는 것이 아니다. 발로 현장을 뛰고 현장에서 새로운 경영 아이디어를 찾아가는 것이 가장 훌륭한 조직관리 전략이라는 것을 삼성은 체험으로 알고 있다.

전무급 이상의 고위 임원이라 하더라도 본사에 방이 있는 경우보다는 자신이 관장하는 지역이나 직능에 맞는 위치에 사무실을 두고 관장 지역과 관할 인원을 지휘한다. 필자가 컨설팅 중에 어떤 금융기관을 방문하고 매우 놀란 적이 있었는데 회사 임원들의 방이 전부 본사의 최고층에 있었고, 독립되고, 밀폐되어 있었다. 현장과는 동떨어진 위치에서 말이다. 삼성에서는 있을 수 없는 일이다.

고객과 부하직원, 업무가 있는 곳에 지휘관이 있는 것이 관리의 상식인데 그곳은 그렇지 못했다. 마치 군 사령관이 육본에 앉아서 멀리 전방에 있는 부하들을 지휘하는 것과 다를 게 없었다. 그런 식의 경영으로 어떻게 적확한 판단과 신속한 대책을 세울까 걱정이 되었다. 물론 그 기관의 컨설팅이 끝날 때쯤 최고경영자에게 건의하여 현장으로 임원들의 자리를 대거 이동시켰다. 그런 이동에 불만스러워 하는 임원도 있었을 것이다. 하지만 임원이라면 맡은 관장 지역이나 업무의 한복판에 있어야 조직을 지휘하기 용이하다는 이론을 들이대며 설득한 것이다.

임원이라면 월급을 많이 받는 만큼 직원들보다 더 많이 발로 뛰고 머리를 돌리고 고객과도 자주 만나서 적합한 경영전략을 수립해야 한다. 그것이 경영의 정석이고 조직관리의 정석이다.

정교하게
그러나 빠르게 뽑아라

삼성의 채용은 다른 대기업과 마찬가지로 상시 입사지원의 문이 열려 있다. 하지만 아무래도 대학생들이 졸업하는 시점에 맞추어 주로 11월에 하반기 공채라는 대규모 채용이 시행된다.

하반기 공채를 위해 봄부터 각 직종별로 적합한 선배들을 뽑아서 '채용 태스크 포스'를 구성하여 사전에 충분히 교육하고 준비한다. 이런 채용 태스크 포스에 차출되는 인력들은 입사 당시 보인 능력과 열정에 의해 최우수 인재들로 미리부터 점찍힌 인원들이다.

채용 인원은 연초에 대부분 확정된다. 그 총 인원을 기반으로 직무에 적합한 전공별로 세부 인원을 정하고, 매년 채용 매뉴얼도 다시 만들며, 진행요원들과 면접위원들을 세밀하게 체계적으로 교육한다.

삼성 채용의 일반적 프로세스

계획 수립 단계 ⇨	채용 준비 ⇨	채용 진행 ⇨	사후 관리
채용계획 T/O 기준 설정 ↓ 각 직능별 T/O 설정 ↓ 채용 규모 설정 ↓ 전사적 검토 후 확정	채용 T/F 구성 ↓ 자료 준비, 교육 ↓ 채용 자격, 기준 설정 ↓ 모집공고 및 설명회	서류 접수 및 심사 ↓ 면접 전형 ↓ 신체 검사 ↓ 합격 통지	교육 입과 ↓ 입사 서류 관리 ↓ 교육 후 배치

아울러 선배들을 동원하여 각 대학에서 채용설명회를 충분히 진행하고 채용과 입사 지원에 필요한 정보들을 서로 공유한다. 각 학교로 파견나간 선배들은 학생 후배들과 만나서 사전에 적합한 인재들을 두루 살피며 그 결과를 채용주관부서(채용 태스크 포스)에 누가 좋더라, 누구는 안 되겠더라 등등의 의견을 제시한다. 채용심사는 이런 설명회에서부터 시작된다고 보아야 한다. 이런 정지작업을 거친 후에 주로 방학 때를 이용하여 인턴으로 입사시켜 사전 적합성을 검증해 보기도 하지만 대체로 하반기 공채로써 그 결말을 본다.

Forte 채용 프로세스는 요즘 대다수의 기업들과 별반 다를 것이 없지만 프로세스 설계가 정교하게 되어 있고, 참여하는 구성원들이 비록 다른 부서에서 차출되어 인사부서 일을 서포트 하지만 열과 성을 다하는 것이 다른 기업과의 차이점이 아닐까 한다. 채용은 남(인사부서)의 일이 아니고 바로 내 일이라는 주체의식, 주인의식이 좋은 인재를 뽑고 강한 조직을 만드는 초석이 된다. ▬

또한 일단 채용 프로세스에 들어가면 진행팀은 밤을 새워서라도 성적 집계와 판단을 신속하게 진행하고 바로 다음 절차로 이행시킨다. 지원자들이 이 기업 저 기업을 놓고 망설이지 않도록 바로바로 다음 프로세스로 진입시키는 것이다.

서류전형이나 면접 결과가 나오면 재빨리 취합하여 집계하고 보고하여 사정선을 정하고 본인에게 통보를 하여 삼성에 적합한 인재들이 다른 곳으로 눈을 못 돌리게 막는 역할을 한다. 대개가 그렇지만 한 군데 합격할 만한 인력은 다른 회사에도 합격할 수 있는 인재다. 그래서 어떤 이는 3~4군데 합격하여 어디를 선택할 것인가를 저울질하기도 하는데, 삼성에서는 이런 고민을 안 하도록 일찌감치 합격통지를 해버리는 것이다.

면접이 끝나면 신체검사를 하게 되는데, 여러 곳에 합격한 사람은 신체검사도 여러 번 받아야 한다. 병원에 가서 피를 뽑고 엑스레이 등의 검사를 받다 보면 반나절 전후가 걸린다. 그리 유쾌하지 않은 일을 여러 곳에서 하는 것을 원하는 사람은 거의 없다. 삼성에서 먼저 신속하게 진행하여 신체검사까지 마친 인재들이 다른 회사에 합격했다고 신체검사를 다시 받으러 가는 일은 그리 많지 않다. '스피드 경영'이 채용에서부터 시작되는 것이다.

이는 순전히 진행요원들의 노고를 모아서 이루어지는데, 이렇게 밤새워 중간 프로세스를 진행함으로써 혹시 있을 수도 있는 채용 부정이나 청탁이 개입될 상황적 여건도 확실히 줄인다.

채용 부정을 막아라

필자가 과장 시절 삼성경제연구소로 파견을 나가 적지 않은 금융회사들의 인사조직 시스템을 진단, 컨설팅한 적이 있는데, 여러 직원들과 인터뷰하는 과정에서 발견한 심각한 문제 중 하나가 채용 부정이었다.

여러 형태의 인맥으로 정상적인 채용 과정을 거치지 않고 입사시키는 사례가 많았는데 어떤 기업은 놀랍게도 이런 부정 입사 인력의 비율이 20% 정도나 되었다. 주인 없는 공기업이라서 그랬는지 모르지만 쉬쉬하여도 이미 누구나 다 알고 있었다. 누구는 누구의 딸이고 누구는 누구의 조카고, 누구는 어느 국회의원의 지역구 유력자 자녀고 등등. 내부 직원들끼리는 이들을 소위 '빽순이, 빽돌이'라고 비아냥거렸는데 배치 부서나 직무까지 정해서 인사부서에 하달되는 바람에 인사부서의 고충도 장난이 아니었고, 그런 인력을 배치받은 부서장도 고민이 많았다.

자신의 부서에서 일어난 예민한 일이나 이런 인력에 관련된 일들은 빠짐 없이 추천한 유력자에게 전달되고 다시 그 기관장에게 피드백 되어서 오히려 회사가 빽순이 하나에 휘둘리는 양상도 보였다. 평가도 합리적으로 할 수 없었다. 나쁜 평가를 주면 다시 피드백이 오곤 하여, 그 인물들 몇 때문에 조직관리가 아주 어려워졌다.

이런 채용 부정은 단지 그 개인의 문제로 끝나지 않고 조직관리에 두고두고 장애가 된다. 연고나 청탁으로 입사한 인력은 조직에 대한 충성심이 낮을뿐더러 실력과 열정도 상대적으로 낮기 마련이고 조금이라도 마음에 안 들면 금방 사표를 내기도 한다. 인맥을 동원하면 또 다른 회사로 쉽게 갈 수 있다고 생각하기 때문이다. 부실 자원이 부정적인 방법으로 채용된 경우 조직에 끼치는 해악은 다음과 같다.

- 정상적인 입사전형을 거친 사람들보다 평균적으로 능력이나 의욕이 떨어진다.
- 개인적인 능력과 열정 부족으로 조직의 생산성을 저하시킨다.
- 다른 구성원들이 입사 경위를 알게 되는 경우 열심히 일하려던 의욕이 저하된다.
- 열심히 일하던 사람도 대강대강 일하는 사람과 같이 근무하게 되면 나쁜 태도가 금방 전염되어 조직력이 나빠진다.
- 입사청탁을 한 유력자에게 이런저런 조직의 내부 사항을 전달함으로써 조직운영을 더욱 어렵게 만든다.

· 청탁자를 통하여 인사에 관여함으로써 정상적인 조직관리를 어렵
게 한다.
· 평균적으로 이직을 자주 함으로써 조직 분위기를 해친다.
· 검정을 제대로 거치지 않았으므로 부실이나 부정을 저지를 확률이
높다.

필자가 인사과장/부장으로 재직 시에 국회의원을 빙자하거나 각
종 관공서, 관련단체들의 자식이나 지인들을 입사시켜 달라는 압력
전화들을 적지 않게 받았다. 하지만 그런 압박 때문에 입사를 시켜
준 경우는 없다. 이러한 인사청탁을 거절하는 것이 오히려 삼성에
대한 신뢰를 더욱 높이는 결과가 된다. '역시 삼성은 청탁으로는 입
사가 안 되더라'는 소문이 나서 그 이후로는 일하기가 오히려 더 쉬
워졌다. 경영자들이 이런 청탁을 받으면 채용만큼은 우리가 자체적
으로 결정할 수 없는 일이고 그룹과 상의해야 하는 일이라고 설명
함으로써 완곡하게 거절하기도 하고, 담당자가 결정하는 시스템으
로 설명하여 이해관계가 없는 담당자로 하여금 거절케 하기도 하였
다. 최고위층부터 이렇게 청탁을 배격하려고 하니 인사담당자들도
그런 청탁은 배격하는 것을 철칙으로 삼았었다.

한 번은 필자의 사촌동생이 다른 기업에 다니다가 삼성의 경력사
원 채용에 응시한 적이 있다. 형이 인사과장이니 입사가 쉬울 것이
라 생각했던 동생은 엄격한 사정절차에서 불합격되자 형을 원망하
였다.

삼성에서는 오히려 이와 같이 어정쩡한 연고인력들은 불합격 처리하는 것이 상식처럼 되어 있다. 정정당당하게 전형절차를 통과할 자신이 없으니 인맥을 동원하는 것이 아닌가 생각하여 더 자세히 들여다보고 검토하여 불이익을 주는 것이다.

삼성은 이런 음성적인 채용부정을 막기 위하여 아예 임직원의 자녀들에게 5% 전후의 가산점을 주어 현재 근무하는 임직원들의 사기관리용으로 운용하고 있다.

하지만 정상적인 채용절차를 거치지 않고 연고로 입사한 인력은 입사 후 급여를 한 단계 낮게 책정하거나, 진급을 한 해 늦게 시키거나 하는 식으로 불이익을 주기도 하였다. 그래서 연고관계를 숨기고 응시하는 경우도 많다. 또한 수십 명의 면접위원 풀이 구성되고 누가 그 면접에 들어갈지는 당일 결정되기 때문에 누군가가 부정이나 정실로 입사하기란 참으로 어렵게 되어 있다.

삼성은 조직 전체의 분위기가 부정과 청탁을 못마땅하게 생각하고, 최고경영자가 제도로서 안전장치를 만들어 놓은 만큼 그런 청탁에 관여하는 일 자체가 본인에게 마이너스가 된다는 인식이 강하다. 윗물이 맑기 때문에 아랫물도 당연히 맑고 그 전통은 50년 넘게 삼성 채용의 기본 룰이 되어 왔다.

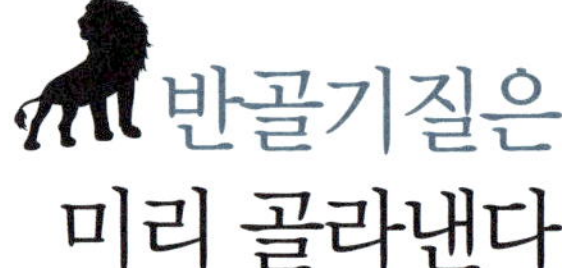

반골기질은 미리 골라낸다

삼성 면접에는 관상을 보는 분이 참여한다는 소문이 있다. 30~40년 전에는 실제로 참여한 적도 있다고 선배로부터 들은 적도 있다. 물론 지금은 필자가 아는 범위 내에서는 그런 분은 없다. 그렇지만 실제 인사관리를 오래 담당하다 보면 사람을 보는 눈이 생겨서 조직에 적합지 않은 특성을 가진 인력을 어렵지 않게 가려낼 수 있다.

기업 입장에서는 자신들의 문화와 맞지 않고 회사와 갈등을 일으킬 우려가 있는 사람을 뽑고 싶지 않을 것이다. 삼성이 뽑고 싶지 않는 인력은 도덕성이 부족한 사람이나 정직성, 책임감이 떨어지고 조직에 대한 충성심이 낮은 사람이다. 다른 기업도 그런 특성을 가진 사람을 좋아할 리는 없지만 조직력과 공동체의식을 중시하는 삼성은 특히 더 싫어한다. 그래서 여러 가지 방법으로 그런 인력을 채용과정에서 걸러내려고 한다.

또한 삼성은 비노조 경영을 철학으로 하고 있어서 노사문제를 일으킬 만한 특성을 가진 사람을 가려내려고 이런저런 노력을 하고 있다. 그렇지만 인간의 숨겨진 내면을 정확히 판단하기란 어렵다. 열 길 물속은 알아도 한 길 사람 속은 모른다는 속담과 같이 참으로 어려운 것이 사람에 대한 판단이다. 더구나 한 사람당 5분, 길어야 20~30분의 짧은 면접시간에 이를 다 가려낸다는 것은 불가능에 가깝다.

그래서 필자가 인사부서장으로 일할 때는 채용·면접 실명제를 시행하자는 제안까지 들어온 적이 있었다. 누가 채용에 참여하여 좋은 점수를 주었다면 나중에 그 사람이 문제를 일으키거나 잘못을 저지를 때 그런 판단을 한 사람도 연대책임이 있는 것이라는 생각이었다. 그런 절차를 통하여 면접위원들로 하여금 더 신중히 살펴보고 더 투명하고 공정한 채용을 하도록 하기 위함이다.

사실 면접에서 관상을 보지는 않더라도 유사한 장치들, 즉《사람을 판단하는 법》이라는 참고서가 삼성에는 있다. 이 책에 있는 내용은 얼굴을 보면 대개 알 수 있는 관상의 상식쯤이다. 예를 들면 입술이 얇고 색깔이 선명하지 못하면 신경질적이고 예민한 성품을 가지고 있다거나, 귀가 얇은 사람은 남의 이야기를 잘 듣는다는 점 등인데, 이는 면접을 오래하고 주의 깊게 관찰한 사람이면 누구나 대강은 알 수 있는 사람 판단의 기본 지혜다.

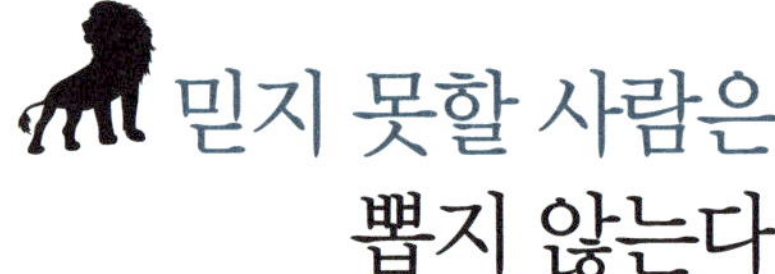

믿지 못할 사람은
뽑지 않는다

경영에서 가장 중요한 요소는 사람이다. 어느 조직이나 믿을 만하고 능력이 우수한 사람을 뽑고 싶어 하지만 서류전형이나 면접만으로 그런 자질과 속내를 판단하기란 어렵다. 면접장에서는 누구나 정답을 이야기하기 때문에 사람의 본심과 속마음을 제대로 알아내기란 쉽지 않다. 그래서 삼성에서는 여러 가지 도구와 절차들을 사용한다.

믿지 못할 사람을 뽑지 않는다는 의미는 그만큼 채용절차가 지난하다는 것이고, 뽑은 사람에게는 믿고 맡긴다는 의미는 높은 보수와 공정한 인사관리를 보장하고 사원급이라 하더라도 실무권한을 많이 준다는 의미다.

실력과 열정이 없이 삼성에 입사하기란 불가능하다. 공정하고 부정 없는 채용절차를 사용해 자질이 부족하거나 도덕성이 떨어지는 사람이 입사하기란 매우 어렵도록 여러 가지 방법으로 크로스체킹을 한다.

어려운 과정을 거쳐 삼성에 입사하여 소정의 교육을 마치고 실무부서에 배치되면 신입사원의 기대보다 훨씬 많은 권한을 준다. 삼성은 실무자가 제일 깐깐하다는 말이 있다. 이는 그만큼 실무자에게 많은 권한을 준다는 의미이고, 그런 권한으로 사원급들도 자부심과 책임감, 일에 대한 전문성을 키운다. 사실 삼성에서는 윗사람의 입김으로 결정되는 일은 거의 없다. 실무자의 권한이 그만큼 막강하다. 상사나 제도가 그것을 보장해 준다. 그렇다 보니 외부청탁이나 부정이 끼어들 공간도 많지 않다.

사실 상사나 임원이 대외 업무를 하다 보면 이런저런 청탁이나 부탁을 받기 마련인데, 돌아와 적용을 할라치면 실무자들의 눈치를 봐야 한다. 다른 조직과 달리 삼성은 주어진 범위 내에서는 실무자의 권한이 제일 크고 관리자들은 가이드라인을 정하거나 애매한 것을 정해줄 뿐 실무에 들어와서 일일이 간섭하기 어렵게 되어 있다. 예를 들어 어떤 청탁을 받아서 꼭 입사시켜줘야 하는 인력이 있더라도 상사(사장 포함)가 지시하여 결정할 수 있는 일이 아니다. 이를 실무자가 발의하면 쉬울지 몰라도 상사가 발의하면 그 일은 오히려 꼬이게 된다.

부정 입사뿐만 아니라 구매나 거래선을 결정할 때도 마찬가지다. 여기저기서 납품이나 구매 건을 따내려고, 있는 인맥 없는 인맥을 다 찾아서 동원하고 싶은 것이 거래를 트고 싶어 하는 사람들의 공통적인 심정일 것이다. 그러나 삼성에서는 엄격한 사전 기준과 절차를 통하여 이런 청탁이나 인맥의 개입을 최소화한다.

외부의 요청이 상사에게 도달했다 하더라도 공정한 절차나 실무를 담당하는 사원의 존재를 내세워 상사가 빠져나갈 수 있는 명분을 준다. 이런 시스템이 실무자의 권한은 커지게 하고 조직 내 부정이나 부실이 발붙일 여지는 줄여준다.

면접으로
부적합 인력을 걸러라

앞에서도 설명하였듯이 면접은 절대적인 효능을 가진 채용제도가 아니다. 거짓말을 판별할 수 있는 장치가 없는 상황에서 질문과 답변만으로 참 인력을 가려낸다는 것 자체가 무리한 발상이다.

필자는 현역 시절 약 5년간의 면접 데이터를 가지고 입사 후 이들의 근무성적과 비교하여 그 상관관계를 분석해 본 적이 있다. 우리나라의 기업조직이 서구 기업군에 비하면 역사도 짧고 여러 가지의 인사제도 관리가 영속적이지 않아 그동안 이런 자료를 분석해 보기 어려웠다. 아마도 필자가 우리나라에서는 처음 시도한 조사일 것이다.

'면접이란 제도가 조직과 업무에 적합한 인력을 제대로 선별해 내는 장치라면 면접에서 상위권으로 합격한 사람들이 근무성적도 우수할 것이다' 라는 가정을 가지고 출발하였다.

그런데 결과는 어이없게도 면접성적과 근무성적 간에는 아무런 상관관계가 없는 것으로 나왔다. 회사의 핵심인력들로 구성된 우수한 면접위원들이 다양한 질문과 관찰을 통해 우수한 성적을 준 사람이 입사 후 근무성적에서는 다른 사람들과 비교하여 특히 더 우수함을 보이지는 않았다. 아울러 커트라인에 걸려 겨우 합격한 사람들도 근무성적이 그리 나쁘지 않았다. 즉 채용 팀의 각고에도 불구하고 면접이 인재를 선별하는 기능이 별로 없다는 점을 발견한 것이다.

당시 필자에게는 큰 충격이었다. 분명 회사의 핵심업무를 수행하는 우수한 자원들로 면접위원들을 선발하고 열성적으로 면접교육도 시키고 부정이 개입되지 못하게 엄정하게 조치하면서 시행한 면접의 결과가 이후 근무성과와 아무런 상관관계가 없다면 이렇게 정교하고 힘들게 면접 전형을 진행할 필요가 있을까 하는 의문도 들었다. 면접위원으로 참여하였던 사람들에게도 이런 분석 결과를 전달하였다. 인적자원 관리에서는 국내 최고라는 분들로 구성된 면접위원단들도 의아해하면서 서로 민망해하였다.

그 결과를 놓고 수많은 논의를 벌인 끝에 우리가 면접에서 판별한 것은 우수 자원의 선별이 아니라 조직에 부적합한 자원을 가려서 배제한 것이고, 면접이란 마치 벼를 도정할 때 섞여 있는 부실한 쌀알이나 불순물, 잡티들을 걸러내는 장치와 유사하다는 결론을 내렸다.

그렇다. 면접제도에는 오류 가능성이 기본적으로 내재되어 있다. 즉 면접이란 부정확한 사람(면접위원)이 부정확한 방법(전형제도)으로 부정확한 사람(피면접자)을 판단하는 일이라 오류가 포함될 수밖에 없다.

우선 면접자 입장에서는 스스로의 성격과 상태에 따라 피면접자를 판단할 가능성이 많다. 즉 내성적인 사람이 보면 사교적인 사람은 사기꾼같이 말만 번드레한 사람으로 비칠 수도 있고, 외향적인 면접위원이 내성적인 응시자를 보면 답답하고 내숭을 떠는 것은 아닌가 하고 오해할 수도 있는 것이다.

또한 면접 당일 기분이 좋은 상태이면 후한 점수가 나오고 힘든 일이 있거나 심사가 뒤틀려 있으면 박한 평가가 내려지는 오류가 적지 않다. 아울러 오전과 오후라는 시간의 차이도 그 평가 결과의 평균점에 적지 않은 영향을 준다. 오전은 정신도 명료하고 예민하여 자세히 면접에 임하며 그 평가도 박하다. 그러나 점심식사를 하고난 오후에는 상대적으로 오픈 마인드된 상태라 평가도 후하게 내려진다.

오류 가능성이 있다고 해서 면접을 하지 않고 사람을 채용하는 것은 더욱 위험하다. 특히 직무능력은 물론이고 조직에 적합한 인성을 갖추고 있느냐 여부는 조직의 문화나 가치를 잘 알고 있는 면접위원들이 일일이 가려내는 방식보다 더 유효한 제도를 발견할 수 없기 때문에 문제나 오류 가능성을 알고서도 면접이라는 전형방법을 사용할 수밖에 없는 것이다.

최근 어떤 회사에서 선착순으로 인력을 모집하여 채용시킨 사례가 보도되었다. 삼성의 엄정하고 신중한 채용마인드로 판단한다면 말도 안 되는 방식이지만, 그 결과는 성공적이었다고 한다. 면접제도에 소요되는 비용이나 노력, 들이는 공에 비하면 인재를 가려내는 기능이 미약함을 반증하는 사례다. 따라서 면접이나 채용제도로 전체 우수인력을 선발한다는 것은 애초에 무리이고, 부적격 자원만 가려낸다면 그것으로 만족해야 할 것이다. 우수인력의 선발은 입사 후 장기간에 걸쳐 이루어질 수밖에 없는 게 현실이다.

면접위원의 오류도 그렇지만 피면접자도 면접 시에 자신의 본래 생각과 다른 100% 거짓말을 할 수 있기 때문에 면접으로 우수 인력을 가려내는 것은 정말 지난한 길이다. 면접이란 단지 사람을 가려내는 과정의 시작에 불과하다. 면접으로는 아주 우수하고 우리 조직에 적합한 인재를 정확히 가려내지는 못한다. 면접의 역할은 조직에 부적합하고 직무수행능력이 수준 이하일 것으로 예견되는 후보자를 걸어내고 일정수준 이상의 인력 풀(pool)을 형성해 주는 것이다.

입사 후 교육과정, 승진이나 승급과정에서 지속적으로 인재로 육성하기도 하고 조직에 적합지 않은 부적합자를 솎아내는 것이 조직관리, 인재관리의 현실적인 방법이다. 그래서 인재를 선별하는 노력을 입사 후에 더 기울이게 되는 것이다. 실제로 채용담당자는 현업부서에서 요청한 인력소요보다 20~30%를 더 선발해 놓는다. 교육입과 전후나 교육수료 후 배치, 정착까지 탈락률을 고려한 채용규모를 산정하는 것이다. ▬

청바지 입은 더벅머리,
어떻게 할 것인가

필자가 잘 아는 후배가 삼성에 지원한 일이 있다. 그는 삼성의 면접을 통과하지 못했고, 평소 인재라 자신하던 후배는 기분이 상한 나머지 필자에게 불평을 쏟아냈다.

"아니, 선배님! 삼성은 사람 보는 눈이 있긴 한 겁니까? 도대체 어떤 기준으로 사람을 뽑기에 저 같은 인재를 놓치는 거죠? 제가 어디가 부족합니까? 서울에서 좋은 학교 나왔고 관련 자격증도 있는데, 도대체 제가 왜 떨어진 거죠?"

현재 그 후배는 삼성에 버금가는 기업에 입사해 우수 인재로 잘 근무하고 있다. 지금 생각해 보면 삼성에 입사했어도 큰 문제없이 잘 적응하였으리라 믿어진다.

다만 필자가 당시 그 후배를 보고 판단했을 때 직무수행능력에는 문제가 없는 우수인력이었지만 약간 덜렁덜렁하고 치밀성이 부족하며 말이 앞서고 조직지향성도 떨어져 보였다.

그렇다. 필자가 면접위원으로 참여해 후배의 당락을 결정하였다고 해도 분명 그 후배를 떨어트렸을 것이다. 삼성은 성실하고 단정하며 책임감과 조직지향성이 강하고 일에 대한 근성과 열정을 갖춘 사람을 중시한다. 그래서 이렇게 조직지향성이 다소 떨어지거나 불량기가 있는 인재들을 놓칠 수 있다.

예를 들면 청바지를 입고 면접에 참여하는 지원자도 합격시킬 수 있는 아량이 있어야 스티브 잡스 같은 진짜 큰 인재를 놓치지 않을 텐데, 삼성은 단정하고 모범생적인 모습을 더 좋아하는 경향이 있다. 면접위원들에게 여러 번 교육과 조언을 하지만 결과를 놓고 보면 이런 모난 인재들의 합격률은 현저히 낮다.

다른 기업에 가면 우수 인재로 채용될 인력이 조직관이나 성향의 차이로 삼성에서 일할 기회를 갖지 못하는 경우가 적지 않다.

확률적으로 문제가능성이 있는 인력을 회피하는 것이 삼성의 채용전략이라면 정말 한 명이 만 명을 먹여 살릴 애플의 스티브 잡스나 마이크로소프트의 빌 게이츠 같은 사람은 거의 삼성의 정규인력으로 채용할 수 없는 문화적 한계를 지니고 있다.

물론 '경력직 특채'나 '핵심인재 스카우트'라는 방식이 있지만 채용제도에 아쉬움이 있는 것은 사실이다. 이는 면접 위원들이 삼성의 조직력을 저해할 우려가 조금이라도 있는 사람은 합격선에서 제외하기 때문에 생기는 일이다. 삼성의 강점인 강한 조직지향성과 농경사회의 인재가치인 성실성과 책임감, 팀워크 능력들을 너무 중시한 결과다.

삼성의 전형제도는 모범적이고 조직지향성이 강한 조직을 만드 Forte
는 데 확실히 유효하다. 다만 벽돌로 실용적이고 튼튼한 구조물은
만들 수 있으나 부가가치가 높은 예술품을 만드는 데는 한계가 있
다. 예술품이나 창조적인 작품을 만드는 데는 오히려 모난 돌이 더
필요하다.

'지금까지의 성공이 미래 성공에 가장 큰 장애물' 이라는 격언처
럼 삼성도 채용방안에 대하여 더욱 연구하여 이런 튀거나 모난 인
재들도 숨 쉴 수 있는 조직으로 탈바꿈해야 미래에 더 강한 경쟁력
을 가지지 않을까 생각한다.

지금까지는 그런 인력들이 입사한다 해도 오래 버티지 못했다.
충성심이나 조직지향성을 워낙 음으로 양으로 강조하는 풍토라 튀
거나 외골수, 반골기질이 있는 사람은 상사나 관리자로부터 미움을
받고 변방으로 밀려나거나, 아예 핵심부서에 진입하지 못하는 경우
가 많았다.

결국은 못 버티고 스스로 사표를 내고 조직 내 분위기가 자유로
운 다른 회사로 옮겨간다. 그런 사람들을 나중에 만나보면 삼성은
숨 쉬기가 어렵더라, 공기가 너무 적어서 마음대로 행동하기도 어
렵더라, 차라리 월급 좀 적게 받고 자유롭게 살고 싶다 등등의 말을
한다.

그래서인지 삼성은 몇몇의 인재가 창조적 발상을 하고 나머지
90% 이상의 인력은 열심히 책임감을 가지고 자기가 맡은 분야에서
주어진 목표를 완수해 내는 제조업과 금융업종에서 최고의 성과와
효율을 내고 있다.

결국 회사의 분위기가 성과까지 결정하는 것이다. 하지만 미래
에는 삼성도 달라져야 하지 않을까?

삼성식 인재를 만드는 교육

최고의 시설과
엄정한 분위기로 사로잡아라

채용면접으로 벽돌의 자질을 갖춘 인재를 선발하고 나면 이어서 강하고 엄한 교육이 진행된다. 교육은 삼성의 가장 강한 경쟁력이다. 세계 유수의 기업들보다 더 잘 정비되어 있다. GE같은 세계적인 기업에서도 견학을 올 정도로 교육 시설이나 마인드, 소프트웨어가 최고 수준이다.

삼성의 연수원은 어딜 가나 느낌이 동일하다. 정갈하고 깨끗하며 단정하고 엄중하다. 진입로도 떨어진 낙엽 하나 없이 청결히 청소되어 있고 건물 내외부도 깔끔하고 밝고 깨끗하다. 교육 진행자나 하다못해 식당 종업원까지도 깨끗하고 따뜻하게 교육생들을 존중해주며 어디 하나 나무랄 데가 없다. 다만 이런 빈틈없는 완벽함이 오히려 연수생들의 마음을 압박한다.

교육생들이 현업을 떠나 리프레시 하러 온 것이라는 헐렁한 생각으로 입소를 하다가도 연수원에 들어서는 순간 생각이 바뀐다. 교육생들은 새로운 긴장감으로 몸이 경직된다. 일단 연수원에 도착하면 모든 시설과 연수원 구성원들이 자신(피교육생)을 기다리며 준비하고 있었다는 느낌을 받는다. 티끌 하나 없는 주변 경관이나 품위 있게 정리된 시설물들을 보면 숨이 막힌다. 이런 엄정함과 정연한 분위기가 교육에 입과하는 연수생들의 마음을 바로잡는다. 마치 훈련병이 머리 깎고 논산훈련소에 입대하면서 느끼는 그런 결연함이나 엄정함이 연수원 전체에 깔려 있다고 생각하면 된다. 허튼 생각이나 행동을 하기가 민망할 정도다.

삼성은 교육이 단지 지식을 전수하고 공유하는 기능만 하는 것 **Forte** 이 아니라고 생각한다. 교육 기회를 통하여 그룹의 공유 가치를 공감하고 조직력을 배양하며 일체감을 조성하는 가장 좋은 과정으로 판단하고 활용한다. 평균적으로 계산해 본다면 직무교육과 정신·인성교육의 비중이 적어도 반반은 될 것이다. 사실 직무교육은 연

수원보다는 현장에서 OJT로 이루어지는 것이 더 많다. __

연수원에 들어가면 연수원장이 직접 현관에 나와서 교육생들을 맞이한다. 연수원의 최고 책임자가 교육생들을 맞이함으로써 교육 분위기가 쉽게 잡히고, 교육생들에게 존중받는다는 느낌을 확실히 심어준다. 또한 대강 교육받아서는 안 되겠다는 각오도 서게 한다.

실은 삼성의 인력개발원장은 늘 공석이다. 인력개발(교육)의 총 책임자는 회장의 역할이라 생각하여 비워 놓는 것이다. 그만큼 교육을 중시하는 상징적인 조치다. 이 전통은 연수원이 생긴 이래 지금까지 지속되어온 묵계다. 그래서 부원장이라는 직함으로 연수원 살림과 연수 실무를 총괄한다.

교육은 비용이 아니고 투자

중소기업이 대기업을 따라잡지 못하는 이유 중에 하나가 교육이다. 교육 기능은 물론이고 교육 시설도 만만치 않은 자금이 소요되기 때문에 대부분 연수원이나 교육팀을 두지 않고 외부 교육전문기관에 아웃소싱한다.

하지만 아웃소싱으로는 그 기업이 원하는 기업가치를 공유하거나 엄정함이나 긴장감을 지속적으로 유지하기가 어렵다. 사람이 경영자원이라면 그 자원을 활성화하기 위하여 사용하는 비용은 경비가 아니라 투자다. 많은 기업들이 교육의 효과를 불신하고 과감한 투자나 교육경비 사용을 꺼린다.

서구의 선진국은 이런 교육에 별로 투자를 하지 않는다. 입사를 지망하는 개인들은 직무에 필요한 지식이나 숙련도 등을 스스로 개발하고 탑재하여 입사하여야 하고, 회사는 교육받는 곳이 아니라 가지고 있는 능력을 발휘하는 곳이란 생각이 강하다. 아울러 대부분의 기업이 조직의 가치나 공동체의식의 생성보다는 개인으로 하여금 능력을 최대한 발휘하여 조직의 생산성을 높이는 것이 인력관리의 요체라고 생각한다. 조직은 자신의 이익을 좇는 개인들의 집단이고 그 결과 조직 전체의 이익으로 귀결된다는 생각이다. 따라서 자신의 일에 능력을 발휘하기 위하여 필요한 직무능력 개발도 당연히 자신이 스스로 해야 할 일로 보는 것이다. 개인주의적인 기업관으로는 너무나 당연한 일이다.

물론 GE를 비롯한 미국의 우량회사들은 상황이 조금 다르다. 사실 선진국들도 동양식 경영의 장점인 공동체의식이나 조직몰입도 제고 차원에서 핵심가치 공유 노력이나 교육이 중요하다는 것을 깨닫고 최근에는 활성화되어 가는 중이다. 아울러 서양의 노동관계 법규는 종업원의 채용과 퇴직을 고용주가 자유롭게 할 수 있도록 열어 두고 있다. 직업선택의 자유는 개인에게 보장하되 마음에 맞지 않는 인력은 언제든지 해고해도 되도록 기업에도 경영활동의 자유가 보장되어 있는 것이다. 따라서 면접에서 꼭 적합한 인력을 가려내고 내부에서 육성시키는 노력을 많이 할 필요가 없다. 왜냐하면 노동시장이 열려 있고 채용공고를 하면 적합한 인력들이 여기저기서 쉽게 찾아오기 때문이다.

우리같이 한 조직에 오래 근무하는 것을 고수하지도 않을뿐더러 조직에 필요 없다고 판단하면 언제든지 해고가 가능하기 때문에 애써서 공동체의식을 주입하려는 노력을 하지 않는다. 소위 개인주의적인 기업관을 가진 조직의 인사관리는 업무에 필요한 기술이나 재능의 육성은 스스로의 노력으로 하는 것이고 기업은 그런 능력을 갖춘 사람들이 들어와서 일하는 곳이지 교육받는 곳은 아니라는 사고에서 출발한다.

그래서 대학에 들어갈 때까지는 열심히 공부하지만 대학생활 자체는 다소 즐기는 경향이 있는 우리와는 달리, 미국의 대학들은 사회생활에 필요한 지식들을 제대로 공부시키고 학생들도 경쟁력을 가지기 위하여 열심히 공부한다.

우리나라의 경우 대학에서 경영학을 비롯하여 기업경영과 관련 있는 공부를 했다고 해서 기업의 경영관리 업무를 바로 시킬 수는 없다. 겨우 기업에 대한 기본 소양이나 일을 할 수 있는 기초적인 지식을 가지고 있을 뿐이라고 생각하고 기업에서도 당연히 별도의 교육이 필요하다고 생각한다. 아울러 한 번 입사하면 노동관련법규상 마음대로 해고도 못하기 때문에 인력을 전력화하든지, 다른 방향으로라도 사용하려는 노력을 하게 된다. 그렇지 않으면 조직에 부채가 될 수밖에 없는 업무 무능력자, 의욕이 현저히 떨어진 자 등 부정적인 문제 집단이 수두룩해질 것이다.

한 달 전부터 시작하는 교육 준비

하나의 교육과정을 만들고 준비하는 과정도 만만치 않다. 신입사원의 입문교육을 예를 들어 보자. 대개 3~4주의 그룹 기초입문과정을 먼저 거치고 각 사에 배치되면 회사(업종별) 입문교육을 2~3주가량 받는다. 그 다음부터는 직무교육으로 들어가는데 직무교육은 짧게는 2~3개월 길게는 1~2년이 소요된다. 업무별로 차이가 있지만 삼성에 입사하는 신입은 최소한 1년 전후의 교육을 받는 셈이다.

교육심리학자의 이론에 따르면 교육기간의 8배만큼 효과가 나타난다고 한다. 사관학교 4년을 마치면 30여 년 장교로 활용할 수 있고, 6개월 전후의 훈련을 받는 ROTC는 약 4년간 활용할 수 있다. 마찬가지로 신입사원 때 받는 1년간의 교육은 과장이 되기 전, 8~9년간 조직인으로서의 가치 정립과 조직몰입도를 제고하는 데 큰 역할을 한다. 물론 정신무장을 위한 재교육은 지속적으로 필요하다.

삼성에서 신입사원 입문교육을 준비하는 과정을 보자. 채용이 시작되면 교육을 위한 태스크포스가 만들어진다. 교육부서가 중심이 되겠지만 많은 인력을 한꺼번에 감당할 수 없으므로 '지도선배'를 각 부서에서 차출하여 진행과 과정관리를 담당케 한다. 이렇게 차출되는 교육지도선배는 대개 그 사람이 입사하고 교육받으면서 보여준 자세나 태도를 바탕으로 미리 선정된다.

지명된 선배들은 교육 시작 1달~보름 전에 차출되어 교육 진행본부를 만든다. 신입사원들이 들어오기 전에 모인 이들은 교재도 만들고 교육 방향이나 방법을 전수받는다. 그리고 교육 진행자로서 갖추어야 할 자질들을 익히고 필요한 교보재를 확보하고 준비한다. 채용이 진행될 때 이미 입사할 인력을 교육할 우수한 지도인력들도 선발되어 준비하고 있는 것이다. 삼성에 입사하여 이런 지도선배를 경험하지 못한 사람은 향후 그 조직의 핵심인력으로 성장할 가능성이 현저히 줄어든다.

지도선배들은 철저한 연구와 토의, 훈련으로 신입사원들을 맞이할 준비를 한다. 교육지도선배들은 신입사원 교육기간보다 최소한 보름 먼저 연수원에 입과하고 교육 후에 마무리까지 하고 나가게 된다.

삼성은 정성을 들여서 지도선배를 양성하고 이들을 통하여 삼성의 인재관, 철학, 핵심가치들을 전파해 나간다. 지도선배들은 신입사원들이 연수원에 도착하면 도열해서 후배들을 맞이하고 교육장으로 인솔한다. 교육장에 도착해 보면 필요한 필기도구, 노트와 교재, 참고서적, 이름표 등등이 책상에 질서정연하게 자리를 잡고 있다. 선배들이 전날 밤 준비해 놓은 것이다.

이를 보는 순간 교육생들은 다시 한 번 기가 죽는다. 선배들의 정성 어린 준비와 깔끔한 교육장 모습에 자신도 모르게 마음가짐을 가다듬게 되는 것이다. 교재나 필기구를 교육생들이 입장할 때 하나씩 가져가서 자신의 자리에 앉는 것이 아니라 선배들이 정성을 다해 미리 개인별로 준비해놓기 때문에 교육 분위기가 잡히고 교육 몰입도가 높아진다.

아울러 조직에 들어와 근무하는 구성원이 그 조직에서 가장 오 랫동안 기억하는 사람은 자신의 채용과 교육을 담당한 선배다. 조직 진입 초기이기 때문에 선명하게 기억에 남는다. 이들이 어떤 행동을 보이고 어떤 가치를 갖고 있는가가 조직구성원 한 사람 한 사람의 성향을 좌우하고 가치관에 영향을 준다. 어떤 이들은 그 교육 선배의 말과 행동을 닮아가기도 한다. 대부분 존경받을 만한 사람들로 선배들이 구성되고 입사 2~4년차들이라 신입사원들과 심정적으로 멀지도 않기 때문에 조직에 대한 가치를 전파해 가는 데 적합하다.

경영철학과 이념, 가치, 기업문화에 대한 정신교육

조직에 들어오는 신입사원들에게는 그것이 어떤 과정명을 가지든지 크게 세 가지 요소의 교육이 기다리고 있다. '사회인', '조직인', '전문인'으로서의 자질을 키우는 것이 그것이다.

첫 번째, 학교를 나와 이 사회에서 한 사람의 구성원이 되는 데 적합하도록 키워간다. 이 의미는 사람들로 구성된 이 사회에 적합하고 환영받으며 긍정적인 역할을 하도록 교육한다는 것이다. 이는 구성원도 사람이요 고객도 사람이요 주주도 사람이라는 점을 감안하면 가장 선행되어야 할 주제이다. 사회생활에 필요한 기본예절부터 인간관계능력, 친화력과 소통능력, 정직성과 책임감, 성실성, 도덕성도 이 과정에서 교육되어진다. 사실 대학이나 고등학교에서 키워야 할 자질들을 회사에서 다시 새롭게 정비하는 것이다.

두 번째는 삼성이라는 조직에 적합한 '조직인'으로 양성하기 위한 교육항목이다. 리더십, 팔로워십, 상하 간 의사소통과 정보공유 능력, 보안과 조직몰입도, 삼성의 핵심가치와 지향점, 경영이념과 협력능력 등이다.

삼성의 교육이 다른 조직의 교육과 다르다면 바로 이 부분의 교육에 가장 심혈을 기울인다는 점이다. 이 교육은 강사 선정이나 진행에 최고의 중점을 둔다. 대개는 연수원장이나 고위 임원급, 그룹의 핵심인사들이 강의를 맡는다. 이런 삼성의 가치관에 대한 강의는 100% 내부강사가 맡는다.

마지막으로 일을 열정적, 효율적으로 하기 위한 '전문성'을 양성한다. 이 과목에서는 각 업종 간, 직무별로 차이가 있지만 기본적으로 일에 필요한 어학능력, 섭외력, 근성과 분석력, 도전정신, 일에 임하는 자세 등의 과목으로 편성되며 외부강사를 많이 활용하기도 한다. 즉 탐험가나 성공한 세일즈맨 등 열정이 넘치는 전문가를 강사로 초청한다.

삼성의 가치체계

창업이념	사업보국 · 인재제일 · 합리추구
경영이념	인재와 기술을 바탕으로 최고의 제품과 서비스를 창출하여 인류사회에 공헌한다
삼성인의 정신	창조정신 · 도덕정신 · 제일주의 · 완전주의 · 공존공영

경영이념과 창업정신, 핵심가치에 대한 교육은 어느 교육과정에

나 필수과정으로 포함되어 있다. 최소한 개강 강의나 종강 강의에 포함되고, 교육 진행자들이 강의시간 외에도 틈틈이 사례와 동영상 등으로 반복교육한다. 그래서 서서히 삼성형 벽돌로 만들어 간다. 지도선배들의 모습과 행동, 말이 바로 이 부분을 공유시키는 최고의 교육방법이다.

필자는 삼성에서 경영이념·핵심가치 전파를 위한 전임강사 역할을 하였는데 대부분의 강사진들이 각 사의 인사담당 임원이나 핵심임원인 경우가 많았다. 강사 매뉴얼이나 동영상, DVD 등도 따로 준비되어 있고, 사전에 충분한 강사 양성교육을 거쳐 누가 강의를 하더라도 거의 동일하게 충실하고 정밀한 내용을 전달한다.

삼성의 핵심가치에 대하여는 여러 가지 매체나 책자 형태로 정리되고 단위 조직 또는 개인별로 전달된다. 이런 다양한 노력들이 삼성인을 하나로 묶는 공동체의식을 형성하고 한 방향으로 힘을 몰아갈 여건을 조성한다. 필자가 다른 기업들의 컨설팅에 관여할 때 교육 프로그램을 살펴볼 기회가 많았는데 이 부분에서 삼성의 교육과 확연하게 차이가 나는 점을 깨달았다.

그 조직의 핵심가치를 잘 모른 채 구성원으로서 참여하는 것은 머리와 가슴은 두고 손과 발만 빌려주는 꼴이다. 일한 만큼 월급만 받으면 그만이라는 생각과 마찬가지다. 삼성의 교육은 조직이 지향하는 핵심가치와 경영이념, 행동강령에 대하여 철저하게 교육시키고 평가에 반영하며 잘잘못을 감사를 통하여 확인한다. 그런 다각도의 노력으로 그 가치의 중요성도 지키고 일체감을 형성해 나가는 것이다. 그래서 단순히 월급쟁이를 만드는 것이 아닌 조직에 충성

하고 한 방향으로 나아가며 공동체의식으로 가득 찬 삼성맨을 만들
어 간다. ▬

삼성맨들은 월급을 타기 위하여 일한다고 생각지 않는다. 일을
열심히 하면 월급이나 후생은 따라온다고 생각한다. 이 작은 차이
가 삼성만의 큰 경쟁력과 조직력을 만드는 핵심요소다.

미국의 경제지 〈포춘〉은 세계 500대 기업을 선정한다. 이 초우
량기업들의 공통점을 연구해 보면 그 기업만의 고유한 가치체계를
가지고 있고 그것이 구성원들에게 공유되고 실천된다는 특질을 찾을
수 있다.

세계 주요기업의 가치체계와 경영이념

HP	인본주의
GE	최고에 대한 도전
Wal-Mart	고객 최우선
3M	창의적 사고
Motorola	청결한 업무수행
Johnson&Johnson	소비자에 대한 책임
Cisco Systems	고객, 검약, 기술신앙 배제, 변화의 가속, 질 높은 팀, 열린 대화, 신뢰 등
Microsoft	개인과 기업들의 잠재력을 현실화
SoftBank	우리 사회와 경제 주체들에게 인터넷 서비스 제공

이러한 가치경영은 최근 경영혁신의 툴로도 많이 회자되었다.
구성원들로 하여금 손발만 기계적으로 움직이는 월급쟁이가 아닌
가치를 창출하고 공유하며 사회에 기여한다는 자부심과 일체감을

심어주고 그것이 행동으로 보여질 때 그들의 가슴과 머리도 같이 움직여지는 것이다. 그럴 때 그 조직의 조직력은 배가 되고 조직의 활성력도 증가한다.

가치경영에 정답은 없다. 다만 구성원들이 공감하는 것이어야 한다. 그러기 위해서는 구성원의 총의를 모아서 정해야 한다. 물론 초안이나 기본 뼈대는 경영자나 인사부서에서 발의를 하겠지만 전원의 공감을 얻기 위해서는 같이 작업하여 만들 필요가 있다. 그래야 실천하기가 쉽다.

삼성은 이러한 가치체계가 명확하고 이를 전 구성원이 알 수 있고 공감되도록 교육하고 공유하며 회사생활 속에서 실천하고 규범과 행동준거 기준이 되도록 제도화하였다. 이것이 삼성맨을 만들고 조직력을 강화시키는 결정적인 요인이다. 세계 초우량기업의 필수조건 중에 하나가 이러한 가치규범 체계의 구축과 공동체의식의 형성이다.

가치체계 전파/공유체계

공감 속의 가치체계 설정

· 주요 핵심인사들로 구성된 태스크포스
· 외부 전문기관의 자문과 컨설팅
· 사장단 회의 등 각종 소통 기회에 토의 및 보완
· 가치경영 관계자들의 해설서 정리

각종 교육에서 가장 중요한 강의 과목화

· 신입사원 · 경력사원 입문교육의 필수 과목화
· 관리자교육의 핵심 공유 주제
· 임원교육의 토의 · 사례발표 주제화

인사제도에 반영

· 정성적 평가항목화
· 목표관리 · 조직관리의 주요 근거와 기준
· 승진 · 승격의 정성적 심사항목으로 활용

각종 이벤트를 통한 공감 확장

· 신입사원 하계 수련대회 등에서 핵심 주제화
· 봉사활동이나 각종 캠페인/활동에 연계 강화

상벌제도에 반영

· 포상제도의 영역화
· 핵심가치 진단 · 감사기준화(부정 · 부실의 기준 등)

세심한 교육으로 조직인을 만들어라

　　　　　　　삼성의 교육강사로 초청받아본 분들은 모두 진행자의 친절함과 섬세함, 준비의 치밀함을 칭찬한다. 강사로 일단 선정되면 먼저 강의 수락에 대한 감사 표시와 함께 강의에 필요한 방향성과 골자를 즉시 보내준다. 그 다음 교통편이나 강사료에 대한 확인을 한다. 이는 애매함이 없도록 미리 조치하는 것이다. 대개의 연수원들이 지방에 있으니 교통편을 제공해준다. 물론 본인의 요청이 있으면 자신의 차량을 이용할 수도 있다. 이후 강의와 관련한 이상 유무 여부에 대해 한두 번의 확인 전화를 받게 된다. 마지막으로 강의 1~2시간 전에 꼭 출강 출발 여부와 장애요인을 확인한다.

　　사실 이런 세심하고 정성스러운 확인과 전화를 받으면 어떤 강사들은 그럴 필요까지 있느냐고 반문하는 분도 있지만 대개는 삼성의 치밀하고도 친절한 안내에 놀란다.

필자도 강의 차 자주 다른 기업을 찾아가는데 어떤 기업들은 강의 요청 이후 당일 출발시간까지도 아무런 연락이 없는 경우가 많다. 그러다 보면 강사 입장에서는 진짜 일정대로 강의가 진행되는지 의문이 들고 연수원 입장에서는 혹시 강사가 개인사정이 발생할 경우 대체나 변경의 문제를 사전에 해결할 수 없다.

삼성이 이렇게 야물게 챙기는 이유는 담당자들이 원래 그렇게 배운 바도 있지만 한 치의 오차도 없이 당초 계획대로 교육과정을 진행하기 위함이다. 교육이란 내용보다 오히려 분위기가 중요하므로 약간의 흔들림도 전체 교육 효과에 부정적일 수 있다. 예를 들면 A라는 강사가 오기로 되었다가 문제가 발생하면 다른 분으로 급히 대체하거나 연수원 내부인력이 다른 일정으로 전환하거나 해야 하는데, 이런 일들이 발생하면 교육 분위기와 효과가 현저히 떨어진다.

일사불란하게 한 치의 오차도 없이 진행되는 교육에 진행자들은 희열을 느끼고 피교육자도 존중받고 있다고 느끼며 교육의 중요성을 실감하게 된다. 이러한 교육 진행의 엄정함은 교육 진행자에게는 필수적인 가치이고 규범이다. 이런 엄정함과 규범화, 매뉴얼화가 숨 막힌다고 생각하는 사람도 있겠지만 그러는 중에 자기도 모르게 단단하고 품질이 표준화된 벽돌이 되어 가는 것이다.

말하자면 교육 진행자는 벽돌공장의 작업공이다. 스스로 조금의 흐트러짐도 없어야 규격에 정확히 일치하는 벽돌이 계속 생산되어 나오고, 건설현장에서도 벽돌들의 아귀가 딱 맞아떨어져야 작업이 쉽다. 그래서 교육 진행자를 선정하는 일이 교육 효과를 높이고 조직력을 지키는 데 굉장히 중요한 역할을 한다.

교육의 진행은 강사를 수배하고 과정을 진행시키는 것이 전부가 아니다. 매사에 정성을 들이고 피교육자들에게도 엄정하면서도 존중하는 태도를 보일 때 의도한 교육 효과가 나타난다.

전달하고자 마음먹은 강사의 콘텐츠가 100이라면 실제 전달되고 실무에 발휘되는 비율은 5에 불과하다고 교육심리학자들은 말한다. 따라서 교육내용에 너무 얽매일 필요는 없다. 오히려 교육과정명이나 강사, 교과목의 제목으로 교육하고자 하는 내용의 큰 그림을 피교육자의 머릿속에 넣을 수 있다. 그렇게 분위기를 잘 잡으면 당초의 평균적인 교육전달력보다는 훨씬 더 높은 전달력을 발휘한다.

합숙교육의 효과를 분석해 보면 전달하고자 하는 내용이 3분의 1, 교육 대상들의 소통으로 만들어지는 노하우나 경험 공유가 3분의 1, 스스로의 성찰 기회가 3분의 1이라고 필자는 생각한다. 강사에게 3분의 1을 맡기고 진행자에게 3분의 1을 맡기고 피교육자에게 3분의 1을 맡기는 셈인데, 진행자의 엄정함과 세심함이 이런 교육 효과를 향상시키거나 지키는 데 결정적인 역할을 한다. 그래서 삼성은 가장 우수하고 모범적인 사람들로 교육 진행자를 구성한다.

경영자의 참여와 최고의 강사

교육의 효과를 높이는 좋은 방법은 최고경영자가 직접 강의를 하거나 과정에 참여하는 것이다. 경영자가 참가한다는 것은 그만큼 해당 교육이 비중 있는 일이고 매우 중요하다고 피교육자가 판단하게 만든다. 그러면 교육 분위기는 잘 잡힐 수밖에 없다. 아울러 조직의 공유 가치나 핵심정신들을 전달하는 가장 강력한 방법이다.

어느 기업이건 최고경영자는 분초를 쪼개어 사용할 정도로 바쁘고 신경 쓸 일이 많다. 그렇지만 삼성의 경영자들은 강의를 해달라는 요청을 하면 기꺼이 받아들인다. 대부분 자신을 강사로 요청한 것에 희열을 느낀다. 교육의 중요성을 알기 때문에 자신에 대한 인정과 신뢰의 상징으로 생각한다. 여러 경영자를 모셔봤지만 강의 요청에 짜증을 내는 분은 만나보지 못했다.

이런 풍토가 삼성의 교육을 엄정히, 제대로 진행할 수 있게 하는 계기나 여건이 되지 않았나 생각해 본다. 만약 본인이 시간이 안 되거나 일정이 맞지 않으면 정중히 사과하거나 일정을 조정해서라도 참가코자 노력한다. 이런 점들 때문에 연수원의 진행자들은 내부강사 동원하는 게 상대적으로 수월하며 타 기업에 비하여 편하다.

삼성은 교육을 워낙 중요시하기에 외부 인사에게 강연을 요청할 때도 까다롭게 심사한다. 외부강사가 스스로 삼성에 러브콜을 보내서는 삼성에 출강하기 매우 어렵다. 강의 실력이 정평이 나고 반듯하고 대내외에 유명 강사로 평판이 났다는 판단을 삼성 내부에서

해야만 출강이 가능하다.

강사로 모시기 전에 여러 가지 방법으로 검증도 한다. 다른 교육에서의 평판과 수강한 사람들의 반응, 보유하고 있는 능력과 경험, 대내외에 알려져 있는 강사로서의 실력 등을 충분히 검증한 후 결정하기 때문에 삼성에 출강한다는 것만으로도 강사의 브랜드 가치는 높아진다.

이런 명성과 실력을 갖춘 훌륭한 강사를 모셔야 교육 효과가 높아지기 때문에 진행자는 신경을 많이 쓴다. 그래서 어떤 강사들은 삼성에서 요청이 오면 무료 또는 아주 낮은 강사료에도 출강하려고 한다. 삼성에서 강의했다는 것만으로도 다른 기업이 강의를 의뢰하기 때문이다. 삼성에서 충분히 검증했다고 생각하는 것이다.

이렇게 경영자들의 강의 참여나 유명 강사 수배를 중요시 하는 이유는 그만큼 교육을 중시하고 조직의 힘을 쏟는다는 메시지를 피교육생들에게 느끼게 하고, 피교육생들이 그러한 사실들을 감정적으로 느낄 때 교육 효과가 더 높아지기 때문이다.

교육에 기울이는 한 땀 한 땀 정성

벽돌은 주로 입자가 가는 점토와 혈암이라고 불리는 세일(shale)을 주원료로 하여 높은 온도에서 구워서 만든다. 벽돌은 원료인 점토와 세일이 균질하고 입자의 크기도 유사해야 접합력이 높아지고 모양이나 크기가 동일한 제품이 된다.

벽돌도 그 원료와 만드는 방식에 따라 종류가 다양하다. 보통의 벽돌은 적벽돌로 점토를 주재료로 하지만 모래를 일부 포함하는 백토벽돌, 황토벽돌도 있다. 그중 황토벽돌은 불에 굽지 않고도 강도를 유지한다. 또한 내화벽돌은 1,100~2,000℃의 고온이나 화학적, 물리적 손상, 심한 날씨 변화에도 견딜 수 있는 벽돌로 용광로, 굴뚝을 비롯하여 다양한 용도로 사용된다.

벽돌과 비슷한 건축자재인 시멘트 블록을 만들기 위해서는 좋은 모래를 써야 한다. 염분이 섞인 바닷모래나 오염된 모래로는 좋은 시멘트 블록을 만들 수 없다. 또한 모래알의 크기나 용적도 균일해야 한다. 이런 균질한 모래를 여러 번 씻고 고른 후에 적당량의 물과 콘크리트를 섞고 잘 저은 후 서늘한 곳에서 말려야 좋은 시멘트 블록이 된다.

벽돌이나 시멘트 블록 하나하나는 아주 작은 건축자재지만 정교하고 치밀한 과정관리를 하지 않으면 큰 건물을 무너뜨리는 사고의 원인이 될 수도 있다. 그래서 교육담당자는 도자기를 굽는 장인처럼 작은 프로세스 하나에도 정성을 쏟아 교육에 임한다. 이런 노력들이 교육생들에게 영원히 잊히지 않는 지도선배로 자리 매김하게 하고 자신의 직장생활 중 하나의 이정표가 되는 것이다.

세심하게 정성을 쏟지 않은 교육은 대강 만들어진 벽돌과 같아서 규격이 동일하지 않거나 울퉁불퉁할뿐더러 강도도 낮아 작은 충격에도 부스러지기 쉽다. 결국 강하고 좋은 벽돌은 좋은 원료와 순도 높은 불로 만들어진다고 할 수 있다. 모든 경영자들은 구성원들을 여러 가지 악조건에서의 내성이 강한 내화벽돌로 만들고 싶어 한다. 하지만 굽는 온도나 세기, 재료의 순도에 따라 겉은 내화벽돌로 보이지만 일반벽돌의 성능을 가진 약한 벽돌이 될 수도 있다.

채용과정이 벽돌의 재료를 선별해 내는 일이라면 교육과정은 이를 균질하며 단단한 육면체로 구워내는 역할이라고 비유할 수 있겠다.

신입사원부터 최고경영자 양성까지 이어지는 교육

교육은 일관성과 연계성을 가지고 있지 않으면 그 효과가 떨어진다. 일관성이란 신입사원부터 최고경영자까지 양성체계가 수직적으로 잘 짜여 있어야 한다는 이야기이고, 연계성은 수평적인 교육 간에도 원칙과 기본 가치는 공통점을 가지고 진행되어야 한다는 점을 말한다. 교육을 필요할 때마다 즉흥적으로 시행한다면 그 효과나 조직력에 미치는 영향은 매우 부정적이다.

삼성이 '인재의 삼성', '교육의 삼성'이라고 불리는 이유도 교육과 이동, 승진 등의 양성체계를 통하여 상하좌우를 균형 있게 조절하면서 경영자로 양성하는 인재개발 시스템이 완비되어 있기 때문이다. 삼성은 신입사원 교육부터 대리, 과장, 부장, 차장, 임원에 이르기까지 각 계층별로 신입 교육과정과 능력향상 교육과정이 짜여 있어 최소한 2년에 한 번씩은 필수적으로 계층교육을 받는다.

삼성의 직급별 기본 교육 체계

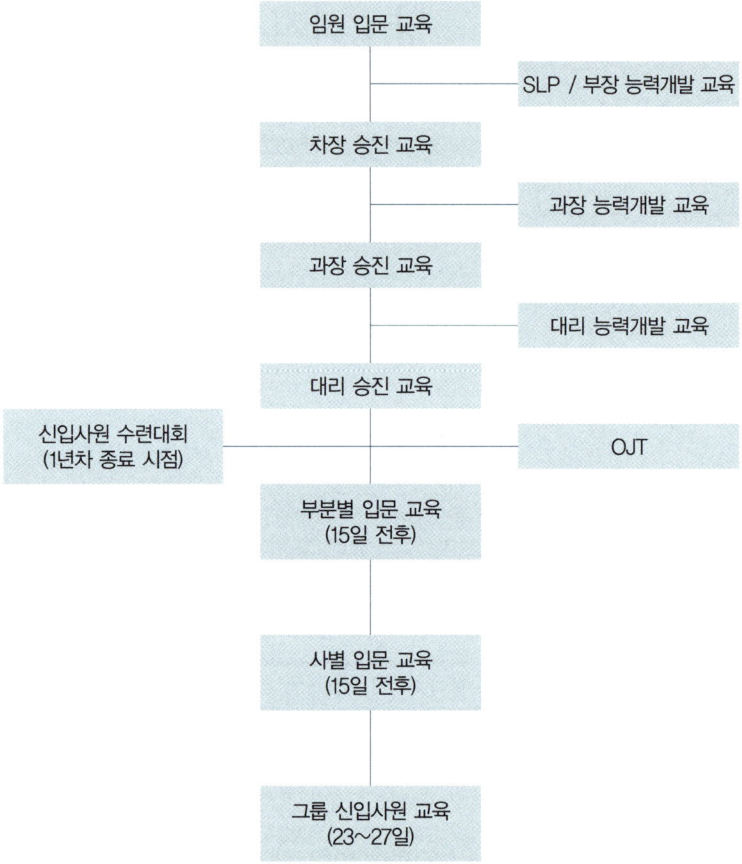

아울러 직능에 필요한 교육을 횡으로 균등하게 배분하여 직무수행에 필요한 적정한 교육 체계를 만들어 놓고 있다. 이러한 직능에 관련된 교육과 능력개발에 관련된 교육과정은 자기계발 학습체계로 되어 있어서 필수교육은 공통적으로 받지만 다른 과목은 자신이 원하는 교육을 선택해서 받을 수 있다.

대부분의 삼성계열사들은 이수학점제를 채택하고 있다. 이 제도는 대학의 학점취득제와 유사한데, 직급별 필수과목과 선택과목을 두고 일정 학점을 이수하면 승급이 가능하다. 교육 시기도 다양하기 때문에 필수교육을 제외하고 자신이 시기와 과목을 스스로 선택할 수 있다. 만약에 어떤 과장이 관리자로서 필요한 능력 중에 '의사소통능력'이 부족하다고 스스로 판단했다면, 그 교육에 입과하면 되는 것이다. 이는 상사가 조언해 줄 수도 있고 스스로 결정할 수도 있다.

교육을 통해 삼성은 용도에 따라 '적벽돌', '황토벽돌', '도로용 벽돌'을 육성할 수 있다. 즉 기본 품질이나 원료는 같은 수준으로 적용하여 강도나 규격의 표준성을 확보한 후에 교육의 다양성을 통하여 복잡한 기업경영에 필요한 인재들을 양성해 나가는 것이다.

OJT로 조직력을 완성하라

체계가 갖춰진 많은 기업조직이 OJT(On the Job Training, 종업원이 직무에 종사하면서 받는 지도교육)를 운영하고 있다. 삼성의 OJT는 OJT일지를 쓰고 상사에게 보고하고 코멘트 받는 물리적인 의미뿐만 아니라 실제 일을 하면서 선배로부터 일과 조직, 팀워크를 배우는 과정을 의미한다. 따라서 OJT는 사무실에서만 이루어지는 것이 아니다. 저녁 먹으면서도, 같이 놀면서도 이루어진다. 조직관리나 친교를 맺는 방법, 하다못해 초상집에 가서도 조직과 교류하는 법을 배우게 된다.

필자가 신입사원으로 입사하여 인사과에 배치를 받았을 때 필자의 선임은 한 달간 자기를 따라다니라고 이야기했다. 특별한 식사 약속이 없는 날은 선배를 따라다니면서 여러 직능에 있는 다른 선배들과 조우했다. 구성원들과 대화하는 법, 술자리를 같이 하는 법,

심지어 술 적게 마시는 법 등등을 배우고 익혔다.

사무실에서의 업무 익히기는 물론이고 저녁 자리나 당구장 등에서도 OJT는 이루어진다. 그 선배는 아직 매사에 서먹서먹한 신입사원을 대동하고 다니면서 구성원 간에, 선후배와 동료 사이에 끈끈한 조직애를 만들어 가도록 배려해 주었다. 그때 사귄 여러 동료, 선배들과 25년이 지난 지금도 식사나 술자리를 하고 있다. 마치 군대 선임병과 후임병같이 고난을 함께 겪으면서 단단한 조직으로 거듭 태어났다.

삼성에서는 한 조직의 구성원이 되면 거의 생사고락을 같이한다고 보면 된다. 필자는 배치 첫날부터 그 선배를 따라 2차, 3차로 이어진 술자리를 다니다가 결국은 집에 가지 못했고 그 선배 집에서 잤다. 이러다 보니 선후배의 관계는 단순한 같은 회사의 동료가 아니라 진짜 형·동생의 관계로 발전하게 되는 것이다.

요즘의 젊은 신입사원들은 생각과 가치관이 필자 세대와는 아무래도 많은 차이가 있겠지만 상대적으로 삼성에서는 이러한 전통이 끈끈하게 내려오고 있다. 아침부터 저녁 늦게까지 같은 구성원으로 살아가게 되고, 다른 동기회나 동창회, 향우회 같은 외부 모임에는 갈 시간도 없게 되고, 결과적으로 사적인 인맥의 형성은 거의 불가능하게 됐다. 같이 근무하는 구성원들 간에 삼성이라는 거대한 파벌이 만들어지는 것이다.

능력 있고 열정을 갖춘 자에게는 기회의 장을 열어주어라

삼성은 기본교육과 육성체계를 통해 삼성문화에 적합한 인재로 만들고 난 후에는 그 미래를 확실히 열어 준다.

가장 중요한 것이 누구에게 줄을 서거나 빌붙지 않아도 자신의 능력만으로도 열린 미래를 만들어 갈 수 있다는 점이다. 물론 불완전한 사람이 판단하는 일이니만큼 완벽할 수는 없지만 삼성은 상대적으로 훨씬 다양한 기회를 열어준다.

우리나라 기업에 근무하는 조직구성원의 가장 큰 희망은 승진이다. 승진을 통하여 신분도 상승하고 처우도 높아진다. 삼성의 승진 심사는 인맥이나 정실이 통하지 않는 문화이기 때문에 누구나 합리적이고 공정한 평가를 통하여 승진 기회를 보장받는다.

아울러 평균 3년에 한 번 정도는 승진 기회가 주어진다. 매너리

즘에 빠지지 않게 적당한 기간에 승진의 기회를 주고 경쟁을 시키는 것이다. 따라서 늘 긴장하고 열정적으로 일해야 하는 것도 사실이다. 이런 경쟁이 싫은 사람은 중간에 자동적으로 도태된다.

물론 능력이 있다고 생각되는 사람에게는 과감한 발탁의 기회도 주어진다. 평균 3년이지만 확실한 공로가 있어 '삼성인상(賞)'을 수상한 사람은 1년 만에 승진 대상이 되기도 한다. 약 20% 전후의 인력은 평균 승진기간보다 1년을 당겨준다. 그래서 늘 팽팽한 긴장감이 조직 내에 감돈다. 느슨해질 여유가 없는 것이다.

필자가 인사과장, 부장, 임원 시절을 거치면서 어떠한 외부의 승진 청탁이나 상사의 압력을 받아본 기억이 없다. 완벽하게 독립되고 공정한 절차와 투명한 제도를 통하여 심사하고 합리적으로 승진자를 결정하기 때문에 성장 비전과 성공에 대한 장애물이 거의 없다고 보면 된다.

스스로의 부정, 잘못이나 능력 부족, 의욕 부족으로 좌절하지 않는 한 삼성에서는 공정하고 투명하게 승진 기회를 보장한다. 그런 이유로 늘 적극적으로 업무에 임하고 지시나 권고보다는 자신의 성공을 위하여 스스로 노력하는 경우가 더 많고 자연스럽다.

다양한 직무경험의 기회

매년 근무성적 평가 시에 제출하게 되어 있는 '자기 신고서'를 통해 향후 경험해보고 싶은 직무군을 본인이 선택하거나 회사의 필요에 의해 다른 직무경험을 갖게 하기도 한다.

직무 전문성이 약한 일반적인 관리직무는 2~3년에 한 번, 강한 전문성은 요구되지 않더라도 일정기간 전담해야 할 필요가 있는 직무는 3~5년, 전문직무는 본인과 상의하여 관련 직무군으로 순환근무를 시킨다. 이런 직무순환을 통하여 서로 상이한 직무요건을 경험해 봄으로써 상호 이해와 소통의 여건을 조성한다.

Forte 회사 입장에서는 동일 직무 장기근무로 인해 생겼을지도 모르는 부정의 빌미와 조직이나 개인이 매너리즘에 빠지는 것을 예방한다. 직장생활이라는 것이 그렇다. 남이 하는 일은 다 수월해 보인다. 그래서 오해와 갈등이 생기고 직능 간의 스트레스나 과당경쟁을 하기 마련이다. 순환근무는 이런 부정적인 요소들을 줄여나가는 계기가 된다.

삼성의 각 사는 조직이 상대적으로 크기 때문에 동일직무를 수행하는 인력이 많아서 순환근무도 어려움이 별로 없다. 필자의 경험상 구성원이 3,000명은 되어야 직무 간 순환근무가 원활해진다. 구성원이 3,000명이라 가정하고 따져보자. 평균적으로 기업이 가지고 있는 직종의 수는 200가지 전후다. 따라서 평균적으로 한 직무를 15명 전후가 담당한다. 15명 전후의 인력규모에서 관리자 빼고 총무나 지원인력 빼면 실제 순환배치를 할 수 있는 동일직급의 자원은 5~6명이다. 이보다 적은 규모로 직능을 소화하고 있는 조직은 한두 사람만 순환근무로 이탈해도 직무기능에 타격을 입는다.

실제로 한 기능을 수행하는 인력에서 20% 이상을 이동시키면 그 기능은 위축될 수 있다. 따라서 순환근무가 필요하다고 생각은

할 수 있으나 실제 가동이 어려운 것이다.

이런 이동에도 공정하고 합리적인 룰이 적용되지 않으면 인사에 부정이 개입될 소지가 많다. 하지만 인사부서는 일말의 사심도 없이 공정하게 일을 한다. 어느 조직이든 자신에게 인사권을 행사하는 인사부서에 대하여 만족하는 구성원은 많지 않겠지만 삼성의 인사는 상대적으로 신뢰받는 편이다.

활발한 직급별 · 직능별 능력개발 체계

삼성의 능력개발 체계는 실로 균형적이고 다양하다. 기본교육 체계를 제외하고도 각 직급에는 반드시 '능력개발교육'이 존재한다. 예를 들면 대리 능력개발과정, 과장 능력개발과정, 부차장 능력개발과정 등이 그것이다. 평균적으로 2~3년차에는 차기 직급으로의 승격에 필요한 능력향상 교육을 받게 된다.

관리자로 승격연한이 다 되어가는 경우에는 관리자가 되었을 때 Forte 필요한 지휘능력, 의사소통능력, 조직관리능력에 대한 교육 기회를 제공하고 이 교육의 결과를 승격에도 반영한다. 아울러 각 직능에 필요한 전문화, 고급 과정이나 본인의 의사를 파악하고 협의하여 다른 직무교육을 받기도 한다. 이런 경우는 향후 순환근무에 들어가기가 쉽다.

삼성에 지원하는 입사희망자들이 입사하고 싶은 이유로 한결같이 내세우는 것이 삼성의 인재개발 체계다. 삼성에 입사하면 다른 기업보다 능력개발의 기회가 많다고 생각한다는 뜻이다. 이는 삼성에 이미 몸담은 선배들의 조언을 들어봤기 때문일 것이다.

필자는 우리나라에서 고교 교육을 제대로 받은 사람이면 누구나 삼성에서 최고의 성공을 할 수 있다고 생각한다. 능력개발의 기회가 보장되어 있으니, 스스로의 의욕만 가득하다면 어느 선까지의 승진과 승격, 능력발휘가 가능하기 때문이다.

사원에게 부여하는 전결권

필자는 회사에 입사한 지 불과 3개월 만에 실무책임을 맡아서 일했다. 인사부서에 배치되어 OJT를 하면서 채용실무를 맡아서 업무를 추진한 것인데, 기실 회사 입문교육도 받지 않은 채 우습게도 후배들을 선발하는 일을 한 것이었다.

물론 인사업무는 군에서 맡아봤던 일이고 대학이나 대학원 전공과도 관련이 있었지만 신입사원이 바로 이런 책임 있는 실무를 맡는 것이 처음에는 이해가 되지 않았다. 특히 삼성의 채용업무는 예외나 부정을 배척해야 하고 우수한 후배를 뽑아야 하는 중요한 일이었는데 입사 3개월차인 필자에게 그 중요한 일을 맡긴 것이다.

아무튼 신입사원이었지만 혼신의 능력을 다해 밤을 새워 일했다. 그때 필자가 채용한 후배들과 같이 회사 입문교육을 받았다. 후배들은 처음에 필자가 까마득한 선배인 줄 알았는데 나중에 신입사원임을 알고는 놀라워하던 기억이 떠오른다.

삼성은 실제로 실무자에게 제일 많은 의사결정권을 준다. 과·부장이나 임원급이 인사실무에 대한 외압이나 간섭을 행사한 적이 없었다. 이런저런 말들이 많을 수밖에 없는 채용, 평가 등의 인사실무를 순전히 실무자의 양심과 능력만으로 일을 추진해 나가는 것인데, 이런 권한 위양이 실무자로 하여금 신이 나서 일을 하게 하고 관리자의 간섭이나 예외적인 조치가 없어 인사의 공정성과 정합성을 지켜갈 수 있는 것이 아닌가 생각되었다.

실제 관리자들은 사내외 이런저런 외압에 흔들릴 수도 있지만, 꺼릴 것 없는 신입사원·실무자 입장에서는 소신 있게 일할 수 있다. 관리자들의 입장에서는 실무자 핑계를 대면서 외압도 피하는 명분이 된다.

입사 3~5년차이던 대리 때는 업무가 다소 보안을 요하는 노사관리여서 그럴 수도 있었겠지만 사장실에 직접 들락거리며 현안들을 협의한 기억이 난다. 그렇다 보니 사명감이나 프라이드를 가지고 일할 수 있었다. 되돌아보면 가장 열정적으로 일하던 때가 아니였나 싶다.

이러한 권한 부여는 해당 실무자에게는 여러 가지로 대단한 능력개발의 기회가 된다. 사람의 능력발휘는 마음먹기 달렸다는 말이 있지만 열정을 바칠 수 있는 계기를 만들어 준다는 점에서 삼성의 인간존중 경영은 빛을 발한다.

'믿지 않으면 뽑지 말고 뽑은 사람은 믿고 맡긴다' 는 삼성의 인재관리 정신은 이렇듯 실무자들을 용기백배, 열정충천으로 이끌어 능력개발과 발휘를 돕는다.

삼성에서는 실무자의 권한이 제일 크고 그들을 설득해야만 거래가 수월하며 윗사람을 통하여 접근하면 실패할 확률이 높다는 점을 삼성의 오랜 거래처들은 안다.

의사결정권만 놓고 본다면 실무자에게 50%, 관리자에게 30%, 임원 이상이 20%를 가지고 있다고 생각된다. 그러니 실무자 입장에서는 관리자의 지시와 방향으로 일을 하고 관리자의 일을 도와주는 것이 아니라, 주도적인 생각과 입장으로 일을 할 수 있고 또 그렇게 일을 해야 삼성에서 인정받는 인재가 된다.

다양한 전문적·글로벌 능력개발

삼성에는 '지역 전문가 제도'가 있다. 1990년대 중반부터 시작하여 15년 이상 실시해온 지역 전문가 제도는 그 지역에 조직을 가지고 있는 나라나 향후 개척할 계획이 있는 나라에 1년 전후의 기간 동안 조건 없이 직원을 파견하여 그 지역의 풍습과 언어를 익히게 하는 제도다.

회사당 1년에 과장 및 대리급 수십 명씩을 필요한 나라에 보내왔기 때문에 이제는 각 나라별로 필요한 인적자원이 충분히 축적되었다. 개인 입장에서는 회사 재직 중 업무와 크게 상관없는, 그래서 부담 없는 해외체류 기회가 되고 해외여행, 인맥 쌓기, 지역 연구를 할 수 있다.

이 제도는 비용이 많이 들어서 다른 기업들이 흉내내기 어렵다.

삼성에 취업하려는 신입사원들은 이 제도를 비전으로 꼽기도 한다. 지역전문가를 경험한 사람들 중에서 선별하여 나중에 주재원이나 파견요원으로 발령을 내고 있어서 회사 입장에서도 큰 자산인 셈이고, 설사 그만두고 다른 기업으로 가더라도 개인에게 그 경험은 도움이 되니 국가적으로도 봐도 통 큰 투자를 해 두는 셈이다.

뿐만 아니라 우수 자원으로 분류된 사람 중에는 일정비율로 국내 유수 대학과 협정을 맺고 2년간 현업을 떠나 공부와 연구에 전념토록 함으로써 'MBA' 취득을 지원하는 제도도 있다.

한편 '선진사 장기 파견제도'라는 능력개발 지원제도는 회사 업무나 경쟁력과 관련 있는 선진국의 회사들과 인적교류를 함으로써 전문성도 확보하고 인맥도 늘려가는 전략인데, 개인 입장으로서는 1~2년간 해외 선진 기업에 체류하며 업무 전문성을 높이고 자신의 가치를 크게 향상시킬 수 있는 절호의 기회가 된다.

성격상 혜택이 다수에게 가는 것은 아니라 하더라도 이런 제도의 존재만으로도 구성원들에게 적지 않은 비전을 준다. 회사 입장에서는 장기적으로 전문인력을 양성하고, 우수인력을 붙들어 두는 제도이면서 개인 입장에서는 월급 받으면서 석사학위를 취득하거나 전문능력을 업그레이드 할 수 있는 정말 좋은 기회다.

이런 능력개발제도는 사실 중소기업 입장에서는 거의 불가능하다. 연봉을 2배를 주고, 일은 시키지 않는 셈이라 쉽게 결정하기도 어렵고 그런 자금 여유도 많지 않다. 그러나 잘 구상해 보면 종업원들에게 꿈과 비전을 주면서 비용은 별로 들지 않는 중소기업에 적합한 제도를 찾을 수 있을 것이다.

종업원은 보수로도 회사를 판단하지만 자신에게 적합한 일을 주고 얼마나 믿어주는가로도 회사의 비전을 판단한다.

03

뼛속까지
삼성인으로
만드는 인사관리
노하우

전체적으로 공평하게 일부는 탄력적으로

삼성의 공정한 인사제도는 누구나 열심히 노력하면 성공할 수 있다는 비전을 심어준다. 채용과정에서 걸러지고 교육과정에서 단련된 조직지향적 심성들은 공정하고 비전을 주는 인사제도를 통해 더 빛을 발하게 된다.

실제 삼성의 수십 개 계열사 사장 중에 오너의 친인척은 아주 극소수에 불과하다. 공채로 입사하여 경력과 실력을 쌓고 경영자로 양성된 CEO가 90% 이상이다. 공정하게 채용하고 부정입사나 정실인사를 배제함으로써 모두에게 성공 가능성과 비전을 주는 삼성식 인사관리는 구성원 모두에게 스스로 노력하면 임원은 물론이고 경영자의 반열에도 오를 수 있음을 실제 사례로써 보여준다. 이 점이 조직구성원이 조직을 믿고 한 방향으로 질주할 수 있게 해주는 최고의 여건이다.

누구의 조카라서 임원이 되고, 누구의 먼 친척이라 요직에 오르고, 유력인사의 요청으로 좋은 자리에 갈 확률은 삼성에서는 아주 희박하다. 모두에게 열려 있는 이러한 승진, 승격의 기회가 개인들로 하여금 최고의 열정을 발휘케 만든다.

삼성형 능력주의는 모두를 공평하게 키워 주지만 능력발휘 여부에 따라서 개인별 신상필벌도 확실하다. 간혹 이러한 냉철한 합리성 때문에 '인간미가 없다' 라든지 '삼성은 너무 냉정하다' 라는 부정적인 평판을 얻기도 하지만 모두를 만족시킬 수는 없다. 밝은 빛이 있으면 그림자가 생기게 마련이다. 더 큰 성취를 위하여 작은 것은 희생해야 한다.

삼성에서는 오래 버틴다고 봐주는 일은 없다. 능력에 따라서 일찍 발탁되기도 하고 1년 만에 그만둘 수도 있는 것이다. 삼성이라고 해서 인사제도에 문제점이 전혀 없을까마는 적어도 국내에서는 그 공정성과 투명성, 민주성을 최고로 인정할 수 있다.

필자가 어느 금융기관의 인사조직 분야 컨설팅을 하러 가서 운영 상태를 검증해본 적이 있다. 20명을 과장으로 승진시켜야 할 시기라 인사부서에서 50명의 후보 리스트를 만들었다. 그 리스트를 가지고 CEO와 인사담당이 밀실에 들어가 극도의 보안 속에 의논하여 20명의 승진자를 결정하는 것을 지켜보았다. 결과적으로 말하자면 종합근무성적 평정결과로는 20등 안에 들었지만 승진에 누락되는 사람도 여럿 있었고, 실력으로는 50등이라 승진을 생각할 수도 없는 후보자가 간택되는 것도 보았다.

그 기업에서 근무성적은 별로 중요한 승진심사 항목이 아니었다. '조직을 위해 열심히 일하는 것'이 중요한 요소가 아니라 '의사 결정권자에게 가까이 다가가서 인정받는 것'이 더 중요한 변수였다. 이런 식의 인사 운영은 내부 파벌을 만들고 조직은 능력이 아닌 정실 중심으로 돌아가게 하며, 결과적으로 종합적인 조직력을 떨어트리는 결정적인 변수로 작용한다.

CEO와 인사부서의 눈에 들려고 노력하거나 외부에서 부탁할 수 있는 상황적 구조가 만들어져 있고, 밀실에서 인사가 이루어지다 보니 인사 이후에 잡음이 끊이질 않았다. 누구는 누구의 인맥으로 승진했고 누구는 사장집을 찾아가서 읍소한 덕분에 승진자에 포함되었다는 이야기도 돌아다녔다. 그럼으로써 회사 인사에 대한 직원들의 신뢰도도 떨어졌다. 누구에게 줄 서야 한다느니 이번에는 누구 인맥들은 대거 탈락했다느니……, 이런 이야기들이 흘러 다니니 조직력은커녕 인사철이 되면 3~4개월은 일하는 분위기가 제대로 형성될 리 만무했다.

이런 문제를 불식시키려고 어느 단계까지는 시험으로 승진자를 결정하는 회사도 많다. 그러나 공정성은 확보될지 모르지만 업무능력을 시험으로 어떻게 테스트할 것이며, 적합성을 보장하는지 의문이다. 결정의 객관성과 공정성은 확실히 보장할 수 있겠지만 정말 열심히 일한 사람, 앞으로 더 열심히 일할 사람은 시험성적이 나빠 승진에 누락되고 능력이나 성과에 상관없이 시험 잘 친 사람들만 승진되면 또 다른 여러 가지 부작용이 생긴다. 어떤 기관은 시험 대비시키느라 휴직이나 3개월 이상 장기휴가를 주고 오후에는 업무에서 빼주는 등 참으로 말이 안 되는 일이 종종 벌이기도 한다.

80%의 투명성과 20%의 탄력성

인사제도는 경영자의 의사결정을 도와주고 구성원들에게 성장 비전을 주도록 설계되고 운영되어야 한다. 경영자가 전혀 참여할 수 없게 설계되거나 구성원들로 하여금 어떻게 해야 이 조직에서 성공할 수 있는가를 회사 제도로서 보여주지 못한다면 그 조직이 영속적으로 발전하는 데 인사제도는 별로 도움이 되지 못한다.

회사 업무를 잘하기 위하여 필요한 요소들인 성과, 생산성, 효율, 상벌사항 등과 미래의 성과를 결정할 수 있는 요소들인 혁신능력, 지휘능력 그리고 교육 이수 결과, 또 개인들이 평균적인 성장 비전을 가질 수 있는 요소들인 근속년수, 체류년수 등등이 적합하게 비중을 가져야만 하고, 이렇게 조합된 평가요소들이 공정성과 투명성을 보장하며 운용되어야 한다.

아울러 경영자 측면에서는 이러한 제도적인 장치로 판단되지 않는 정성(情性)적인 부분이나 미래경쟁력의 요소, 당장은 필요 없으나 신규사업 진출 시 필요한 능력들을 판단하고 인사에 반영할 수 있는 탄력성도 같이 가져야 한다.

이 공정성과 탄력성의 비율을 어떻게 가져가야 합리적일까에 정답은 없다. 다만 필자가 오랜 기간 동안 인사담당자로서, 인사조직 컨설턴트로서 일하면서 경험하고 발견한 인사관리의 룰은 8:2의 법칙이다.

인사권의 80% 전후는 제도적으로 보장하되 20% 전후는 경영자 에게 결정권을 주는 게 현실적으로 가장 적합한 제도 운영의 황금률이라는 뜻이다. 즉 구성원들에게 비전을 주고 조직력을 발휘하도록 유도할 수 있는 성과지표를 80% 전후로 반영함으로써 특별한 변수가 없다면 열심히 노력하고 최고의 성과를 내면 승진이나 승격이 가능하다는 확신을 줄 수 있어야 한다. ㅡ

조직 내에서 공정성과 투명성을 상징하는 평가지표들은 다음과 같다.

- · 개인의 최근 3년간의 양적인 근무성과
- · 개인이 기여한 이익이나 생산성 향상분
- · 개인이 보유한 자격, 능력
- · 개인이 개선시킨 효율, 아이디어 제안지수
- · 개인이 수료한 직무관련 교육시간과 성적
- · 개인의 표창이나 상벌 사항
- · 근태나 작업몰입도 지표
- · 개인의 조직 근속 연수(기여도 측면)
- · 개인의 직급 체류 연수(기여도 측면)

아울러 미래 수종사업에 대한 인재양성 측면이나 외부 요소에 의하여 성과가 좌우된 경우에는 경영자가 성과 보정을 할 수 있도록 하는 등, 경영진의 인사권을 보장하려면 20% 전후는 경영자에게 그 결정권을 주는 것이 바람직하다.

인사 시 경영진의 인사권을 보장해주는 탄력성 지표는 다음과 같다.

· 미래 수종 사업의 관련 능력(회사 내 보안사항)

· 지휘능력이나 미래에 발휘될 능력

· 성과에 미친 비정형성 플러스, 마이너스 요인들

· 각 부문 간 승진율 밸런스

· 전략 직종에 대한 배려

· 360도 평가 결과

· 경영자의 전략적 판단

　필자의 경험상 중요 인사를 100% 제도화해서 결정한다는 것은 현실적으로도 어려울뿐더러 최종 결정권을 가진 CEO의 권한을 0%로 만드는 일이라 경영자가 수용하기 어렵다. 제도로 중요인사 사항이 다 결정되어 버리면 경영자의 권한이나 권위를 인정받기 어렵고 그런 상황에서 경영자가 조직을 지휘할 명분을 가지기 쉽지 않기 때문이다.

　직함이 사장인데 아무런 인사권이 없다면 구성원 누가 그의 지시나 명령에 따를 것인가? 그래서 경영자들이 싫어하고 원하지 않는 제도는 사장되기 십상이다. 반대로 공정성을 갖춘 제도적인 룰이 없고 경영자가 자의로 인사권을 남용한다고 생각되면 누가 열심히 일을 하겠는가? 경영자와의 친교 활동이나 하고 줄을 잡기에 혈안이 될 것은 뻔하다.

　실제 사례를 가지고 설명해보자. 20명이 승진 T/O라면 근무성적평정에 의하여 후보자 리스트를 작성하여 상위 16등까지는 결정적인 하자가 발견되지 않는 한 승진을 보장해야 대상자는 물론 다른 구성원들에게도 조직 생활에 대한 비전을 줄 수 있다. 나머지 4명은 기본 능력은 갖추고 있어 승진해도 이의제기할 수준이 아닌 30등 안에서 경영자가 선택할 수 있는 정도이다.

이 경영자 결정부분이 비중이 너무 크면 공정성이 훼손되기 쉽고 너무 적으면 경영자가 인사권을 잃게 되어 제도가 유지되기 어렵다. 필자는 이 8:2의 비율이 공정성도 유지하고 경영인사권도 존중하는 황금분할 비율이 아닐까 생각한다.

필자가 모신 경영자 중에는 스스로의 인사권을 자제하고 평가지표를 계수화해 성적순으로 작성된 인사부서 원안대로 결정하는 분도 있었지만, 대개는 20% 전후의 탄력성을 인정하고 선호하였다.

인사의 부작용을 없애는 제도를 만들어라

인사의 평균타율은 3할 3푼에 불과하다고 한다. 즉 회사에서 보직변경이나 승진 등의 인사 조치를 하고 나면 세 사람 중 한 사람만 만족하고 한 사람은 그저 그렇고 나머지 한 사람은 불만이라는 것이다. 인사라는 것이 조직 입장에서 본다면 관리자나 경영자로 성장시켜 나가는 과정인데 조직 구조는 피라미드의 형태를 취할 수밖에 없어서 갈수록 경쟁이 치열해지고 승진율은 낮아지기 마련이다.

사람들은 누구나 자기 문제에 대해서는 관대하게 평가하는 경향이 있다. 스스로를 조직에서 뒤떨어진 그룹에 속한다고 판단하는 사람은 거의 없다. 그렇지만 상대적인 평가를 하다 보면 일정 비율의 사람들은 뒤처진 그룹으로 분류된다. 위로 올라갈수록 좁아지는 구조라 최적합 인재만을 선택할 수밖에 없는 상태에서 대상자 전원을 만족시킬 방안은 있을 수 없다.

그래서 요즘은 승진으로 풀어줄 수 없는 부분을 복지나 처우로 보완하려는 노력을 많이 한다. 즉 진급은 못하지만 처우에서 어느 정도 진급과 유사한 효과를 주는 편법을 쓰는 것이다.

인사에 대한 불만에는 원천적인 불만요인과 제도 운영적인 불만요인이 있다. 전술한 대로 인사가 상대적인 경쟁을 통하여 우수 인재를 선별해 나가는 과정에서 그 우수인력으로 발탁되지 못한 사람들이 가지는 불만은 어쩔 수 없는 측면이 있다. 인간은 누구나 타인에게 인정받고 싶고 성취하고 싶은 욕구가 있다. 이런 측면의 인사 불만은 어느 조직에서나 발견되는 것이고 경쟁사회에서는 일상적인 일이다.

두 번째 불만요인은 제도나 제도 운영에 관한 불만이다. 분명히 누가 보더라도 최선을 다했는데 외부적인 요인으로 성과가 조기에 나오지 않거나, 상황이 전혀 다른데 동일한 척도나 비교 기준을 적용함으로써 발생하는 안타까운 평가 오류 등이 그것이다.

말하자면 A라는 사람은 누가 봐도 '인재'인데, 이상하게도 인사 제도의 시스템을 적용시켜보면 우수하지 않다는 결과가 나오는 것이다. 이런 인재들이 승진에 누락된다면 제도를 탓하며 이탈하거나 '불만인자'화하여 조직이나 개인의 성장에 부정적인 영향을 미치게 된다.

한편 전체적인 실적은 비슷한데 B사업부 승진율이 50%, C사업부 승진율은 10%에 불과하다면 아무리 공정한 룰로 결정되었다 하더라도 C사업부 구성원들이나 승진후보자들은 불만을 가질 수밖에 없다. 이렇게 제도로 통제할 수 없거나 보정되지 않는 상황이 발생할 때는 공정성이 훼손되지 않는 범위 내에서 탄력적인 방법으로 일부 조정할 수 있어야 인사의 불만을 최소화할 수 있게 된다.

삼성은 이런 문제를 풀어나가기 위한 장치로 인사위원회 제도를 운용하고 있다. 이 위원회는 전무급 부문책임자 5~8명 정도가 포함되는 일종의 인사조정 장치다. 물론 다른 기업에도 이런 성격의 인사위원회가 존재하고 회사 인사부문에 대한 주요 결정사항들인 상벌이나 기타 조치사항들, 인사규정을 만들고 적용하는 일들을 결정해 나간다.

인사위원회의 역할 중에 보다 예민하고 보안을 요하며 중요한 기능이면서 타 기업보다 삼성에서 더 확실하게 위원회에 부여하는 기능은 승진자를 결정하는 일이다. 대다수 회사들이 승진자 결정을 인사부서와 최고경영자의 고유 업무사항으로 비밀리에 처리한다. 아울러 여러 부작용이 우려되므로 극도의 보안을 유지한다.

삼성의 인사관리위원회는 회사경영 전반을 책임지고 있는 부문경영자들의 합의체 인사의결기관으로 보면 된다. 전술한 20%의 탄력성을 발휘할 수 있는 초안을 인사관리위원회에서 만들고, 최고경영자에게 제안하는 형식이다. 이런 방법이 사실 보안성 유지에는 어려움과 부작용이 있을 수 있다. 인사위원회가 열리면 인사부서에서 참여위원들에게 절대 보안을 요구하지만 제대로 지켜지지 않는 경우도 생긴다.

인사위원회에서 A위원은 C후보를 승진대상자로 제안했는데 B위원의 반대로 무산되었다는 등의 이야기가 흘러나온 적도 있다.

어떤 사안에 대하여 누구는 강한 징계를 누구는 약한 처벌을 주장했다는 이야기도 보안이 지켜지지 않았었다. 그렇지만 이런 제도는 부작용에 비하여 그 장점이 훨씬 크다. 인사란 보안 유지보다는 공정하고 적합하게 결정되는 것이 훨씬 더 중요하기 때문이다.

공정성이나 투명성을 해쳐서는 안 되겠지만 인사위원회의 조정권은 노사 간에 서로 인정할 정도의 수준이다. 필자는 인사부장으로 또 인사담당 임원으로 이 인사관리위원회의 간사 역할을 10년가량 맡아봤는데 참 의미 있는 제도라 생각된다. 합의가 안 되어 티격태격하는 일도 많지만 합의체를 통하여 어느 정도의 균형을 도출함으로써 인사의 적합성을 높이므로 최고의 제도라고 생각한다.

대개 최고경영자는 이 위원회의 결정을 받아들이거나 승진자의 수를 좀 더 늘려주는 시혜를 베푸는 역할을 한다. 서로 책임과 역할을 안분함으로써 혹시 발생할 수도 있는 인사의 불만을 희석 또는 분산시켜준다. 탈락자도 충분한 심의를 거쳐 결정된 것이라 인사부서와 사장이 밀실에서 결정하는 방식보다 조금 더 쉽게 수용한다.

높은 처우와 확실한 복리후생, 구성원의 프라이드를 높인다

군대에서도 특수임무를 맡거나 고난이도 임무를 하는 사람들, 예를 들면 공수부대원, 특전사, 조종사 등에게는 위험수당이나 특수수당 등을 통해 급여 수준을 보정해 준다. 어려운 일을 하는 만큼 더 인정해 줌으로써 프라이드를 지켜주고 업무 몰입도를 높이는 것이다.

삼성은 타 기업에 비하여 더 많은 열정과 인내, 노력을 요구하는 대신 더 높은 보수를 지급한다. 과거 경쟁사보다 낮았던 적도 있지만 지금은 동업사들에 비해 상당히 높다.

높은 보수는 주변에서는 부러움의 대상이 되고 자신들에게는 자부심의 기반이 된다. 더불어 PI(productivity incentive, 생산성 격려금)나 PS(profit sharing, 초과이익 분배금)제도를 통하여 성과와 초과이익에 기여한 부분에 대하여 최고 20%를 한도로, 개인들의 입장

처우제도별 지향 포인트와 목적

급여	상여	PI	PS
직급별 책정기준	개인성과 달성도	조직성과 달성도	회사 초과 수익
나이, 근속, 직위, 직전 성과에 걸맞은 처우	개인에게 주어진 목표의 상대적·절대적 성과 인정	조직에 주어진 목표 초과달성에 대한 격려	목표 수익을 초과한 경우 20%까지 공유

에서는 연봉의 50%를 한도로 추가 지급한다.

이런 목돈은 개인의 풍요로운 삶도 보장하지만 조직에 몰입하고 투여한 노고에 대한 보상적 조치인 셈이다. 물론 상대적으로 적게 받거나 없는 경우도 있어서 불만요인이 되기도 하지만 이 제도를 없애는 데 찬성하는 구성원은 없는 것으로 안다.

복지제도에서도 최대한 개인의 의사를 존중하고 전달에 정성을 다하려고 노력한다. 일률적인 선물 지급이나 제도 적용은 사라진 지 오래다. 대체로 카페테리아식으로 운영되어 일정 예산한도 내에서 본인의 의사를 존중하여 운영한다. 더구나 계열사들이 전 직능의 분야에 고루 포진하고 있기 때문에 상대적으로 더 다양한 혜택을 줄 수 있다. 콘도나 스키장, 연수원, 예식장, 식당, 놀이공원 등 본인이 원하는 항목을 원하는 시기에 이용할 수 있는 권리를 민주적으로 결정하여 지원한다. 예전에는 여직원들이 회사에서 나오는 선물만 모아도 시집갈 때 필요한 가재도구들을 장만할 수 있을 정도였다. 가전제품 등도 계열사 간 불공정행위에 해당되지 않은 선에서 공제회를 통하여 싸게 구매할 수 있도록 도와준다.

필자가 직접 경험을 해보니 아무리 작은 선물이라도 동일한 것을 사무실에서 나누어 주는 방식보다는 포장을 해서 집으로 직접 배달하는 것이 몇 배의 정성으로 느껴진다. 당초에는 추석이나 명절 때 햄 세트나 가벼운 선물세트를 사무실에 쌓아놓고 각자 하나씩 퇴근길에 들고 가는 방식이었는데 가지고 가다가 햄 세트가 찌그러졌다느니 포장이 구겨졌다느니, 늘 불만이 많았다. 그래서 직원들의 노고에 대하여 정성을 다해서 보답하기 위해 작은 선물이지만 각자의 집으로 배달토록 조치하였다. 필자가 관장한 사업부의 구성원들은 집으로 배달되어 오는 선물들을 가족들이 보면서 조직에 대한 긍정적인 마인드와 자부심을 가지게 되었다고 이야기해 주었다. 하물며 자신이 원하는 것을 신청하고 그것이 잘 포장되어 집으로 배달된다면 같은 돈을 들이고 그 효과는 적지 않은 차이를 가져올 것이다.

삼성의 처우는 국내 최고를 넘어 최근에는 세계적인 수준의 경쟁력을 갖추어 가고 있다. 과장, 즉 입사 10년차 이상이 되면 생활해 나가는 데 아무런 지장이 없을 만큼의 급여를 주고 있고, 부장급이 되면 월급쟁이 중에서는 최고의 대우를 해준다. 임원으로 승진하여 5년 이상 근무한다면 부자 소리는 못 들을지 몰라도 해외여행을 비롯하여 개인이 하고 싶은 여가활동을 부담없이 할 수 있는 경제적인 여유가 생긴다. 다만 시간이 없어서 못할 뿐이다. 삼성에서 임원을 10년 이상 한 사람은 우리나라 부자 명단에 포함시켜도 아무런 무리가 없다. 그 정도로 높은 처우를 하는 이유는 프라이드를 심어줘서 열심히 일을 하도록 하기 위함일 뿐만 아니라 외부 부정의 유혹에도 의연할 수 있도록 하기 위함이다.

높은 처우는 다른 기업으로의 인력 유출을 방지할 수도 있고 다른 기업의 우수 인력을 스카우트하는 데도 유리하다. 회사의 브랜드력과 좋은 시설, 복지제도, 높은 처우를 보장받는다면 좀 더 오랜 시간 많이 일해도 괜찮다는 의견이 아직은 더 많다. 물론 이러한 삼성의 정책에 반대하는 분도 있지만 대체로는 긍정적인 편이다. 다만 이 과정에서 두 가지 문제가 생긴다.

첫째는 이렇게 믿고 맡기고 좋은 처우를 해주니 더 열심히 일할 수밖에 없고, 기업 입장에서는 생산성을 높여야 그만한 처우를 계속 해줄 수 있으니 업무강도가 높아질 수밖에 없다. 그렇다 보니 휴일 근무도 심심찮고 심야근무도 적지 않아 귀가시간이 늦어져서 가족들과 지낼 수 있는 시간적 여유가 줄어든다.

이건 분명히 가족들에게는 긍정적이지 않다. 특히 자녀들이 성장기, 사춘기인 초등학교 고학년부터 중고생 때까지는 가정에서의 아버지의 역할이 매우 중요한데 가족들과 자주 만날 기회나 휴일을 같이 보낼 여유가 없어지면 가정이 불안해진다. 이런 어려움을 호소하는 후배들이 적지 않았고 이런 일을 빌미로 이혼 직전까지 가는 경우도 보았다.

삼성도 이런 문제점들을 알고 있기에 손 놓고 보고 있지만은 않는다. 가정이 안정돼야 직장에서의 생산성도 높아지는 것이다. 실제로는 화요일에서 목요일 중 하루를 가정의 날이나 화목의 날로 정해서 정시에 퇴근시켜 가정을 안정시켜 보고자 하는 노력이 있었다. 119라고 하여 술자리도 '1차에 한 종류의 술로 9시 이전에 끝내자' 라는 캠페인(삼성에서 시작해 공익 캠페인으로까지 발전한 사례)

을 펼치며 가장들을 일주일에 하루 이틀이라도 집으로 조기에 송환(?)하려는 노력들도 한다.

또 한 가지 문제는 높은 보수 수준이 인력을 해고할 때 어려움으로 작용한다. 입사한 인력을 정년 때까지 모두 데려갈 여건이 되면 좋겠지만 직급이 올라갈수록 좁아지는 피라미드 구조 때문에 필연적으로 업무의 핵심에서 벗어난 주변 인력이 생겨나고, 결과적으로 조직에 부정적인 인물들도 생겨난다. 기업 입장에서는 이런 인력은 적당한 선에서 퇴직을 시키는 것이 전체 조직의 건강에 이롭다. 이럴 때 높은 처우는 퇴직을 막는 장애요인이 된다. 다른 기업에 가봤자 이런 처우를 못 받을 것이기 때문에 퇴직을 망설이거나 해고에도 저항이 생긴다.

높은 처우는 크게 보면 긍정적이고 바람직하지만 이러한 몇 가지 문제를 내재하고 있다. 삼성의 처우가 상대적으로 높으면 되는데 절대적으로도 높기 때문에 생기는 문제다.

노사관계 안정을 최우선으로 생각하라

노조가 있는 어떤 기업의 인사담당자가 노사관리 책임자로 일하던 필자에게 이런 화두를 던진 적이 있었다.

"삼성이 노조를 허용하지 않기 위하여 투입하는 비용이 노조가 있는 회사보다 더 들어가는 것 같은데, 차라리 노조를 허용하는 것이 비용 측면에서 더 효율적이지 않습니까?"

비용 측면에서 따지자면 사실에 가깝다고 인정한다. 하지만 서구 선진국보다 덜 성숙된 기업조직에서, 기업 생존과 성장에 노조의 폐해가 영향을 미치는 사례들을 삼성은 뼈저리게 알고 있다. 노사분규가 발생하여 생산이 중단되는 일이 생긴다면 그 피해도 적지 않지만, 그보다는 조직의 분위기가 노사 간에 분열되고 갈라져서 한 방향으로 나아가는 데 큰 상처가 된다고 생각한다. 필자의 경험상 그러한 과격한 노사분규의 발생하면 삼성의 조직 분위기에서는 상처가 완전히 치유되는 데 10년이라는 세월이 걸린다. ▃

노조가 곡괭이 들고 공장 시설들을 부수며 과격한 분규를 일으켜 1개월 이상 공장 문을 닫고 농성하는 식으로 극한 대치를 하다가도, 협상으로 분규가 종결되면 당사자들이 막걸리 한잔하고 어깨동무하며 금방 풀어지는 신기한 기업도 구경한 적이 있긴 하다. 하지만 꽉 짜여진 삼성의 조직 분위기에서는 절대로 이해되지 않는 부분이다.

삼성은 그런 노사문제를 예방하기 위하여 경영자부터 시작해 모든 관리자와 노사관리 부서의 말단 사원들까지 최선을 다한다. 삼성은 노사관계 안정을 위해 평소에도 다음과 같은 노력을 기울인다.

· 사원대표와 최고경영자 간 월 1회 독대를 통하여 경영 정보, 사원 고충사항 교류
· 임원회의에 사원대표를 참석시켜 경영 상황 공유 및 의견 제시 기회 부여
· 사원 행사에 임원급 대거 참가로 상하 소통 및 사원들과의 친밀감 강화
· 최고경영자의 사원대표 사무실 정기적 방문
· 회사 중요 행사에 사원대표 초청(해외법인 출범식, 사옥 준공식, 회사 창립 행사 등)
· 회사 행사 시 최고경영자와 동석으로 자리 배치
· 사원 정규교육 시 사원대표 강의시간 배려

· 대외 노사관계 교육 등에 참가하도록 시간 및 비용 지원

· 사원대표 사무실 제공과 사무인력 배치 등 최대한 배려

· 임금협상 등 노사협상에서 민주적인 의사소통과 의사결정

· 노조라는 간판만 없을 뿐 노조보다 더 나은 활동 보장

단단한 조직력으로 일하는 회사들은 노사불신 사태를 극히 두려워한다. 서로 감정이 틀어지면 그 부작용도 오래 갈 것임을 뻔히 알기 때문이다. 한두 개의 벽돌이 약해서 부서진 건물을 다시 단단한 건물로 고정시켜 나간다는 것은 새로 건물을 올리는 것보다 쉽지 않다.

부정의 싹을 미리 잘라라

필자가 군생활을 했던 1980년대 초반에는 군대에 부정이 많았다. 어느 부대에서 복리후생을 담당했는데 장부도 A(보고용), B(내부용) 두 가지가 있었고, 지금도 발설하기 어려운 작은 부정들이 비일비재했었다. 벌써 30년의 세월이 지났으니 이제는 개선되거나 맑아졌으리라 믿지만 당시에는 그렇지 않았다.

필자가 관장하는 복지시설 중에 하사관 식당이 있었는데 막걸리를 시중에서 구입하여 하사관들에게 팔았다. 근데 담당병이 시중 술도가에서 구입한 막걸리 원액에 물을 부어서 양을 대폭 늘린 후 파는 것이다. 예를 들면 100리터의 막걸리를 사와서 물 50리터를 더 부어 희석시켜서 파는 식이었는데, 구입하여 바로 팔면 맛이 싱거워서 희석된 것을 금방 알 수 있었겠지만 한 이삼 일만 묵혀서 내놓으면 그동안 발효가 더 되어 눈치 못 채게 할 수 있었다. 구매 장부에는 100리터라고 기재되고 150리터를 파는 것이다. 그러니 100리터 판매 장부와 실제 팔았던 150리터 장부가 별도로 작성되었다. 이런 일을 전임자에게 인수받았는데 그렇게 조성된 자금은 여기저기 상납하는 데 사용되고 있었다.

군 시절 한 번은 필자가 관장하던 식당에 부식을 납품하는 회사 사장이 식사를 같이 하자는 이야기를 하였다. 당시 그 회사로부터 납품받던 '갑'의 입장에 있던 필자는 몇 번 사양하다가 그 사장을 시내에서 만났다. 식사를 같이하고 밀고 당기는 논란 끝에 10만 원짜리 수표 한 장을 받았다. 그 정도는 문제 삼지 않던 시절이라 큰 죄책감이 없었다. 그러나 그 다음부터 그 납품회사 사장의 말투가 달라지기 시작했다. 그동안 '을'의 입장에서 부탁하던 말이 어느덧 요구조로 바뀐 것이다. '뇌물을 먹었으니 이제 내 말을 들어야 할 것'이라고 생각하는 것 같았다. 이후부터는 얼마 안 되는 군생활 기간 중에 그 사람에게 심리적으로 끌려다닌, 기분 나쁜 기억이 있다.

당시 필자가 깨달은 이치는 부정을 저지르면 그 결과는 개인뿐만 아니라 그 조직에게도 큰 화로 돌아온다는 것이다. 즉 그 납품회사에서 부실한 식재료를 납품해도 당당하게 잘못을 지적하거나 개선을 요구할 수 없다. 대강대강 넘어가라는 협박성 이야기도 듣게 된다. 나중에 후회해봤자 늦은 일이다. 그래서 필자는 부정과 비리의 폐해를 몸으로 뼈저리게 느끼며 제대를 하였고, 절대 그런 유혹에 넘어가지 않겠다고 다짐을 했다. 결국 생각해 보면 10만 원과 식사 대접에 넘어가 그 열 배, 백 배의 화를 받은 셈이었던 것이다.

이 건은 비교적 작은 일이고 이런저런 말 못할 부정들을 참 많이도 목격했다. 그래서 필자는 민간기업에 취업하면 이런 부정비리가 상대적으로 엄정한 군기로 운영되는 군대보다 더 많을 것이라 생각했다. 그러나 삼성에 입사하니 생각과는 다르게 전혀 그럴 기미나 여지가 없었다.

우선 당시 인사원칙 중에 '신상필벌'이라고 있었다. 신입사원 당시에도 여러 부정의 사례와 결과에 대한 교육이 이루어졌다. 신입사원 교육에서 받는 부정비리 척결에 대한 교육은 모든 사람의 머릿속을 꽉 채웠다. 아무리 성과가 훌륭한 사람이라도 부정은 용서받을 수 없다. 뭐 그렇게까지 할 필요가 있을까 생각할 정도로 작은 부정에도 가차 없이 해고로 연결되는 삼성의 경영철학과 이념을 몸으로 보고 느꼈다.

삼성에 입사하는 신입사원이나 경력사원들은 누구나가 이러한 부정비리 예방에 대한 교육을 철저히 받는다. 그 참담한 결과를 명확히 보여주기 때문에 그냥 잘 지키면 좋은 일이 아니라 안 지키면 회사를 그만두어야 한다는 것을 엄정하게 전달받는다. 그러다 보니 강한 '필벌' 분위기도 전 구성원이 거부감 없이 받아들인다. 다만 시대가 변해가면서 그 부정과 비리의 한계나 종류, 내용도 바뀌어 왔기 때문에 구성원들이 무심히 잘못을 저지르는 경우도 있어서 지속적인 예방활동, 교육과 정기적인 진단과 감사로 그 전통과 규율을 지켜가는 것이다.

이런 부정을 판단하는 가장 큰 기준은 '사리사욕을 추구하였는가', '회사의 공적인 자원(자금, 시간, 정보 등)을 목적 외 다른 용도로 사용하였는가'이다. 물론 개인 입장에서는 한계가 모호한 경우가 없지는 않지만 상기한 두 가지로 판단해서 떳떳하면 문제가 없다.

부정과 비리의 명확한 판단기준과 행동요령 제시

삼성은 회사 업무상 발생할 수 있는 비리와 부정의 유형을 구체적으로 제시하고 관리한다. 특히 추석이나 명절 등 선물을 주고받을 시기가 되면 감사부서에서 전 구성원들에게 준법을 요청하고 비리 예방을 위한 사전 교육을 실시한다.

요즘은 PC에 접속할 때 준법 확인을 받아야만 접속이 가능하도록 해놨을 뿐만 아니라 관련 지식을 물어보고 그 답도 요구한다. 물론 불합격하면 다시 교육을 받게 된다. 또한 '비리신고센터'를 운영함으로써 외부에서 그런 요청을 받았을 때의 행동요령을 알려준다. 개인 간에 주고받는 선물도 5만 원을 한도로 그 이상이면 뇌물로 판단해 회사에 신고하고 돌려주거나 그렇지 못할 상황이면 회사에 반납하여 불우이웃돕기나 봉사기금으로 사용케 한다.

과거에는 누가 승진을 하면 수십 개의 축하 난들이 사무실을 가득 메우곤 했다. 삼성에서는 이런 관행도 막고 있다. 내부 직원 간에도 성행한 이 관행은 지금은 거의 자취를 감추거나 개인 비용으로 집으로 선물을 보내서 축하해 주는 방식으로 바뀌었다. 회사 공금으로 그런 일을 못하도록 금지하고 있다. 또한 근무 시간은 물론 근무 외 시간이라도 부정적인 접근이나 비리가 개입될 소지가 있는 모임이나 장소에 가지 않도록 지도한다.

동일 근무 금지 조치

'견물생심'이라는 말이 있다. 인간은 누구나 자신에게 필요한 재화나 서비스를 구하기 위한 욕심을 가지고 있고 그 욕심을 채우려는 것이 본능이다. 거리에 1만 원짜리 지폐가 떨어져 있으면 주워서 경찰서로 가져가 주인을 찾아주려는 사람이 몇이나 될까? 5만 원짜리 지폐라면? 5만 원짜리 지폐 다발이라면?

어느 회사나 늘 금전과 물품들이 흘러 다니는 부서가 있다. 회사 본업 자체가 그런 경우도 있고 다른 업종이라 하더라도 회사에 필요한 기본적인 소모품이나 각종 사무용품, 집기비품, 기계, 도구들을 구매하는 부서도 그렇다.

물론 이런 부서는 특별한 부정예방 교육과 더 엄격한 절차를 준수하도록 하고 있지만 그래도 구조적인 부정이 일어나지 않도록 순환배치를 의무화하고 있다. 그래서 한 사람의 장기간 근무로 인한 구조적인 부정을 예방하고 거래선과도 건전한 관계를 이어가려고 한다. 사실 이런 순환배치는 거래선들 입장에서는 아주 불편하다. 이제 얼굴 알고 친교를 맺어놓아서 순조로울 만하면 담당자가 바뀌는 것이다.

부정의 가능성이 있는 부서의 경우 전문성도 중요하지만 가능하면 동일지역 동일업무를 3년 이상 맡지 못하게 한다. 떡을 썰다 보면 자연히 콩고물이 손에 묻게 마련이다. 아주 깨끗하고 바른 사람이라도 오랜 시간 동일업무를 하다보면 무뎌지거나 유혹을 받기 쉽다. 삼성에서는 이를 제도적으로 차단한다.

절대 용서받지 못하는 부정

설사 100억을 잘못 투자하여 회사에 손해를 끼쳐도 문책하지 않는다. 하지만 1원의 부정은 용서하지 않는다. 그것이 삼성이다. 물론 잘못 판단하여 회사에 막대한 손해를 끼쳤으면 좋은 평가를 받기는 어려울 것이다. 그러나 도전적으로 새로운 시장 개척에 나섰다가 실패한다고 하여 징계받거나 해고당하거나 하는 일은 없다. '실패 없이 성공도 없다'는 창조의 원리를 잘 알기 때문이다. 그렇지만 1원이라도 회사 공금에 손을 대거나 사리사욕을 취한 흔적이 발견되면 가차 없이 징계면직을 결정하거나 권고사직을 시킨다. 어떤 이는 '1원, 100원이 무슨 돈이냐? 너무 심한 것 아니냐?'라고 말할 수도 있지만 '바늘 도둑이 소 도둑 된다'는 속담을 들먹이지 않더라도 작은 잘못을 방치하면 장기적으로 조직도 죽게 되고 개인도 큰 잘못을 저지르게 된다는 경험에서 나온 방침이다. 실제로 작은 잘못을 용서하니 얼마 안 가 더 큰 돈에 손대서 문제가 된 사례가 적지 않았다. ▬

그래서 아예 공금유용이나 횡령, 사리사욕을 도모하는 행위에 대해서는 일벌백계를 통해 엄단함으로써 조직 전체에 확실한 경종을 주는 것이다. 비슷한 예로 도박을 하는 사람이 돈이 떨어져 빌리러 왔을 때 '이번만 도와주면 도박에서 손 끊고 열심히 살겠다'는 다짐을 하고 감언이설로 설득하려고 한다. 그러나 손을 씻고 새사람이 되는 경우는 정말 드물다. 그래서 결국은 돈도 잃고 친구도 잃게 된다. 크게 보면 결국 그 친구를 망치게 하는 결과를 초래한다.

작은 잘못이 있을 때 확실하게 엄단해야만 조직 내에 다시는 그런 일이 일어나지 않는다. 어정쩡한 조치는 조직이나 개인에게 더 큰 상처를 만들 뿐이다.

삼성의 부정에 대한 징계는 양보나 정상참작이 조금도 없다고 보면 된다.

인정하지 않는 불건전 거래관행

삼성은 외부에 대해서도 내부 직원들을 대하듯 엄정한 잣대를 들이댄다. 실제로 접대, 리베이트를 통하여 인허가나 오더를 따는 것이 관행처럼 굳어져 있는 업종들이 아직 상당수 존재한다. 건설업이나 물류, 조선업 등 일부 업계가 그렇다.

하지만 삼성에서는 이도 별로 인정하지 않는 분위기다. 그런 부정적인 방법으로 일을 해서는 안 된다는 기준과 가치가 엄격하게 형성되어 있다. 따라서 이 업종에 종사하는 삼성인들은 다소 곤혹스럽다. 때로는 상대방 측에서 리베이트나 접대를 요구하기도 하는데, '내부원칙상 불가합니다' 라고 설명해서는 오더를 따오기 참 어렵다. 따라서 이런 업종의 경우 삼성이 비슷한 품질이나 상품으로 경쟁에서 이기기가 쉽지 않다. 그래서 그런 관행을 이길 수 있는 확실한 경쟁력을 갖춘 상품을 요구하고 창의적인 발상이나 혁신을 하도록 유도한다. 다행히 과거에 비해 우리나라도 이러한 어두운 관행들은 많이 개선되어가고 있다.

삼성에서 임원이 되면 골프 회원권과 접대비를 일부 지원해 준다. 그래서 외부 비즈니스상 연관된 분들과 소위 접대 골프를 치기도 한다. 회사에서 인정하는 외부 비즈니스 지원의 한계는 여기까지다. 그러나 얼마 전 고위층에서 ‘아직도 골프로 비즈니스를 하나?’라는 지적이 있었다고 한다. 이 한마디로 앞으로는 삼성의 골프 문화도 많이 바뀔 것 같다.

또한 공금으로 리베이트를 건넨다든지, 과도한 접대를 통해서만 비즈니스를 성사시킬 수밖에 없는 경우에, 보고 후 실행하는 것이라면 징계 대상은 아니지만 면밀히 관찰하고 주시하여 조금이라도 사리사욕을 취한 경우가 발각되면 지위고하를 막론하고 엄중한 처벌이 내려진다.

또한 삼성이 ‘갑’의 입장에서 이루어지는 구매에서 유통업무 종사자들이 거래선으로부터 접대를 받거나 뇌물을 받았는지를 점검하고 단속한다. 그래서 많은 삼성의 거래선들이 어려워한다. ‘받지도 말고 주지도 말라’는 원칙이 세워져 있어서 뇌물이나 접대가 전혀 통하지 않으니 실력과 상품으로 정면 승부해야 하는 어려움이 있는 것이다.

정도 영업을 통해 건전하고 탄탄한 거래와 유통이 이루어져야 함은 너무나 당연한 데도 관행에 젖어 있는 일부 인사들은 삼성은 너무 빡빡하다고 불평을 한다. 그렇지만 그런 분들도 자기 자식은 삼성에 취업하기를 원하는 이상한 아이러니를 가지고 있다. 거래선으로서는 불만이 많지만 자식의 취업대상 기업으로서는 제일이라고 생각하는 것이다.

업계의 공동협의(담합)는 내부 범죄

한동안 각 업계에 '동업사 회의'라는 것이 있었다. 사실 지금도 운영하는 업종이 적지 않다. 그러나 그 동업사 회의가 공동이익이나 협조 정도로 끝나는 것이 아니라 담합의 기회로 변질되면서 부작용이 적지 않게 발생하고 있다. 가격담합이 대표적인 것인데 과점 상태인 기업끼리 적정한 선에서 판매가격을 정하자는 합의인 셈이다. 2011년에 발생한 우유파동도 업체 간 수매가격 담합이 원유 공급업체인 각 농가들의 반발을 사고 사회문제화된 것이다.

전자제조업종을 비롯하여 건설, 보험업에 이르기까지 적발된 가격담합이나 인수조건 담합 등 사례가 많았지만 그간 드러나지 않으면 회사를 위한 행위로 간주하여 내부 징계는 형식적이었다. 그러나 2011년 LCD가격 등 담합행위가 공정위로부터 적발되어 적지 않은 과징금을 부과받고 사회적인 비난도 많이 받는 상황이 발생하자 이 행위도 해사(害社)행위로 규정했다.

사실 그동안은 사회 정서나 질서에 반하더라도 회사를 위하여 한 행위는 묵인해 주고 눈감아 주는 것이 어느 기업에서나 공통적인 관행이었는데 삼성에서는 향후 이런 행위도 엄히 다스린다고 공표하였다. 작은 부정의 빌미를 주면 그것이 다른 부정을 합리화 내지는 명분화하는 계기가 되기에 이제부터는 일절 금하기로 한 것이다.

이로써 삼성에서는 사규 위반은 물론 사회적 범죄나 위법, 불법 행위를 한 자는 설사 그 행위가 회사를 위한 행위라 할지라도 보호해 주지 않을뿐더러 강한 징계를 내린다는 선언을 한 셈이다.

선의의 경쟁을 통하여
임원, CEO가 순차적으로 양성된다

삼성의 CEO는 연고나 학연, 지연보다는 개인의 열정과 능력에 의하여 결정된다. 그동안 보여준 업무능력이나 조직관리 능력도 중요하지만 최고경영자를 발탁할 때는 오너에게 절대 복종하고 충성할 자원을 뽑는 것이 더 중요하다.

삼성에서 임원으로 승진한 사람은 99% 이상 조직에 대한 충성심을 가지고 있다. 신입사원 시절부터 그렇게 양성되는 것이다. 우선 사원에서 관리자로 승진할 때까지는 부적격 자원을 가려서 선별하는 데 인사의 중점을 둔다. 그래서 부적격 자원이 아니라고 판단되면 과장으로의 승진은 그리 어려운 일은 아니다. 대개 요건을 충족한 대상자의 50~70%를 선별하기 때문에 1~2년, 길어야 3년 이내에 대부분의 적격자원은 과장으로 승진한다.

과장에서 부차장으로 승진할 때는 그중 우수한 자원을 선발한

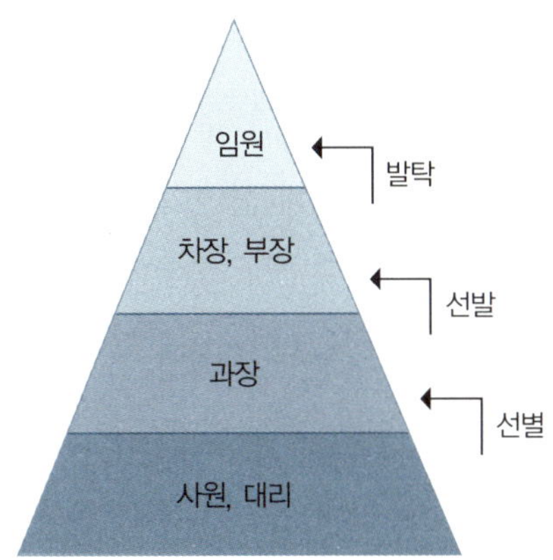

다. 사실 이때부터는 승진 소요기간에 개인차가 생긴다. 빠른 사람은 정상 소요기간보다 1~2년 빨리 발탁될 수도 있고, 늦은 사람은 과장으로 직장생활을 마치는 경우도 발생한다.

그렇지만 과장으로 재직하다가 차장으로 승진하지 못하고 회사를 그만 두는 경우는 실제로 극소수다. 대부분 차장에서 부장으로 승진하는 것이 더 어렵다. 단위 기능의 장이 부장이므로 처우는 비슷하게 해 주더라도 부서장을 맡기는 일은 매우 제한적이다. 일단 부서장의 자리가 한정되어 있으므로 더 시켜주려야 시켜줄 수도 없다. 평균적으로 과장 승격자 중에 30~50% 전후가 부장으로 승진된다. 하지만 그 기간은 천차만별이다. 많은 퇴직자들이 차장에서 승진이 멈춰서 그만두게 된다.

임원은 부서장을 맡은 우수 자원 중에서 3~4년 지켜보다가 선견력이나 열정, 균형 감각이 뛰어난 인재를 찾아서 발탁한다. 아마 신입사원으로 입사하여 임원이 될 확률은 평균적으로는 5% 전후가 아닐까 한다. 20명이 입사하면 그중에 한 명만 임원이 되는 것이다. 조직은 피라미드 식 구조로 되어 있기에 어쩔 수 없는 현실이다. 그래서 동기 간에 선의의 경쟁이 필연적으로 존재한다.

하지만 연고나 인맥, 지연이나 혈연이 아닌 순수하게 자신의 능력과 성과, 열정과 활력으로 공정히 평가받아서 결정되는 일이라고 생각하기 때문에 상대적으로 불만은 적다. 아울러 승진심사 항목이 공개되어 있고 사전에 본인의 승격 여부도 어느 정도는 스스로 판단할 수 있는 수준이며 의외의 변수가 승진 여부를 결정하는 일이 적으므로 수용성도 높은 편이다. ▬

낮은 오너 가족 경영자 비율

삼성의 회사들은 상장된 회사뿐만 아니라 절대적인 영향력을 미치거나 지분을 가지고 있는 자회사, 관련 회사까지 합치면 거의 수백 개가 되기 때문에 오너 일가가 물리적으로 이 모든 회사를 관장할 수 없다. 또한 1987년 2대째로 넘어오면서 형제간의 계통도 정리가 되었다. 삼촌, 조카, 형제 등으로 최고경영자가 복잡하게 얽히어 있어 공채 입사자들이 올라갈 자리가 비교적 제한적인 다른 기업군들과는 사정이 다르다.

따라서 삼성에 입사하는 어느 신입사원이나 CEO가 되고자 하는 비전을 가질 수 있고 실제 경영자의 90% 이상이 밑바닥에서부터 올라온 분들로 채워져 있다. 이런 여건에다 비정상적이거나 정실적인 인사발령이 극히 적으므로 누구나가 조직을 위해 열정적으로 일하면 그 결과를 기대할 수 있는 조직풍토가 만들어졌다.

필자가 과장 시절 젊은 신입사원들과 사장의 간담회를 주선하고 진행한 적이 있는데, 신입사원들에게 한마디씩 입사 소감이나 비전을 이야기해 보라고 하니까 한 사람이 벌떡 일어나 이렇게 말했다.

"20년 후에는 제가 이 회사를 인수하겠습니다."

당시에는 웃고 말았는데 5년이 경과할 즈음 그 신입사원과 사장의 비서가 결혼을 했다. 그때 결혼식에 참석했던 사람들은 '드디어 회사 인수가 시작된 모양'이라고 웃으면서 '그 첫 단계로 사장 비서를 인수했구나'라며 신통해한 적이 있었다.

신입사원의 패기가 느껴진 것은 당연하고 누구나 회사 사장이 될 수 있다는 성장 비전을 이야기해도 되는, 발전 가능성을 가진 조직이라는 징표이기도 하다. 그 사원은 아직 사장은 되지 못했지만 임원으로 성장하여 회사의 중요한 일을 하고 있다.

임원 · CEO에 필요한 능력양성교육

부서장으로 2~3년 근무하고, 능력이나 성과, 인간성, 조직지향성 등을 판단하여 임원 후보군으로 선발되면 SLP(senier leadership program)라는 교육 프로그램을 통하여 사전 교육을 한다. 그래서 임원으로 필요한 자질을 양성하고 그 적합성을 검증하는 기회로도 활용한다.

대체로 실제 임원 승진자의 1.5~2배수를 선발하여 교육입과를 시키고 그중에서 임원을 발탁한다. 이 SLP과정 입과 여부도 초미의 관심사이고 경쟁이 치열하다.

SLP과정은 신임 임원과정과 고위 임원과정의 두 가지가 있다. 필자는 두 가지 중 고위 임원과정 교육을 수료하였다. 이 과정은 회사경영의 한 축을 맡는 전무급 고위 임원을 양성하기 위해 상무급 중에서 1년에 각 사별로 1~3명 전후로 선발, 업무를 중단하고 4주가량 합숙하는 방식으로 운영한다.

신임 임원과정이든 고위 임원과정이든 이런 고위급 교육과정의 주요 테마는 변화와 혁신이다. 임원이나 CEO가 되면 시장과 고객의 변화를 미리 읽고 경영전략을 정렬해야 하며 혁신을 통하여 조직의 경쟁력을 한 단계 더 격상시켜야 하기 때문이다.

대부분의 교육은 그 분야에서 명성이 자자한 유명 교수나 예술·문화 분야에서 두각을 나타낸 분들의 강의로 진행된다. 처음 강의는 '지금의 삼성으로는 10년 후 미래가 없다'는 것으로 시작한다. 고위과정에 선발되어 한껏 부풀어 오른 가슴을 짓누르는 내용인데, 지나친 성취감과 자만심을 경계하고 새로운 도약을 위한 변신과 혁신을 주문하는 것이 과정의 주목표이기 때문이다.

물론 삼성인에게 조금 부족한 능력을 채워주려는 의도도 있다. 삼성인에게는 반듯함, 성실함, 열정은 차고 넘치지만 상대적으로 부족한 것이 도전정신, 혁신정신이다. 혁신력, 창의력은 다소 엉뚱한 구석이 있어야 발상의 전환에 유리한데 삼성인들은 특유의 반듯함과 성실함으로 무장되어 있어 이런 엉뚱한 면이 부족하다. 그래서 임원이나 CEO후보 과정에서는 반듯한 바탕에다 이런 혁신·변화 능력을 더 강화하여 탑재하고 회사의 고속항진에 더욱 앞장서라는 의도가 담겨 있다.

CEO 양성을 위한 순환보직제도

일단 고위 임원(전무급)이 되면 순환보직을 통하여 다양한 능력을 배양할 기회를 주고 그 결과를 점검하며 CEO후보군을 다수 양성하고, 보이지 않는 경쟁을 통하여 후보군을 좁혀 나간다.

기업에서 임원이란 군대의 장군과 같이 자신의 전문 병과나 특기가 없다고 본다. 부서장까지는 자신이 전문성을 가지는 특출난 분야가 분명 있지만, 제한된 임원이 200개 전후의 직능을 다 커버하기는 현실적으로 불가능하기에 전문성보다는 관리능력, 혁신능력을 더 키워주면 어떤 직능군을 맡겨도 성과를 낼 수 있다고 생각하기 때문이다.

물론 아주 높은 전문성을 요구하는 IT분야나 연구개발분야는 별도의 연구임원, 전문임원의 영역이다. 그 외 경영임원으로 분류된 자는 일반적인 경영 분야를 두루두루 순환보직시켜 향후 최고경영자가 되었을 때 알아야 할 직무군들을 사전에 경험하도록 조치해 경영에 누수가 없도록 한다. 따라서 본사에서 관리업무를 하던 사람도 현장근무로 순환되며, 현장에서 잔뼈가 굵은 사람도 대부분 본사의 수장이 될 수 있다. 그래서 삼성에서는 승진은 예측이 가능하나 보직은 뚜껑이 열릴 때까지 아무도 모른다.

인사담당이 영업담당으로 가기도 하고 마케팅담당이 본사 기획담당으로 부임하기도 한다. 이런 순환보직제는 향후 최고경영자가 되었을 때 출신 직능 때문에 발생하는 부작용도 최소화한다. 예를 들면 A라는 영역에서만 오래 근무한 사람이 최고경영자가 되었을 때 B, C, D영역의 근무자들이 자신들의 업무를 잘 모르는 경영자가 선임되어서 불안해하거나 인사상 불이익을 우려하는 것이 그것이다. ▬

모두가 공감할 만한 임원 선발

임원 인사철이 시작되면 부장으로 3~4년을 근무한 사람들 중에 누구누구가 임원 후보라는 말이 떠돌기 시작한다. 관련 업무에서의 성과나 능력, 조직관리, 조직에 대한 충성심을 기준으로 이미 구성원들 사이에서 민심으로 임원 인사를 시작하는 것이다. 물론 의외의 인사가 임원으로 선임되는 경우가 없지는 않지만, 적어도 정실이나 청탁으로 선임되기란 거의 불가능하다.

그리고 오너 일가도 극히 제한적으로 경영에 참여하기 때문에 구성원 누구나가 열정과 노력, 의지와 성과만으로 임원에 선임될 수 있다는 비전이 공유되어 있다. 말하자면 '삼성의 인재상'이 분명히 설정되어 있으니 그 인재상을 쫓아가다 보면 분명 정상에 설 수 있다. 이것은 투명한 인재관리의 룰이 있기 때문에 가능한 일이라 생각된다. ▬

최근 신임 임원으로 선임되는 사람은 공채 입사 기준으로 입사

20~25년 차에 해당하는 45~48세 전후다. 그렇지만 직원의 정년은 55세다. 그렇다 보니 각 조직에는 임원이 될 연령이 지난 고참 부장들이 적지 않다. 어떤 조직은 임원이 산하 부서장 대부분보다 나이가 어린 경우도 있다. 아직도 연공서열이 중시되는 우리나라 조직 풍토에서 나이 어린 상사를 마음으로 모신다는 것이 참으로 쉽지 않은 일이다.

그렇지만 오너의 친인척이라 젊은 나이에 임원이 된 것이 아니고 뛰어난 능력과 발군의 성과를 내어서 임원으로 선임된 후배이기 때문에, 기분이 좋을 리 없겠지만 불평불만이나 비난을 하지 않는다. 그래서 삼성에서는 고참 선배들을 부하로 거느린 젊은 임원들도 처신이나 조직통솔에 큰 어려움이나 잡음이 없다. 서로 업무적으로는 상하관계를 유지하고 비공식적 자리에서는 고참 부장들에게 선배로서 예우를 깍듯이 해주기 때문이다. 나이나 경력 순으로 임원이 된 것만큼 매끄럽고 자연스럽지는 않겠지만 그렇다고 문제가 될 만한 상황은 발생하지 않는다.

보통의 직장인들이 신입사원 시절을 어영부영 보내고서 나중에 출세(?)하기란 정말 쉬운 일이 아니다. 삼성의 임원이나 CEO는 기본적으로 건강하고 튼실해 보이는 씨앗을 골라 이런 저런 다양한 단련과 육성의 방식으로 모종을 잘 키우고 점점 더 훌륭한 거목으로 자라게 조직이 조치를 해나가는 과정에서 지속적으로 선별되고 양성된다. 새싹이 거목으로 성장하기 위해서는 비바람을 이겨내야 하고 냉해나 가뭄도 극복해야 한다. 온실 속에서만 자란다면 세상의 주목을 받고 훌륭한 자재로 쓰일 수 있는 똑바른 거목이 될 수는 없을 것이다. 기업에서도 임원의 모종이 따로 있는 것은 아니지만 순탄하게 아무 일 없이 성장하고 선택될 수는 없는 일이다. 입사부터 일과 교육, 이동과 승진, 난제 해결 등을 통해 임원으로 양성되는 과정을 살펴보자.

04

삼성의 임원은 어떻게 양성되는가?

채용 시에
제대로 된 씨앗을 고른다

당연히 좋은 종자가 좋은 나무로 성장해나갈 확률이 높다. 기업의 채용 절차는 농부가 농사를 위하여 좋은 종자를 벼르는 것과 같다. 농부들은 가을에 수확을 하면 벼의 상태와 튼실함, 성장기의 환경, 기후 등을 생각하면서 식량으로 소비할 벼와 내년에 종자로 쓸 벼를 따로 분류해놓는다. 종자로 분류된 벼들은 더 확실하게 보관하고 관리에 유의한다. 신입사원을 채용하는 절차는 기본적으로는 그 조직에서 부과되는 일을 감당할 사람(자원)을 찾아내는 과정이지만, 한편으로는 우수 자원을 선별하는 1차 과정이기도 하다.

수확한 벼 중에 종자로 쓸 벼들은 물에 담가보면 대번에 알 수 있다. 좋은 종자는 색깔이 선명하고 속이 꽉 차 있으며 물속에 금방 가라앉는다. 영양분이 충실하니 당연히 무겁다. 껍질의 색깔이 누르스름하거나 윤기가 나지 않고 물에 뜨거나 쉽게 가라앉지 않는 벼는 별 볼 일 없는 수확물이고 종자로 사용하지도 못한다. 다음 세대를 위한 생명력을 이미 상실한 것들이기 때문이다. 그러나 사람을 선별하는 일은 식물의 종자를 선별하는 일보다 10배 이상 어렵다. 사람은 누구나 되도록 자신을 좋게 포장하려는 본능이 있다. 면접관이나 서류전형을 담당하는 담당자들은 좋은 인재를 열심히 가려내려고 하지만 이러한 포장 기술 때문에 제대로 가려내기란 참으로 어렵다.

말과 글은 100% 거짓으로 꾸며낼 수 있다. 물론 진실만을 쓰거나 말하는 사람도 있겠지만 자신에게 불리하여 기업이 채용을 망설이게 할 사항을 먼저 대놓고 드러낼 지원자는 없다고 봐야 한다. 하지만 눈빛과 행동거지, 말투 등은 아무리 가려도 숨기기 어렵다. 면접위원들은 이러한 사항들을 더 중시하여 지원자 중에서 조직과 일에 적합한 사람들을 가려낸다. 물론 면접 시의 판단만으로 향후 임원이 될 만한 자질을 갖춘 우수 자원을 찾아내는 것은 거의 불가능하다. 다만 임원이나 직원으로 가용할 수 없는 부진 자원을 가려내서 제외하는 것은 충분히 가능하며, 이것이 채용면접의 숨겨진 기능이라고 보면 된다. 훌륭한 자원을 선별하여 뽑는 것이 중요하지만 적합지 않는 자원을 선별하여 채용에서 제외하는 것도 그만큼 중요하다. 마치 농부가 물에 뜨는 부실한 벼들을 종자에서 제외하는 이치와 다르지 않다.

필자가 입사할 당시 전 면접위원에게 A$^+$를 받은 친구가 있었는데 임원으로 승진하지는 못했다. 당시 필자는 겨우 합격했지만 직장생활 기간의 40%나 되는 9년을 임원으로 근무했다. 필자가 조사해본 결과 이런 현상은 몇 사람의 사례가 아니고 일반적인 경향이었다. 따라서 면접 성적이 우수하다고 반드시 핵심 인재로 성장해나가는 것은 아니다. 더 많은 기회를 제공받을 수는 있지만 말이다. 우수 인재를 선발하는 과정으로만 본다면 채용심사 과정은 직원으로 부적합한 자원을 가려서 배제하는 것으로 그 역할을 다하는 듯싶다. 채용면접 과정에서는 주로 실무자로 적합한지를 판단하기 때문에 미래에 경영자로서 갖추어야 할 덕목을 갖추고 있는지를 판단하기는 여의치 않은 것이다. 그만큼 면접으로 사람을 판별하는 것은 어렵다.

신입사원 교육과정은 그 씨앗의 미래를 가늠해보는 좋은 기회다

입사하여 받는 신입사원 시절의 입문 교육은 농부들이 파종 직전에 벼 이삭을 소금물에 담가놓아 좋은 씨앗과 그렇지 않은 씨앗을 가려내는 과정과 같다. 농부들은 겨울을 지나고 봄이 되면 파종 직전에 한 번 더 종자로서의 적합성을 검사하여 부적합한 씨앗들을 가려낸다. 마찬가지로 면접 시에는 1인당 10~30분 전후로 배정되는 짧은 시간에 개개인의 성향이나 진실한 모습을 다 파악하기는 현실적으로 어렵지만 입사 후에는 개인을 판단해볼 충분한 시간이 있다. 물론 선배들이나 교육 담당자들이 지켜보는 것을 알기에 자신의 모습을 100% 드러내는 것은 아니지만 그렇다고 하여 마냥 자신을 감추기는 무지 어렵다. 하루 이틀이 지나면 자연스럽게 경계심도 풀리고 자신의 본모습을 드러내게 마련이다. 교육에 임하는 태도, 걸음걸이, 선배들과의 대화 자세, 교육 내용을 습득하는 능력, 같이 교육받는 동기들과의 친화력과 리더십 등 조직생활에 필요한 요소들을 대부분 파악할 수 있다.

따라서 교육 기간은 조직생활에 필요한 자질이나 태도, 기본지식 등을 익히는 시기지만 회사로서는 신입사원이 인재로서 기본자질을 소유하고 있는지를 판단해볼 수 있는 좋은 기회다. 평균적으로 입문교육에서 좋은 성적을 얻으려면 교육과정에 몰입하여 취득하는 교육 성적은 물론이고 교육에 임하는 태도나 친화력, 교육관 숙소에서의 생활 태도, 조직 지향성 등에서 고루 좋은 점수를 얻어야 한다. 교육에 입과하는 날 먼저 입과자 리더를 뽑는 절차가 있는데 이때 적극적으로 자임하는 것도 좋은 점수를 얻는 방법이다. 기업이라는 조직에 들어와서 리더 역할을 수행하는 것은 자신의 적극성과 열정을 보여줄 수 있는 좋은 기회다. 아울러 교육과정이 조직생활에 필요한 일과 기본수칙을 익히는 과정이지만 면접 시에 드러나지 않았던 개개인의 성향과 조직 적합성을 관찰하고 판단하는 기간이라는 점을 더 중요시하는 조직이 많다.

삼성의 입문교육은 시대의 조류에 따라 과거보다 많이 자율화되었지만 두발이나 복장, 교육 시 자세나 숙소 생활 등과 관련한 룰이 비교적 엄격한 편이다. 이는 대규모 인원이 같은 목적으로 한 방향으로 나아가야 할 기업조직의 특성에 적합하게 인재들을 양성하기 위함이다. 다만 최근에 기업에 입사하는 인력들은 이미 자율화된 환경에서 성장했고 미래의 기업조직 여건도 그런 방향을 무시할 수는 없기 때문에 룰의 엄격함이 다소 완화되었다.

대체적인 하루 생활은 이러하다. 아침 6시경 기상 모닝콜이 울린다. 10분 이내 기상하여 6시 10분경 운동장에 집합하여 구보로 약 2킬로 거리의 연수원을 한 바퀴 돈다. 들어오면 세면하고 식사를 한다. 8시를 전후하여 명상으로 하루 일과가 시작된다. 저녁 6시경 전후로 일과를 마감하고 식사 후 숙소로 돌아와 그날 숙제나 수련일지를 작성하고 10시경 취침하도록 되어 있다. 자유시간에는 체력단련실이나 휴게실을 이용할 수 있다. 최근에는 아침 구보나 취침 시간 등을 자율에 맡긴다고 한다.

이들을 조련하고 교육할 교육 선배들은 최소 한두 달 전에 소집된다. 물론 이 교육 선배도 아무나 선임되는 것이 아니다. 교육 선배로 선임되었다는 것 자체가 미래에 회사를 이끌어 갈 인재가 될 가능성이 높다는 방증이다. 이들은 대부분 자신들이 신입사원 교육 시에 보여준 태도와 일터에서의 근무 자세를 감안해 사전에 선발된다. 그런 다음 약 한 달 전에 사전 소집되어 합숙을 하며 교육 준비를 한다. 준비하는 사항들은 신입사원의 교육에 관련된 내용이 대부분이지만 신입사원들의 행동이나 말, 가치관을 수집하고 판단하여 미래의 인재 관리 정보로 사용하기 위한 것들도 있다. 이러한 과정들로 약 4주간에 걸쳐 그룹 입문교육이 진행된다. 교육 선배들이 관찰이나 행동, 대화로써 신입사원을 판단하는 항목들은 다음과 같다.

• 개인적인 특성

성실성, 책임감, 도덕성, 희생정신이 있는가?

건강하고 씩씩한가?

정신적으로 조직생활에 문제가 없는가?

규율을 준수하려는 의식이 있는가?

주변 정리정돈은 문제가 없는가?

자기절제력과 통제력이 있는가?

• 조직 적성

조직 지향성은 형성되어 있는가?

남을 배려할 줄 아는가?

대화나 소통에 적극적인가?

친화력과 사람에 대한 긍정적 인식이 있는가?

주도적이고 리더십이 있는 사람인가?

갈등을 해결하려는 의지나 능력이 있는가?

• 업무 적성

공동 목표를 달성하려는 열정이 있는가?

근성과 끈기를 보이는가?

창의적인 아이디어나 새로운 도전을 기피하지 않는가?

업무에 파고드는 몰입력이 있는가?

스트레스를 잘 견디는 성격인가?

이러한 항목들은 매일매일 일과 후 선배들이 그 특성과 사례를
정리하여 선배들 간의 토의를 거쳐 한 사람 한 사람의 특성으로 기
록하게 된다. 이렇게 기록된 개인 관찰 사항들은 '교육기록부' 형

태로 교육 종료 후 각사의 인사부서로 통보되며 개인별 신상기록과
함께 향후 인력관리의 중요한 기초자료와 기준이 된다. 한편 그룹
입문교육을 이수하고 각사에 배치되면 각사교육과 직무교육이 기
다리고 있다. 이 과정에서도 그룹교육과 유사한 과정으로 인물 관
찰과 기초평가가 진행된다.

신입사원 OJT는
담당 선배와 신입사원 모두에게 육성과 양성의 기회다

인재 육성의 틀이 어느 정도 잡힌 회사에는 OJT라는 제도가 있다. 신입사원 교육과정의 일환으로 실무를 하면서 선배들이 교육하는 제도다. 통상 교육을 마치고 실무 부서에 배치되면 약 1년 전후의 OJT 기간이 주어진다. 기업에 따라서는 3개월로 끝나는 곳도 있고 1년 이상인 곳도 있다. 삼성의 경우 업종에 따라 차이가 있지만 대개 1년간은 선배와 짝을 이루어 OJT가 진행된다. 이 기간에도 교육일지가 있어서 매주 교육 경과나 내용, 특이 사항을 기록하고 관리자에게 보고한다. 이를 통해 회사는 신입사원이 조직과 일에 적합한 자원인지를 판별하고 신입사원은 필요한 업무 지식이나 노하우를 선배에게 배운다.

신입사원은 이러한 실무교육을 통해 향후 발전이 기대되는 자원인지 선별하기 시작한다. 물론 자신의 고유 업무를 책임지고 수행할 수 없는 시기이긴 하지만 이런저런 실무를 통한 단련과 테스트가 자기 자신을 육성할 기회가 된다는 점에서 신입사원들은 정신 차리고 실무와 조직을 배워나가야 한다. 선배들은 이런 기회를 통해 될성부른 묘목인지 판단하므로, 알게 모르게 조직 내에서 평판이 형성되는 기간이기도 하다. 담당 선배 입장에서도 후배를 어떻게 가르쳐나가는지에 관리자들이 관심을 쏟기 때문에 정성을 들여서 후배를 돌봐야 한다. 그런 결과나 과정들을 인사부서나 관리부서에서 지켜보고 인사에 반영하기도 하기 때문이다. 따라서 OJT에 임하는 선배나 신입사원은 그것이 중요한 시험대이기도 하다는 점을 명심해야 한다.

OJT 기간에는 대체로 평가라는 것이 없다. 배우는 기간이니 평가하기에는 여러모로 어려움이 따른다는 실정을 반영해서 평가 등급은 따로 없고 평균적인 급여를 지급한다. 이러한 OJT 기간이 끝나면 그때부터는 고유 업무를 맡아서 수행하게 된다. 당연히 평가도 뒤따른다. 평가는 대체로 능력/태도 평가와 근무 성적 평가 두 가지로 나뉜다. 근무 성적이야 자신이 일한 결과이지만 능력/태도 평가는 앞으로의 가능성, 미래의 인재 여부를 판가름하는 중요한 평가다. 평가 요소도 미래 인재로서 갖추어야 할 요소들이다. 앞에서 언급한 개인적인 특성과 조직에 대한 능력, 일에 임하는 자세 등을 중점적으로 평가한다.

임원 승진자들은 대부분 사원 시절부터 두각을 나타낸 사람들이다. 실무에서 아주 높은 성과를 내거나 능력이나 활력, 근무 자세에서 좋은 평가를 받은 사람들이 장기적으로 그 조직의 인재로 성장해나간다. 물론 평가에 오류가 있을 수도 있고 평가제도 자체에도 허점이 없는 것은 아니지만 그래도 인재들은 서서히 그 실체를 드러낸다. 이러한 사원 시절의 실무자로서의 행동, 언행, 성과, 자질 등이 낱낱이 기록되고 평가되어서 미래 자신의 인사를 결정하는 잣대가 된다.

이 시기에는 자신의 능력에 비하여 과중한 직무가 주어진다. 조직은 사원 시절부터 스트레스와 업무 부여를 통해 그 사람의 능력을 키우기도 하고 판단하기도 한다. OJT가 끝나면 한 사람의 구성원으로서 자기 몫을 해야 하기에 경력이 짧다고 봐주는 일은 별로 없다. 모종을 묘판에서 실제 재배지로 이양한 후에는 비바람과 나쁜 환경이나 기후를 스스로 이겨내면서 자라야 하는 식물들과 마찬가지다.

여기서 적잖은 자원들이 걸러진다. 업무 스트레스를 이기지 못해 스스로 포기하거나 상사나 구성원들과의 갈등이나 마찰, 대외 고객이나 관련 기관과의 업무 처리 부실로 탈락하기도 한다. 삼성의 실무자들은 적잖은 업무 권한을 가지고 있다. 다른 기업에 비하여 스스로 판단하고 결정해야 할 일들이 많다. 심지어 필자는 입사 3개월 만에 채용 업무 주관이라는 인사부서의 중요한 고유 업무를 맡았다. 어쩌면 기회가 될 수도 있지만 어쩌면 강한 근무 강도나 스트레스를 이기지 못하고 탈락하는 위기가 될 수도 있다.

이는 동물의 새끼들이 엄마 젖을 떼고 정글에서 혼자 살아가야 하는 수련 기간과 비슷하다. 엄마가 멀찌감치 지켜보고는 있지만 스스로 살아남는 법을 터득해야 하는 시련기다. 그래서 선배 사원들은 이렇게 이야기하기도 한다. "신입사원으로 교육받을 때가 제일 행복하고 편할 때"라고, "부서에 배치되어 실무를 하면 자신이 스스로 판단하고 주도적으로 일할 자세가 되어 있어야 살아남는다"고. 대부분은 2~3년간의 실무 기간을 통해 자신의 생존 가능성, 성장 가능성을 가늠하게 되고 회사 내 평판도 굳어진다. 적잖은 인원이 이 기간을 버티지 못하고 탈락한다.

기업 입장에서는 이런 탈락이 당연히 반갑지는 않지만 나중에 업무를 숙련한 중견 시절에 탈락하는 것보다는 나쁘지 않다. 어차피 사원 시절은 인력을 정제하는 기간이라 그다지 큰 역할을 주지 않기 때문에 일부 탈락하더라도 큰 영향은 없다. 3년 이상의 경력으로 실무 전문가가 된 후 탈락하면 단위조직의 업무 수행에 차질이 빚어지지만 초기에 그만두는 것은 그다지 타격을 주지 않는다. 사실 적합지 않은 자원이면 일찍 걸러내는 것이 조직으로서는 나쁘지 않다. 평화 시보다 전시에 영웅이 탄생한다. 과도한 업무와 스트레스를 이기고 미래가 더 확실해지는 사원이 있는가 하면 그 반대의 경우도 있다. 조직은 이런 과정을 통해 미래의 임원감을 서서히 부각시켜 나간다. 결과적으로 평가에도 반영되어 능력 있는 사람은 남보다 1~2년 빠르게 승진하는 특별승진을 하게 되고 이런 사람은 미래의 인재로 주목받게 된다.

직무 교류와 지역 이동도 양성을 위한 빠질 수 없는 절차다

한 가지 직무를 경험하게 하면서 평균 2~3년이 지나면 그 직무의 전문가로 키울 것인지 다양한 직무를 경험시킬 것인지를 결정한다. 직무의 성격에 따라서 5년이나 그 이상을 이동의 시기로 보기도 하지만 평균적으로는 2~3년이다. 대개 같은 일을 3년 이상 하면 싫증이 나기 시작한다. 그래서 사기 진작이나 새로운 도약을 위해 지역 간·직무 간 이동을 도모한다. 한 2~3년 지켜보면 직무 전문가가 될 자원인지 아니면 두루두루 써먹을 자원인지를 판가름할 수 있다. 한 가지 직무의 전문가가 임원이 될 가능성이 높은 것만은 아니다. 보통 본사에 입사하여 스태프 업무를 맡았던 자원에게도 현장 업무나 영업 업무를 경험시켜 대인관계 능력이나 목표 지향성, 근성과 끈기를 알아본다. 한 직무보다는 두세 가지 직무를 맡길 수 있는 자원이 나중에 임원으로 승진하기가 더 용이하다. 그만큼 임원 보임의 TO가 넓어지고 기회가 많아지기 때문이다. 이러한 직무/지역 이동을 통한 인력 양성에는 다음과 같은 사항을 파악하려는 목적이 있다.

· 한 가지 직무에만 활용할 수 있는 자원인가?
· 한 지역에서만 성과가 나는 자원인가?
· 스태프로만 활용 가능한 자원인가?
· 현장직이 더 적합한 자원인가?

물론 사원 시절의 이러한 직무/지역 이동은 개인의 성장보다는 조직의 필요성에 따라 결정되는 경우가 더 많지만 기업의 모든 인사제도는 한 가지만을 목적으로 하지는 않는다. 일에 필요한 인력을 재배치하는 의미 외에 배치되는 인력의 성향이나 능력, 자세를 테스트하는 좋은 기회다. 본사와 현장에서 다 좋은 성과를 내는 사원이나 지역에 관계없이 좋은 성과를 내는 사원은 언제든지 회사의 인재로 평판이 날 것이다. 자신의 고향에서는 인맥을 동원하여 성과가 높았으나 다른 지역에서는 맥을 못 추는 인력도 있다. 본사 스태프로는 나무랄 데가 없었으나 현장에서 고객을 응대하는 데는 젬병인 자원도 있다. 반대로 본사에서는 그저 그런 존재였는데 현장에 보내니 펄펄 나는 자원도 있다. 이런 자원은 나중에 현장의 지휘를 맡게 되는 우수 자원으로 임원으로 승진이 가능하다. 필자가 경험한 바로는 이러한 짧은 본사 경험을 갖춘 현장 관리자가 임원으로 승진하는 경우가 가장 많았다. 이런 사람은 본사든 현장이든 필요에 따라 가용 범위가 넓은 자원이라서 관리자나 임원으로 승진할 확률이 높다.

물론 본사에서만 일했지만 우수한 성과를 낸 사람(필자와 같이)도 임원 승진의 기회가 적잖다. 경영자 주변에 있다 보면 아무래도 그 능력이나 성과가 눈에 띄기 쉽기 때문이다. 일부 기업에서는 이런 것도 문제가 된다. 즉 현장에서 고생하는 사람들은 경영자의 눈에 잘 띄지 않을뿐더러 많은 종류의 일을 하다 보니 작은 실수들이 드러나기 쉬운 반면, 본사의 스태프 부서에 근무하는 사람들은 그 능력이나 긍정적인 성과가 더 드러나기 쉬워 경영자에게 좋은 평가를 받을 가능성이 높다. 그래서 현장을 소홀히 한다는 볼멘소리가 나오기도 하므로, 현장부서에 최우수자가 없더라도 일정 비율의 임원 TO를 할당하기도 한다. 또는 성과나 능력이 좀 부족하더라도 여성 인력 활성화 차원에서 여성을 관리자나 임원으로 보임하기도 한다. 임원 인사도 이처럼 합리성에만 근거하여 시행되는 것이 아니다. 시대의 조류나 사내 분위기를 보아가며 적정 비율을 할당하기도 하므로 능력이나 성과가 다소 미흡하더라도 운 좋게 선임되고 장수하는 경우도 있다.

간부가 되기 전의 교육과정은 인재를 점검하고 새롭게 재정비하는 기회다

신입사원으로 입사하여 5~6년이 경과하면 평균적으로 적어도 한두 가지 직무 경험을 가지게 된다. 직위도 대리나 주임으로 승진한 후다. 관리자나 간부가 되기 직전에 보통 승진 예정자 그룹에 대한 교육이 진행된다. 목적은 주로 관리자(간부)로서 필요한 자질을 함양하게 하는 것이지만, 한편으로는 이 과정에서 현재 직위가 아닌 차기 직위에 걸맞은 사람인지를 점검하고 확인한다. 현재 수행 중인 직무에 관련된 것이 아닌 미래의 직무나 직위에 해당되는 과제나 교육 내용을 제공하고 그 반응이나 과정, 결과를 주시한다. 보통 교육 입과 전에 걸맞은 주제를 주고 사전 스터디를 해서 입과하게 된다. 그러한 교육 경과나 성과는 교육부서에서 정리하여 인사부서로 전달되어 승진에도 영향을 미침은 물론 차기 직위에서의 인사 기준과 참고 자료가 된다.

간부로서의 1년은 미래를 점쳐볼 수 있는 시간이다

사원 시절에는 자신이 맡은 일만 제대로 수행하면 좋은 평가를 받을 수 있지만 관리자가 되면 자신의 능력뿐만 아니라 후배 관리나 육성도 중요한 평가 항목이 된다. 보통 관리자가 되면 적게는 3~4명 많게는 수십 명의 부하들을 거느리고 조직단위로 일을 해서 평가를 받게 된다. 후배들을 지휘하여 조직이 원하는 공동 성과를 만들어내야 하기에 더 많은 능력이 요구되고 자세나 조직 지향성도 더 강화해야만 좋은 평가를 받는다. 나 혼자서는 맡은 일을 잘하는 사람이지만 조직을 지휘하기에 부적합한 사람도 있고 구성원들 간의 갈등 해소나 일체감 형성 능력과 목표 도전 능력 등도 관리자마다 차이가 난다. 이는 평가제도로서 판단한다. 아울러 관리자로 올라간 자원들은 본사나 임원 수준의 레벨에서 늘 주시하고 판단한다. 일거수일투족이 구성원들 사이에서 루

머로 떠돌거나 이런저런 보고 라인을 통해 상위 부서나 인사부서에 전달되고 평가되어 긍정적이든 부정적이든 자신의 평판으로 자리 잡게 된다.

따라서 간부로서의 1년을 어떻게 보내는지가 대단히 중요하다. 한 사람의 직무 수행자로 적합한 사람인지 조직을 리드하고 주도할 사람인지가 판단되는 시기이기 때문이다. 실제로 담당 업무 수행자로서는 나무랄 데 없던 사람이 조직 관리자로서는 부적합한 경우도 있고 그 반대의 경우도 적잖다. 나중에 임원으로 성장한 사람들을 살펴보면 이러한 시기에 발군의 능력을 발휘한 사람들이 대부분이다. 관리자는 자신도 실무를 수행하면서 조직을 지휘하는 경우가 많지만 임원은 순전히 조직 지휘력만으로 성과를 만들어내는 자리이기 때문에 조직 통솔력과 지휘력이 아주 중요한 판단 잣대가 된다. 사실 실무에서는 두각을 나타내지 못하다가 관리자가 되어서 발군의 실력을 드러내는 사람도 가끔 있다. 조직 입장에서는 의외의 결과인데 이러한 사람일수록 오히려 평가가 더 좋아진다. 조직으로서는 기대하지 않고 있다가 좋은 성과를 내기 때문이다. 전쟁에서 장수를 선정할 때 실력보다 운이 좋은 사람을 선택하는 경우도 있다. 능력과 실력을 인정받은 경우는 당연하겠지만 실제로 전쟁(기업에서는 현장)에서는 우발적이거나 예측치 못한 상황이 벌어지기도 하므로 드러나지 않은 실력(운)으로 좋은 결과를 만들어낸다면 더 각광받을 여건이 되는 것이다.

# 위기나 난제는 튼튼한 인재 양성의 또 다른 좋은 기회다

하루하루가 생존과 사멸의 갈림길에 있는 것은 생물체나 기업이나 마찬가지다. 필자의 경우 인사과장 시절에 한 달가량 앞을 내다볼 수도 없는 노사분규를 경험했고 답도 없고 해결책도 없는 하루하루를 보낸 시절도 있었으며, 양측의 주장이 첨예하게 대립한 상황이나 난제를 풀어간 경험도 있다. 늘 정해진 대로 순탄하게 굴러가지 않는 것이 기업의 현실이다. 예기치 못한 사태를 만나면 그 사람의 진정한 실체가 드러나기도 한다. 근성과 끈기, 투지를 갖춘 사람인지 말로만 앞장서는 사람인지도 판가름 난다. 절충력이나 문제 해결 능력이 있는 사람만이 단단하게 성장해나간다.

필자가 노사 담당이던 시절 노조를 금기시하는 삼성에서 노조를 만들겠다는 세력과 한바탕 기 싸움을 벌인 적이 있다. 약 70명이 노총에 들어가서 노조 결성을 위하여 투쟁 중이던 어느 날, 본사 여사원 중에 주도자 한 사람을 노총 진입 세력과 단절시키기 위해 연수원으로 데리고 가던 중에 예측치 못한 사태가 벌어졌다. 여사원을 승용차 뒷좌석 가운데 앉히고 양쪽에는 간부들이 에워싸고 이동하던 중에 톨게이트에서 여사원이 갑자기, "납치다!"라고 외치는 바람에 부근에 있던 경찰 순찰차가 알게 되었다. 호송 인력들은 납치 혐의로 경찰서로 잡혀가고 여사원은 유유히 풀려난 사건이 발생했는데 본사 상황실에 있던 필자로서는 아무런 대책도 생각해볼 수 없었던 초유의 사태였다. 현장에서는 이런 전혀 예측하기 어려운 돌발 상황들이 비일비재하다. 슬기롭게 해결하거나 해결을 못하더라도 자신의 몸과 마음을 던지는 최선의 노력을 기울여야만 조직 지향성과 문제 해결 능력이 있는 인재로서 인정받는다. 이런 상황을 피하거나 대강대강 처리한다면 조직에 큰 상처를 남기게 되고 그런 행동을 한 사람이 임원으로 성장하기는 불가능하다.

하루는 사장이 인사과장인 필자를 불러서 "직원들에게 왜 매달 월급을 줘야 하는가? 주급으로 줘도 되고 분기에 한 번씩 줘도 되는데 굳이 한 달에 한 번 주는 이유가 무엇인가?"를 파악해서 보고하라는 지시를 했다. 늘 아무 생각 없이 매달 월급을 지급했는데 갑자기 왜 매달 주느냐고 조사하라니 참으로 답답하고 스트레스를 받지 않을 수 없었다. 또 하루는 "승진이 왜 필요하냐? 안 시키면 안 되느냐?" 고 질문을 하는 것이었다. 일상적으로 해오던 일의 이유를 물어보니 참 대답이 막막했다. '왜 이런 것을 물어보는 거지?' 라는 생각에 화가 나기도 했다. 그러나 나름대로 책자를 보며 연구하고 공부하여 대답하고 설명했다. 당시에는 이러한 얼토당토않은 질문을 한 사장에게 화가 났지만 지나고 보니 필자가 인사관리 이론을 정립할 수 있게끔 단단하게 조련한 것이라는 생각이 들어 고마운 마음을 금할 수 없다.

부서장이 되는 순간
임원 후보가 된다

인사부장이나 경리부장, 영업부장
등 부서장이 된다는 것은 회사의 고유 직무 중 하나의 장이 된다는
의미다. 말하자면 맡은 직무에서는 자신이 최후의 보루가 됨을 의
미한다. 그 직무에 관한 한 사내에서는 최고의 전문가이고 책임자
다. 보통 임원은 이러한 고유 직무를 담당하는 부서 3~5개 전후를
맡게 된다. 따라서 임원은 각 단위 직무의 전문성은 떨어진다. 그러
니 부서장이란 그 직무에 한해서는 무한책임을 져야 하고 무한 능
력을 발휘해야 하는 것이다.

사실 부서장 승진 심사는 임원 후보 심사에 다름 아니다. 부서장
을 거치지 않고 임원이 되는 경우는 극히 드물다. 따라서 부서장 심
사는 아주 신랄하다. 본인이 가진 모든 것이 드러나게 된다. 실무
능력이나 성과는 물론이고 언행 하나하나가 심사 대상이다. 삼성의

경우 각 직종군의 총괄책임자인 전무/부사장급이 부서장 승진심사에 인사위원으로 참여한다. 인사부서와 교육 담당 임원도 반드시 참여한다. 부하 육성 능력이나 인간성, 개인의 사생활 태도도 당연히 점검한다. 술을 좋아하는지 주사는 없는지, 리더십의 유형은 어떠한지 사사건건 도마에 오른다. 따라서 아주 전문가인 사람을 제외하고는 모든 면에서 모범적이고 회사가 원하는 인재상에 부합해야만 부서장으로 보임될 수 있다.

부서장에 보임되고 나면 여러 가지 시험대가 기다린다. 조직을 발전시키고자 하는 의지가 있는지 부서원들을 발전적으로 통합하여 공동체로 만들고 회사가 원하는 성과를 만들어내는 사람인지를 점검한다. 부서장이란 10명에서 많으면 수백 명의 부하들을 거느리며 몇 가지 직무를 차질 없이 수행해야 하는 자리다. 임원은 더 많은 직무와 사람들을 이끌어야 하므로 이 시험대를 잘 통과해야 한다. 과중한 직무는 물론이고 수많은 대내외 갈등을 풀어가야 하고 바른 생활로 몸과 마음의 건강도 유지해야 한다. 회사 생활 중 가장 스트레스가 많고 몸도 바쁜 시기다. 가정을 소홀히 하고 건강을 잃기도 쉬운 시기다. 연령대로 보자면 40대 초중반이 대부분이다. 어쩌면 80 인생의 가장 황금기인 시절이다. 대체로 부서장으로 보임되면 상사인 임원을 늘 만나게 되고 본사 부서장이라면 최고경영자도 자주 만나게 되므로 자신이 가진 좋은 점 나쁜 점들이 다 드러나게 마련이다. 스트레스가 당연히 늘어나지만 능력과 실력, 조직 지향성 등을 갖추었다면 긍정적인 평판이 확실하게 자리 잡아 임원 승진의 기틀을 다질 수 있을 것이다.

이렇게 1년을 잘 넘기면 직무 관리나 사람 관리, 상사 보필 요령도 자리를 잡게 된다. 좋든 나쁘든 자신에 대한 평판으로 대개 이 시점에 임원 후보 여부가 상사나 CEO의 뇌리 속에 자리 잡는다. 사실 이 시점에 새롭게 양성되거나 달라지는 것은 별로 없다. 자신의 능력과 잠재력을 한껏 발휘하면 상응한 대우를 받게 된다.

다만 많은 사람을 거느리고 다양한 고객을 상대로 일을 하다 보면 의도치 않은 불운도 생길 수 있다. 갑자기 휘하 직원이 금전사고를 낸다든지, 업무 실수로 회사에 상당한 해를 끼친다든지, 본인의 잘못이 아니라 하더라도 관리 책임을 져야 하는 일이 생기면 임원 승진이 늦어지거나 보류되는 사태가 생기기도 한다. 마치 휘하 병졸 한 명이 월북을 하거나, 공군에서 비행기가 한 대 추락하면 그 지휘관은 이후의 진급이 막히는 것과 유사하다. 본인은 우수한 자질을 갖추었다고 하더라도 사내 분위기상 진급이 어려운 경우도 생기는 것이다. 이런 사태에서는 아무리 우수한 임원 자질을 갖추었다고 해도 할 수 없는 일이다. 대체로 이러한 경우 최고경영자는 다른 회사(자회사 등)로 방출하여 임원을 시키거나 임원에 버금가는 '담당' 같은 대우직을 시키기도 한다. 이런 인재는 일정 기간이 지나고 난 뒤 다시 본사 임원으로 재임용되기도 한다.

해외출장이나 연수 기회도
확실한 임원 후보를
양성하는 툴이다

대체로 과장 시절부터 실무연수를 위하여 해외출장이나 세미나에 참여시킨다. 물론 부서장이나 해당 임원의 추천을 받아서 하기 때문에 우수 인력, 미래의 임원 후보감을 천거한다. 실력과 자세나 조직 지향성이 검증되면 임원으로 갖춰야 할 여러 가지 능력을 양성하고 경험시키기 위해 해외연수나 출장에 우선적으로 선발한다. 그간의 근무 성적 평가 결과가 기본적인 선발 요건이지만 외국어 능력이나 향후 발전 가능성을 포함하여 결정한다. 회사 입장에서는 이러한 해외출장과 연수에 적잖은 경비가 소요되므로 장래가 불투명한 사람을 보내려고 하지 않는다.

삼성의 경우 '지역 전문가 제도'를 비롯한 많은 해외연수나 출장 기회가 주어진다. 업무연수가 주로 이루어지지만 견문을 넓히고 새로운 사업 아이디어나 창조적 사고체계를 갖추기 위해 더 넓은 세상을 보는 양성의 기회가 주어지는 셈이다. 대기업에 근무하는 사람들에게는 어쩌면 특혜라고 생각되는 이런 해외 경험들은 자부심과 실무 능력을 고양하는 데 도움이 된다.

필자의 경우 해외 인력 채용을 위해 수십 차례 미국을 비롯한 선진국을 방문할 기회가 주어졌다. 아울러 선진 인사제도 벤치마킹을 위한 해외 선진사 방문도 자주 다닌 기억이 있다. 한창 벤치마킹에 열을 올리던 1990대에는 왠만한 이름 있는 해외 선진사들을 거의 다 방문했다. 이런 일들을 통하여 실무 능력 향상은 물론 적잖은 해외 인력들과의 교류와 인맥을 형성하는 데 도움이 되었다. 필자가 인사 담당 임원으로 근무할 당시 임원 중 약 2/3가 해외 연수나 지역 전문가를 경험한 인력들로 구성되었다. 이만큼 국제적인 감각을 갖춘 사람들이 임원이 되기도 용이한 것이다.

면접위원이나 사내강사, 출제위원 경력도 중요한 양성 툴이다

필자가 인사부장 시절 본사 부서장에게 면접위원을 위촉하면 바쁘다는 핑계로 거절하는 사람들도 있었다. 이는 참으로 어리석은 일이다. 면접위원이란 회사의 인력을 선발하는 데 가장 적합한 인재상을 갖추었다고 판단되는 사람을 위촉하게 마련이다. 시간 있는 사람에게 요청하는 것이 아니라 인재상에 걸맞은 가장 판단력이 우수한 사람들로 하여금 후배 선발에 참여하도록 하는 제도인 것이다. 이런 인사부서의 요청에 적극적으로 화답하지 않는 사람은 언젠가 본인의 앞날에 불리한 일이 생긴다.

마찬가지로 사내 강의나 승진시험을 위한 출제위원으로 선임되는 것도 임원 양성의 중요한 기회이자 제도다. 후배를 양성하려는 의지가 있음을 보여주고 설득력이나 표현력, 강의 능력을 갖추면 훨씬 더 임원 승진에 유리하다. 이런 기회가 오면 절대로 놓쳐서는 안 된다. 혹시 상사가 업무 부하를 핑계로 불참을 종용하더라도 되도록 참가하는 게 본인에게 이롭다. 강의를 준비하는 것은 스스로 자신을 되돌아보고 자신이 맡은 일이나 조직생활을 이론적으로 정리해보는 기회도 된다. 회사와 후배 양성을 위해 노력하는 기회이기도 하고 실력을 보여줄 수 있는 장이 되기도 한다. 아울러 나중에 퇴직 후에도 강단에 설 수 있는 여건을 만들 수 있는 자리이기도 하므로 절대로 놓쳐서는 안 될 기회다. 인사부서에 부탁이나 은근한 청원을 넣어서라도 이런 기회를 잡아야 한다.

대외교육기관 위탁교육에도 우수 인력을 보낸다

모든 기업이 다 시행할 수는 없지만 대기업들은 국내 대학이나 연구기관에 위탁교육을 보내기도 한다. 전문지식과 실력을 함양하도록 하기 위해서다. 대부분은 일정 기간 회사 근무를 의무 조건으로 선발한다. 이러한 기회를 잡기 위해서는 자신도 성과를 내고 사전 준비가 필요한 것이 사실이다. 성적이 우수하나 어학이나 기초학문이 부족하여 선발에서 제외된다면 그 사람의 발전도 한계가 있는 것이다. 사전에 이러한 기회를 파악하고 준비하는 것도 임원 승진의 좋은 발판을 마련하는 노력인 셈이다. 회사 입장에서는 그러한 위탁교육을 통하여 대학이나 전문기관과 관계를 끈끈히 하는 것도 직원들의 실무지식 함양에 못지않은 중요한 이유다. 따라서 임원이 되고 싶은 사람은 실무를 통한 성과 시현은 물론 이러한 기회를 놓치지 않도록 주변 지식도 준비하는 게 좋다.

너무 교육 기회만 노리고 있으면 상사들이나 교육부서에 미움을 받을 수도 있지만 공부하고 능력을 육성하겠다는 의지는 조직 입장에서도 바람직하다. 또한 그런 기회를 잡은 사람에게 임원 승진의 기회가 돌아갈 확률이 높아지게 마련이다. 다만 이러한 좋은 기회라 하더라도 실무 기간과 비교하여 적당한 비중을 넘게 되면 이른바 '교육특기'로 분류되어 경영 일선에서 멀어질 수도 있으니 이 점은 유의해야 한다. 회사보다 자신의 실리만 도모하는 사람으로 분류된다면 아무리 우수한 자격과 실력을 갖추고 있더라도 임원 승진을 보류하는 일도 있기 때문이다. 요컨대, 실무에도 유능하고 회사 발전에 기여하고 자기계발에도 시간을 쏟는 열정을 가진 균형적인 인재가 임원 승진의 기회가 더 많다. 사실 필자는 실무에 바빠 이러한 외부교육 기회를 얻지는 못했다. 하지만 지금 생각해보면 한번쯤 이런 기회가 있었더라면 더 좋았을 것이라 생각한다.

부서장 4~6년차에는
임원 후보들을 선발하여
임원후보과정(SLP)을 이수시킨다

부서장으로 보임하여 2~3년이 경과하면 관록도 붙고 조직 관리에 자신감이 붙는다. 물론 이 시기를 잘못 넘기면 부서장에서 밀려나거나 퇴직 때까지 임원 승진을 못하는 경우도 적잖다. 이러한 기간을 잘 넘긴 부서장은 평균 4~6년차 정도에 근무 성적과 조직 지향성, 개인 생활 태도나 사생활, 조직 지휘 능력, 리더십 등을 종합적으로 판단받아 매년 1, 2회 임원후보과정에 입과한다. 이거야말로 임원 승진이 가까웠다는 확실한 증거고 대부분 부서장들이 목매고 기다리는 과정이다. 임원은 부서장과 달리 더 광범위한 업무 영역과 더 많은 부하 직원을 대동하고 일하며 대외 섭외 업무도 부서장과는 확연히 다르다. 임원은 회사를 대표하여 외부 회의나 행사에 참가해야 할 때도 많다. 따라서 내부 인재로만 존재 가능한 자원은 임원으로서는 곤란하다. 회사를 대표하여

임원 양성과정 주요 커리큘럼

1단계 비즈니스 모듈

· 혁신과 신규사업 전략
· 경쟁전략과 전략적 사고
· 창조적 인재 양성과 활용 전략

⇩

2단계 리더십 모듈

· 경영철학과 핵심가치
· 리더십 스킬
· 다양성 관리

⇩

3단계 액션러닝 모듈

· 글로벌 안목 및 전략 역량 강화
· 현안 및 전략과제 이해
· 팀워크 및 네트워크 구축

⇩

4단계 경영자 소양 모듈

· 가치관 확립
· 교양과 상식 제고
· 이(異)문화 체험 및 이해

※ 약 4주간 진행(1주일간 해외 우수기업 벤치마킹)
　강의와 실습, 토의 등을 복합적으로 진행

외부 기관이나 행사에 가서도 조직에 해가 되는 행동이나 말을 하지 않을 사람을 임원으로 뽑아야 한다.

임원후보과정에 들어간다고 하여 임원 자리가 100% 보장되는 것은 아니지만 적어도 이 과정을 이수하지 않고 임원으로 선발되기는 힘들다. 이 과정에서는 임원 또는 경영자로서 감당해야 할 대내외적인 일과 조직 관리, 대외적인 식견, 창조적 리더십 등을 배우고 익히며 스스로를 더 단단하게 단련하게 된다. 당연히 해외 연수 기회도 제공되고 새로운 사업 영역 창출을 위한 분임 토의나 입과자끼리 소집단 활동을 하게 된다. 임원 후보로 인정받은 인재들이 거쳐야 할 마지막 점검과 숙련의 시간으로 보면 된다.

이러한 교육과정은 일종의 임원 포스트의 '석세션 플랜'인데 후계자나 경영자를 사전에 지명하여 양성하는 방안의 일환이다. 대체로 업무를 떠나 약 2~3개월간은 합숙교육이 진행된다. 국내외 유수의 강사진이 새로운 아이디어나 사업 방법을 제시하고 토의를 통해 몸에 체화되도록 도와준다. 또한 큰 시야를 가지도록 강의와 토의, 명상의 시간들을 갖는다. 아울러 문화 체험 등을 통해 임원으로서 품격과 여유를 즐길 수 있는 기반도 제공한다.

핵심 인력 양성 과정에 진입하면 더 확실한 임원 후보가 된다

기업마다 다르긴 하지만 어느 정도 체계가 잡힌 대기업에는 임원으로 양성시켜 장차 경영의 일부를 맡길 자원을 체계적·장기적·계획적으로 양성하는 플랜이 있다. 이른바 '핵심 인력 양성 계획'인데 기업마다 다르기는 하나 평균적으로는 과장급부터 시작한다. 예를 들면 본사의 주요 부서, 현장의 주요 포스트를 먼저 정하고 그 포스트를 맡길 1차, 2차, 3차 후보군을 양성해나가는 것이다. 인사부서를 예를 들어보면 차기 인사부장감은 누구누구인지를 점검하여 2~3배수로 잡아놓고 계획적으로 양성해나가는 것이다. 물론 과장 시절에는 차기 후보는 아니겠지만 차차기 후보감으로는 거론된다.

우선은 핵심 부서를 정한다. 아무나 맡아도 되는 부서는 없겠지만 그래도 그중에서도 중요한 부서가 있게 마련이다. 본사의 중요

부서 중에 아웃소싱이나 전문가 채용으로 커버할 수 없는 경영과 직결되는 부서가 해당된다. 아울러 현장 부서도 주요 포스트를 중심으로 정한다. 그러면 양성해야 할 인재의 숫자가 대략 나오고 이어 대상자들을 선발한다. 다른 선발은 인사관리위원회에 부의하여 결정하지만 이 계획은 회사의 극비 사항으로 분류되어 인사/교육 담당 임원을 비롯한 극소수 담당자와 최고경영자만이 알 수 있다.

물론 이 핵심 인력을 선발할 때도 업무 능력이나 성과를 기초로 하되 발전 가능성, 조직 지향성, 열정과 근성, 사생활 등을 종합적으로 평가해 선발한다. 일단 선발되고 나면 교육과 이동, 해외연수, 승급, 승진 등의 인사제도들을 동원하여 양성한다. 양성 과정 중에 탈락하거나 제외되는 경우도 있고 추가로 보충되기도 한다.

평균적으로는 반기 1회 대상자를 재선정하고 양성 과정을 점검하고 그 경과를 점검한 후 보충해야 할 것을 수정해나간다. 이것은 극비 사항이라 대부분의 구성원들은 알 수가 없고 정기적인 이동이나 교육, 승진 과정에 자연스럽게 녹아 있는 경우가 대부분이라 겉으로도 표가 잘 나지 않는다.

핵심 인력 양성 프로그램의 개요

핵심 포스트 선정 →	핵심 인력 선발 →	양성 과정 입과 →	과정 관리

• 본사 주요 부서장
• 현장 주요 포스트
	• 소요 TO 산정
	• 후보 인력 선정
	  2~3배수 양성
		교육/이동/파견
		승진/위탁교육
		해외연수
			• 반기 1회 점검
			• 결과 정리 및 수정
			  재선발 및 관리

임원으로 선임된 1년은 총괄임원(전무급 이상), CEO 후보감인지 확인하는 시간이다

임원이 되면 달라지는 것이 무지 많다. 대령에서 장군이 되면 33가지가 달라진다고 하는데 임원의 자리도 이에 버금간다.

부서장으로 잘 근무하고 성과도 좋았다면 대개는 임원으로도 잘 근무하지만 임원이 되면서 직무가 완전히 바뀌는 경우도 허다하다. 따라서 '자신의 전공이 아닌 직무에서도 지휘력과 통합력을 발휘하는가?', '대외 활동이나 회사 대표성도 잘 표출할 사람인가?'를 회사는 지켜본다. 이 과정을 통과하고 특별한 상황이 발생하지 않는다면 4~5년간 무난하게 임원 지위를 유지할 수 있다. 그러나 이 과정에서 기대한 모습을 보이지 못하면 조기 하차할 수도 있어 부서장급으로 정년퇴직하는 것보다 못한 경우도 발생한다.

아무튼 1년을 임원으로서 잘 생활한다면 기업 임원의 평균 재임

기간인 4~5년은 임원으로 생활하게 된다. 따라서 신임 임원 1년
차는 고위 임원으로 승진할 가능성이 있는지를 가늠하는 시기가
된다.

다양한 보직 이동은 최고경영자 양성을 위한 경력 관리 시스템이다

임원의 포스트 임기는 1~2년이 고작이다. 3년 이상 장기간 한 포스트에서 근무하는 일은 흔하지 않다. 그런 만큼 다양한 직무군을 관장하게 된다. 이런 것도 최고경영자의 풀을 만들기 위한 장치다. 본사와 현장을 두루 경험시켜 종합적인 경영자로 양성해나가는 것이다. 아버지를 잇는 2세 경영인들도 마찬가지 과정을 밟는다. 본사와 현장을 두루 알아야 조직 전체를 균형감을 가지고 지휘할 수 있다.

어느 한곳에 치우친 근무 경력은 여러 가지 부작용을 낳는다. 본사에서만 근무한 임원이라면 현장에 대한 이해력이 떨어지거나 최소한 그런 오해를 받을 수 있다. 반대의 경우도 마찬가지다. 회사 내부 업무만 하다가 임원이 된 경우라면 외부 섭외는 어려울 것이라는 선입견도 줄 수 있다. 따라서 기업 입장에서도 임원으로 하여

금 다양한 직무 경험을 하게 함으로써 최고경영자의 후보군을 두텁게 해놓을 필요가 있다.

결론적으로 이야기하자면 임원 양성과 최고경영자 양성 과정은 채용 시부터 최고경영자가 될 때까지 지난한 선별과 육성 과정의 연속이다. 기업의 모든 인사제도는 이러한 인재 양성을 염두에 두고 설계되고 운영된다. 채용 시의 면접, 입문교육, 직무 이동은 물론이고 승진 심사나 해외연수, 대외 위탁교육 등도 이러한 장기 플랜에 따라 입안되고 실행된다. 또한 그래야 직원들도 비전을 가지고 업무나 조직 생활에 임할 수 있는 것이다. 기업의 인사제도는 이렇게 늘 조직의 안정과 발전, 인재 양성이라는 두 가지 목표를 위해 운용된다.

3부

삼성 출신의 살아 있는 이야기

삼성 출신 CEO들이 한결같이 꺼내는 화두는 소통과 임직원의 사기 진작이다. 대외 정책이나 전략에 더하여 직원들과의 소통과 친교로 그들의 자발적인 도전의식과 임직원들의 행복을 추구하는 것이 궁극적으로 회사 발전에 기여한다고 믿는 것이다.

황창규

삼성 반도체총괄사장을 거쳐 KT 회장

황창규 KT 회장은 1953년 1월 부산에서 태어났다. 비교적 부유한 가정이라 자신이 원하는 공부나 취미 생활을 할 수 있었다. 반도체에 대한 지극한 열정으로 한국의 발전적인 미래를 연 주역이지만 골프나 테니스 실력도 프로에 버금가는 수준이다.

그는 어릴 때부터 기계 만지는 것을 좋아했고 수학과 과학에 특히 심취했다. 한편 디자인이나 미술에도 관심이 있었고 부산고 재학 시절에는 물리학자가 되겠다는 꿈을 품었다. 서울대 전자공학과를 진학한 그는 반도체에 눈을 돌리기 시작했고 물리학이나 화학, 수학 강의도 청강하면서 학문의 범위를 넓혔고 대학원에 진학해서는 본격적으로 반도체를 전공했다. 당시는 반도체를 가르칠 만한 변변한 교수 요원도 없던 시절이라 같은 석사과정 학생들과 스터디

그룹을 만들고 함께 공부하면서 열정적으로 연구에 몰두했다.

대학원을 졸업한 후 그는 미국 유학길에 올라 매사추세츠 대학에서 컴퓨터를 전공해 박사학위를 받았다. 박사학위 취득 후 스탠퍼드 대학의 전기공학과 연구원으로 연구에 몰입하면서 인텔을 비롯한 미국의 유수 IT기업들을 컨설팅하며 적잖은 연구논문을 발표해 관련 업계의 주목을 한 몸에 받았다. 그는 약 5년을 스탠퍼드 대학에 적을 두고 반도체와 컴퓨터에 관한 연구와 컨설팅을 하면서 명망을 더 높여갔다.

반도체산업에 몇 년 전 진출하여 기술인력난에 허덕이던 삼성이 관련 산업을 활성화하기 위해 1985년부터 수퍼급 인력을 스카우트하기 시작했는데, 1988년 말 그가 진대제 사장에 이어 삼성에 스카우트되었다. 처음에는 장래가 보장된 미국 생활을 접고 한국으로 돌아올 생각이 없었으나 한국 전자산업에 대한 일본 히타치 부소장의 비하 발언과 선배였던 진대제 사장의 권유로 한국으로 돌아올 결심을 굳혔다. 삼성에 입사한 이후 반도체 산업의 핵심 인재로서, 최고경영자로서 자리를 확고히 해갔다.

황 회장은 경력특채사원이었지만 타고난 반듯한 성품과 열정, 해군 장교로 복무한 경험 등이 삼성의 문화나 인재상에 적합했던 것 같다. 처음 보는 사람도 삼성맨임을 알 수 있을 정도로 삼성 문화와의 적합성이 높아 보인다. 겉으로는 스마트한 외모와 부드러워 보이는 인상을 지녔다. 그러나 본인이 흥미와 관심이 가는 분야는 끝까지 파고드는 근성과 열정이 있는 외유내강형 인재다. 한번 방향을 정하면 웬만해서는 물러서지 않는다. 그러한 능력과 성향 덕분에 삼성에서도 승승장구하여 반도체총괄사장이라는 최고의 반열에 올랐다.

그는 필자의 고등학교 선배이기도 하다. 부산고등학교 후배들에게는 가장 본받고 싶은 선배이기도 하고 학교가 배출한 가장 훌륭한 사람으로 학교에서도 자랑스러워한다. 아시다시피 그는 반도체에 관한 한 우리나라의 제1인자였다. 인터넷의 발전 속도를 예측한 '황의 법칙'이라는 용어까지 만들 정도로 반도체와 인접 과학에 대한 해박한 지식과 실력을 갖추고 있다. 삼성이 해외 우수 인력을 모셔오기 위한 S급 인력 확보 프로젝트를 통해 진대제 사장과 함께 가장 먼저 발탁된 인재였다. 그가 삼성에서 재직한 기간은 20년 전후지만 삼성의 비약적인 발전에 가장 큰 역할을 한 분이자 삼성의 인재상에도 가장 걸맞은 인물이다.

최근 KT에서 그를 최고경영자로 선발한 것은 단지 삼성 출신이라서가 아니라 한국에서 가장 훌륭한 반도체, 통신의 최고 기술자이기 때문이다. KT가 그의 혁신 노력과 기술 중시 경영으로 새로운 도약을 이룰 것을 확신한다.

성영목

신라호텔 사장을 거쳐 조선호텔 사장

성영목 조선호텔 사장은 전형적인 삼성맨이다. 단아한 외모에 매너 있어 보이는 점잖은 인상이다. 실제로도 그렇다. 그러나 삼성에서 매너와 단정함만으로는 성공을 거둘 수 없다. 열정과 근성, 정성을 다해야만 임원으로 승진이 가능하다.

성영목 사장은 1979년 신입사원 공채로 삼성그룹에 입사하여 신세계백화점에서 직장 생활을 시작했다. 이후 능력을 인정받아 그룹 비서실에서도 일했고 삼성이 증권업에 진출한 후에는 삼성증권의 경영기획팀장으로 부임하여 새로운 조직의 방향타 역할을 차질 없이 수행함으로써 삼성증권을 업계 정상권에 올려놓는 확실한 기여를 했다.

이후 삼성물산을 거쳐 신라호텔에 전입되어 제주사업부장으로 일한다. 전무 시절 면세점 사업에 새로이 진출하고 확장한 공로로

2007년 호텔신라 사장 자리에 오른다. 4년간을 사장으로 재직한 후 2011년 신라호텔 사장직을 사임하고 조선호텔 사장직에 보임된다. 조선호텔은 신세계그룹이라 원래 직장생활을 출발한 자리로 돌아온 셈이기도 하다. 엄밀히 이야기하자면 삼성 출신 CEO라기보다는 신세계 출신이 원래 자리로 돌아간 것이지만, 신라호텔과 조선호텔은 상호 치열한 경쟁 관계이기 때문에 새로운 스카우트로 보아야 한다.

필자와 속한 회사는 달랐지만 인사 담당이라는 동일한 업무를 맡은 시절이 있어서 몇 번 조우한 적이 있다. 그때마다 필자는 그가 참 젠틀하고 과묵하며 끈기 있는 인물이라는 인상을 받았다.

그는 필자와 마찬가지로 '소통 리더십'을 가장 중시하는 사람이다. 특히 호텔 경영은 사람이 주가 되는 서비스산업이라 더더욱 사람 경영이 중요한데 소통과 섬김이 그 요체라고 생각하는 사람이다. 그는 조선호텔 사장에 취임한 이후 매주 한 번 이상 '성영목의 모닝커피'라는 소통의 메일을 전 직원에게 보낸다. 지시하고 명령하는 내용이 아닌 그저 살아가는 이야기와 수다가 전부다. 직원들은 그런 소탈한 메일을 좋아한다. 소통과 열정을 가장 중요한 덕목으로 강조하는 그는 소통을 위한 준비에도 정성을 쏟는다. 매주 5~6명의 직원들과 티타임을 가지면서 현장의 문제점이나 개선 사항, 이런저런 재미있는 이야기도 나눈다고 한다.

호텔업은 특별한 상품이나 공장이 필요 없는 산업으로 사람이 가장 중요한 경영 자원이자 대상이다. 그렇기에 소통에 정성을 쏟는 그의 경영 방식은 호텔 경영에 가장 적합하다. 그는 큰소리 한번

내지 않고도 많은 부하들을 덕으로 배려하여 스스로 일하게 만드는 재주가 있는 CEO다. 30년 넘게 서비스산업에 종사한 그는 호텔업의 본질을 이렇게 요약한다.

"호텔업은 고객과의 소통이 성공을 결정하는 승부처다. 친절하고 따뜻하며 고객을 배려하는 표정과 자세, 감동을 주는 서비스야말로 일류 호텔로 가기 위한 확실한 첩경이다."

진대제

삼성전자 사장, 정통부 장관을 거쳐
스카이레이크 인큐베이트 대표

"성공한 곳에 오래 머물지 마라."

이 말은 진대제 전 정통부 장관의 좌우명이다. 소탈하고 솔직하며 담백한 성품을 지닌 진 장관은 삼성과는 1985년에 인연을 맺었다. 1952년 한국전쟁 중이던 경남 의령에서 태어난 진 장관은 어린 시절 가난과 싸워야 했다. 찢어지게 가난한 농촌 가정에서 태어나 경북고, 서울대를 거쳐 삼성전자 사장까지 하고 장관으로도 오래 재임했으니 누가 보더라도 100점짜리 인생이라 하겠다.

그가 공부할 때의 일화가 유명하다. '오뚝이' 책상이라 불린 앉은뱅이책상에 앉아서 일어나지 않고 공부하고 잘 때는 바로 뒤로 발딱 누워서 잤다고 한다. 그때의 습성 때문에 아직까지도 걸상 달린 책상에는 잘 앉지 않는다고 한다. 그런 공부 방식의 후유증으로 습진이 생겨서 40년을 고생하고 있다고도 전한다.

그는 1977년 초 서울대를 졸업하고 미국으로 유학을 떠나 매사추세츠 대학에서 전자공학 석사학위, 스탠퍼드 대학에서 박사학위를 취득했다. 그는 대한민국이 '기술입국'을 위해 국비로 유학을 보내준 제1호 국비유학생이었다. 성장기에는 매우 가난했지만 대학 진학 후에는 과외로 학비를 충당하고도 여유가 생겨 시골 부모님께 용돈도 보내드린 기특한 학생이었다. 스탠퍼드 대학에서 박사학위를 취득한 후 바로 HP를 거쳐 IBM에서 연구원으로 일했는데 미국에서도 전도가 유망한 공학도였다. 그러다가 1985년 삼성과 인연을 맺게 된다.

IBM을 박차고 나올 때의 일화도 유명하다. "그런 신통찮은 회사에 왜 가려느냐?"고 말리는 상사에게 "조국의 반도체 산업을 일구어 일본을 제패하겠다"는 결심을 말하고 주저 없이 삼성에 입사했다고 한다. 이러한 일화에서 엿볼 수 있는 뚝심과 열정, 기술 지향성은 늘 그를 따라다닌 수식어였다.

삼성에 발을 디딘 후 처음에는 삼성전자 미국 법인에 잠시 근무하다가 입국하여 64메가, 128메가, 1기가 D램을 한국이 세계 최초로 개발하는 데 주역이 된다. 이후 그는 '삼성 신화'를 만들어가는 최일선에서 늘 스포트라이트를 받았다. 이건희 삼성 회장이 삼성에 근무하는 세 명의 '준천재'를 거명할 때 황창규, 이윤우 등과 함께 어깨를 나란히 하는 주인공 중 한 명이 되었다. 1987년 겨울에 이건희 회장이 선대 이병철 회장을 이어 그룹 회장에 취임하여 내뱉은 일성이 "한 명이 만 명을 먹여 살릴 수 있는 천재를 찾아라!"인데, 진대제는 그즈음 황창규 등과 함께 삼성에 합류한 반도체 분야의 천재인 셈이다.

진 장관은 삼성에서 근무하는 동안 기술과 근성, 미래 지향성으로 주변의 신망이 높았고 소탈하고 담백한 성품으로 직원들과 허물없이 소통했다. 삼성에서 17~18년 근무하면서 사장 자리까지 올랐고, 2003년 참여정부 시절 정보통신부 장관으로 입각하여 연임하는 등 최장수 장관으로 근무했다. 그도 황창규 사장과 같이 신입사원으로 삼성에 입사한 사람은 아니지만 소탈함과 열정, 미래 지향성 등으로 삼성의 인재상에 적합한 사람이었으며 반도체에 대한 열정과 성과로 '미스터 칩' 이라는 애칭으로 불리기도 했다.

2006년 초 장관직을 사임하고 사업가로 변신해《열정을 경영하라》는 책을 펴내는 등 기술 분야 후진 양성과 IT분야 벤처기업을 육성하는 데 힘과 정성을 쏟고 있다. 삼성을 떠날 당시 삼성에서 제공하는 수십억 원의 스톡옵션을 포기하고 새로운 길로 들어서는 그를 보며 의아하게 생각한 사람들도 적잖았지만 그의 인생관을 아는 사람은 당연한 일로 받아들였다. 그의 또 다른 명언, "준비하지 않으면 도태된다"는 말처럼 늘 변신하며 성공에 안주하지 않는 그는 앞으로도 많은 기업과 청년들에게 꿈과 방향을 제시해줄 것이라 믿어 의심치 않는다.

남재호

삼성화재 부사장을 거쳐 메리츠화재 사장

메리츠화재의 남재호 사장은 1957년 생으로 경북 상주에서 태어났다. 김천고와 영남대를 졸업하고 1983년 하반기에 그룹 공채로 삼성화재(당시 안국화재)에 입사했다. 운동을 좋아해 학창 시절에는 하키 선수로 활약한 바도 있고 골프 실력도 싱글이다. 부서장이 되기 전까지는 주로 대구 경북 지역에서 영업관리자로 일했다.

남재호 사장은 필자와 20년 이상 같은 회사에서 근무한 사람으로, 영업과 인사라는 전혀 다른 분야에 있었지만 그래서 더 편하게 만날 수 있었다. 서로 호형호제하는 사이였지만 업무적으로는 협조와 견제를 나누는 입장이었다. 영업조직 관리 분야에 오랫동안 몸담아 많은 사람을 설득하고 부리는 일에 능하고, 계수가 생명인 보험회사에서 만들어지는 모든 숫자에 밝고 정확했으며, 20년 이상의 현장 경력을 바탕으로 보험영업관리에서는 달인의 경지에 이르렀다. 또한 타고난 능력과 오랜 업무 경험으로 정확한 예측력과 사물을 뚫어보는 혜안을 보유하고 있다. 이런 점들로 인하여 어떤 일이든 우물쭈물하지 않고 결정하며 상사들에게 믿음과 확신을 주어 동기 중에 가장 빨리 성장했고 제일 먼저 임원으로 선임되었다.

매우 호방하고 시원시원하며 남을 끝까지 배려하는 성품이라 따르는 후배도 많았다. 한편 겉으로 보이는 면과는 달리 치밀함도 같이 보유하고 있어서 보험에 관한 한 막힘없이 모든 질문에 답할 수 있는 능력을 가지고 있다. 겉으로는 대범해 보이나 속으로는 깊은 정이 있어서 한번 관계를 맺으면 자기 사람으로 만드는 대인 친화력과 포용력이 있는 사람이다. 아울러 현장에서 조직 생활을 시작하여 장기간 일한 사람이라 현장의 작은 일들이나 사례들도 속속들이 알고 있어 설계사나 대리점의 불만을 이해하고 상처도 잘 보듬어줌으로써 현장을 이해하는 경영자로 인정받았다.

삼성 재직 시에는 외부섭외 분야에서도 최고경영자가 믿고 맡기고 안심해도 좋을 만큼 뛰어난 기량을 발휘했다. 보험회사는 그 업의 특성상 대내외의 많은 사람과 조직을 상대해야 한다. 그런 면에서 대외섭외력이 뛰어난 남 사장이 경영자들의 총애를 받은 것은 너무나 당연한 일이었다. 장기간 현장관리자로 일한 후 영업본부장, 영업총괄부사장, 자동차보상총괄, 상품총괄까지 보험회사의 대고객 접점 업무와 내부 업무를 관리하고 기획하는 일을 주로 담당했다.

삼성에서 부사장까지 승진했으니 샐러리맨이 올라갈 수 있는 최고 수준까지 밟아본 사람이다. 이후 2014년부터 메리츠화재 사장으로 자리를 옮겼고, 보험마케팅 전문가인 남 사장의 부임으로 메리츠화재의 주가가 상승할 것이라고 증권가에서도 아주 긍정적인 평가를 내리고 있다.

아마도 메리츠화재에서는 전임 송진규 사장이 다져놓은 탄탄한 내실 경영에서 한 단계 도약을 위한 영업 활성화와 공격적인 경영을 기대하며 남 사장을 기용한 듯싶다. 남 사장은 삼성에서 배우고 익힌 조직 관리 노하우를 십분 활용하여 오랜 역사에 다소 무거운 분위기인 메리츠화재에 새로운 활력을 불어넣고 영업 지향적인 보험회사로 키워갈 것이다. 한편 최근 노동조합을 경영회의에 참여케 하는 등 노사관계 관리에도 삼성에서 배운 조직 관리의 교훈을 펼쳐나갈 것이 예상된다. 삼성에서 모든 업무, 특히 현장의 세밀한 부분까지 경험하고 성장한 남 사장은 필자가 판단하건대 보험회사의 CEO감으로 가장 적합한 경험과 천성, 자질을 갖췄다고 본다.

김상성

삼성화재 사업부장을 거쳐 MG손해보험 사장

김상성 사장은 명지대 졸업 후 다른 기업에 잠시 근무하다가 삼성화재에 경력사원으로 입사했다. 1982년 경 삼성에 몸을 담은 김 사장은 기업을 고객으로 하는 일반보험영업으로 잔뼈가 굵은 사람이다. 기업을 상대로 하는 일반보험이 손해보험회사의 주류이던 당시부터 회사를 그만둘 때까지 일관되게 기업영업 분야에서만 일했다.

김상성 사장은 체구는 크지 않지만 운동과 등산을 좋아하며 골프는 수준급이다. 밝고 호감을 주는 인상으로 실제로도 늘 긍정적이며 미소를 머금은 웃는 얼굴이다. 따라서 대인관계가 넓고 적이 없는 스타일이다. 매사 합리적이고 소통을 중시하며 민주적인 의사결정을 선호한다.

삼성에서는 영업사원/관리자로 계속 일했고 임원이 되어 영업

담당으로 4~5년 근무한 후 2000년대 후반에 회사를 그만두고 보험 브로커회사에 수년간 대표로 몸을 담고 있다가 2013년 MG손해보 험으로 스카우트되었다. 삼성을 떠난 지 5~6년이 경과되어 업계에 서 잊힐 수도 있었는데 새로이 보험업계의 경영자로 발탁된 것을 보면 그를 호평하는 많은 지인들과 능력과 천성을 높이 산 사람들 이 MG에 최고경영자로 추천한 것으로 판단된다. 사실 따져보면 최 근에 삼성을 떠난 영업관리 임원급은 수십 명이다. 그럼에도 공백 기가 다소 긴 그를 MG가 선택한 것은 남다른 전문 능력과 친화력, 열정을 인정했기 때문으로 보인다.

사실 MG손해보험은 여러 주인을 거쳐 최근에 MG가 인수한 기 업이므로 직원들 간의 불신이나 불협화음도 적잖았을 것이다. 이런 위기와 난제를 안고 있는 회사이니만큼 경영을 정상화하는 것이 중 요하지만 그러기 위해서는 우선 직원들 간의 화합을 도모하는 것이 최우선이 아닐까 생각한다. 이러한 상황에서 강력한 리더보다는 친 화력이 있는 김 사장을 택한 것은 나름 합리적인 결정이라 판단된 다. 흐트러진 마음과 생각, 가치를 하나로 모으고 새로운 힘과 에너 지를 만들기 위해서는 구성원의 마음이 하나 되게 하는 것이 선결 요건이다. 그런 차원에서 김 사장의 역량을 높이 산 결과라 필자는 확신한다.

필자가 봤을 때 김 사장은 아주 공격적인 스타일은 아니지만 그렇다고 소극적이거나 보수적인 사람도 아니다. 여러 번의 방문 과 친교를 통해 관계를 맺고 영업의 성과를 이뤄내는 보험영업에 서 성공한 사람이므로 일정 수준 이상의 끈기와 근성, 열린 사고와 일에 대한 열정을 갖추고 있다. 특히 친화력과 은근한 조직 관리로 자기만의 아성을 만들고 주변 사람들을 편하고 부담 없이 대해준다.

서준희

삼성에스원 사장을 거쳐 BC카드 사장

서준희 BC카드 사장은 통영 출신으로 경남고와 연세대 정치학과를 졸업하고 1979년 제일제당에 입사했다. 제일제당에서 임원이 된 후 1994년 제일제당이 삼성에서 분리될 때 삼성전관으로 옮겼고 이후 삼성물산, 자동차 등으로 계열사를 옮겨 근무했으며 삼성생명 전무, 삼성증권 부사장, 에스원 사장 등 삼성 계열사 요직을 두루 거친 인물이다. 에스원 사장에서 물러난 후에는 삼성사회봉사단의 책임자로 사회공헌 업무를 총괄했다. 또한 그룹 비서실의 후신인 구조조정본부 재무팀에서 일하여 꼼꼼함과 반듯함, 부드러움을 함께 갖춘 전형적인 삼성맨이다.

이러한 다양한 그룹계열사에서 일한 경험을 살려 2009년부터 2012년까지 에스원 사장으로 재직하며 이업종 간의 융복합을 주도하고 실제로 유수 기업들과의 업무 제휴나 신규 사업 진출 노력 등으로 에스원의 도약과 변신에 크게 기여했다. 또한 '한계 없는 성장', '경계 없는 도전', '막힘없는 소통' 등을 주요 방향으로 하는 '3무 경영'을 주창하여 소통을 통해 임직원의 창의력과 도전의식을 끌어내 한 단계 더 성장하는 기회로 삼고자 했다. 그러나 기본적으로는 주로 관리 분야에서 근무하여 세심하게 살림을 챙기는 스타일이라 '돌다리도 두드려보고 건넌다'는 삼성식 관리의 핵심 노하우와 경력을 소유하고 있다. 이번에 BC카드로 전입한 후 금융과 IT의 융합이라는 화두를 꺼내고 있는데, 주위에서는 서준희 사장이 삼성식 꼼꼼한 관리와 다양한 융합 경험을 바탕으로 카드업을 정상화시킬 것이라고 확신하고 있다.

BC카드 사장에 취임한 후 취임사를 대신해 임직원에게 보낸 이메일에서 "주주 가치 우선 경영, KT그룹과의 시너지 창출, 임직원이 행복한 회사 만들겠다"며 3대 경영 방침을 밝혔다.

삼성 출신 CEO들이 한결같이 꺼내는 화두는 소통과 임직원의 사기 진작이다. 대외 정책이나 전략에 더하여 직원들과의 소통과 친교로 그들의 자발적인 도전의식과 임직원들의 행복을 추구하는 것이 궁극적으로 회사 발전에 기여한다고 믿는 것이다. 사실 외부에는 삼성이 차갑고 인정사정없는 조직으로 알려진 부분도 없잖아 있지만 실제로는 소통과 화합을 가장 중시한다. 그런 연후에 성과에 대해서는 냉정하고도 합리적인 평가를 통해 그 능력을 인정해준다. 다만 능력이 부족하거나 의욕이 떨어지는 사람에게는 다소 냉혹한 평가가 기다린다. 세간에서는 이 부분만을 보고 삼성의 인사 관리를 평하는 것이 아닌지 모르겠다.

서 사장의 취임을 지켜본 언론과 BC카드 관계자는 "서준희 사장은 카드 정보 유출 사태로 비롯된 고객 신뢰 확보를 견인할 최적의 인물로 기대를 모으고 있다"면서 "향후 기존 고객사들과 파트너십을 통한 시너지 창출은 물론 새로운 고객사 발굴, 신성장 동력 확보 등 미래를 선도할 것으로 평가되고 있다"고 말했다. 따라서 BC카드가 서준희 사장을 선택한 것은 서 사장의 부드럽고 소통을 중시하는 인품이나 스타일을 통한 화합 경영과 경력이나 성격에서 우러나는 융합 능력, 꼼꼼함, 삼성에서 익힌 세심함과 완전주의 경영이 필요한 시점에서 내린 필연적인 결과라고 생각한다.

신응환

삼성카드 부사장을 거쳐 농협카드 사장

신응환 농협카드 사장은 휘문고, 연세대 경영학과를 졸업하고 1981년 제일모직에 입사해 구조조정본부 재무팀에서 오래 근무했고 삼성카드로 전입하여 경영지원본부장, 부사장을 역임한 카드사업 전문경영인이다. 그는 얼굴에도 나타나지만 억척스럽고 치열하게 일한다. 마치 전쟁터에 나온 것처럼 치열하게 일하는 바람에 삼성 근무 시에도 그 열정을 따라가지 못하는 후배나 구성원들과 불편함도 적잖았다는 이야기를 들었다. 그는 이미 카드업계에서는 '워커홀릭'으로 유명하다. 퇴근도 안 하고 밤 늦게까지 일하는 모습에 '라꾸라꾸'라는 별명도 얻었다. 라꾸라꾸는 야전용 침대를 의미하는 일본의 간이침대 상표명으로, 그 정도로 열심히 일한다는 의미일 것이다.

억척스런 성격에 열정적으로 일하는 사람에게 대충대충 일하는 사람은 인재로 보이지 않는다. 그렇다 보니 주변과의 관계는 편안함보다는 긴장감을 주는 경우도 많다. 그룹 재무팀에 근무할 때는 그 실무적인 지휘를 받아야 하는 계열사 입장에서는 아주 버겁고 무서운 참모였다.

사실 삼성에는 두 가지 유형의 인재가 있다. 신 사장 같은 이렇게 억척스런 인재와 유연하고 젠틀한 인재다. 어느 하나가 삼성을 대표한다기보다는 두 가지 성향을 다 가지고 있는 사람이 임원이 되는 경우가 더 많다. 겉으로는 반듯하고 젠틀하지만 하나하나 챙기는 꼼꼼함과 세심함이 있거나 겉으로는 와일드하게 보이나 큰형님처럼 속으로는 잔정이 많은 스타일이 삼성맨의 두 가지 전형이다. 와일드한 스타일은 주로 건설이나 새로운 도전이 필요한 현장에 적합하고 유연하고 젠틀한 스타일은 고객 관련 업무나 유지 관리형의 내실을 다지는 업종에 적합하다.

신 사장은 농협카드 부임 첫날부터 다른 임원들이 모여 있는 임원용 사무실을 피하고 카드 분사가 있는 층에 따로 사무실을 만들었다. 실무자들을 보며 대화할 수 있는 곳에 사무실을 두는 것이 더 마땅하다는 생각이었을 것이다. 이것이 삼성식 사고방식이다. 소통과 현장 경영을 위해서는 최고경영자도 그들과 함께 있어야 한다는 생각인 것이다. 현장에 있어야 문제점도 해결책도 쉽게 보이게 마련이다. 같은 공간에서 일해야 하는 부하들이 불편해할 수도 있지만 궁극적으로는 현장에 문제와 답이 있으므로 새로운 돌파구를 열어가야 할 농협카드의 수장으로서는 바람직한 조치라고 판단된다.

농협카드는 조직 안정화와 위기관리 강화를 위한 구원투수로 삼성 출신을 영입했다. 농협이 삼성 금융계열사 출신을 사장으로 선임한 것은 이번이 처음으로, 내부에서는 파격 인사로 받아들이고 있다. 농협카드 관계자는 "내부적으로 현재 위기를 빨리 극복하고 고객 신뢰를 회복하기 위한 최고 적임자로 평가돼 사업총괄사장으로 신응환 전 삼성카드 부사장이 영입됐다"며 "향후 농협카드 사업의 진일보한 성장을 이끌어갈 것"이라고 설명했다.

카드사들이 삼성 출신 CEO를 영입한 것은 리스크를 최대한 줄이는 것이 수익 창출보다 더 중요하다는 판단에서다.

김범수

삼성SDS에서 근무한 후 한게임,
NHN 대표를 거쳐 현재 카카오톡 경영

김범수 의장은 서울대 산업공학과를 졸업하고 1990년에 NHN의 이해진 의장과 같이 삼성SDS에 입사했다. 7년간 같은 연구원으로 근무했고 이후 사내 벤처에서 활동하면서 '한게임'을 만들었다.

김범수 의장은 아주 소탈하고 용모가 수수하다. 어릴 때는 매우 가난하여 여덟 식구가 단칸방에 같이 살았다고 한다. 김범수 의장은 이해진 의장과 달리 반듯한 삼성인 이미지는 아니며 외양이나 말투가 다소 투박하다. 아마도 창의성이나 다소의 엉뚱함, 의외성을 높이 사서 IT 연구원으로 채용한 것으로 생각된다. 삼성의 이러한 인재의 다양성 전략은 오늘의 삼성전자가 IT 관련 상품에서 창의력을 발휘하고 톡톡 튀는 새로운 아이디어를 쏟아내는 원동력이 되었다.

이러한 다양한 인재 선발 전략은 과거의 반듯하고 성실한 삼성인 모델에다 창의력과 아이디어를 갖춘 독특한 인재들을 접목하여 새로운 세상에 필요한 멋진 재화와 서비스를 창조한다는 '새로운 경영 이념'과 무관치 않다. "10년 후를 생각한다", "삼성의 미래를 생각하면 잠이 오지 않는다" 등 이건희 회장의 생각이나 말들을 곱씹어보면 이런 창의적인 인재의 필요성을 절감했음을 알 수 있다. 삼성이 창의적인 인재가 끝까지 숨을 쉴 수 있는 더욱 발랄한 근무 여건을 만들어준다면 이해진, 김범수 같은 천재들이 삼성 내에서 근무하면서도 조직과 회사를 더욱 발전시키는 주역이 될 수도 있을 것이다.

김범수 의장은 어릴 때부터 어려운 경제 사정 때문에 쉽지 않은 학창 시절을 보냈다. 그런 경제적인 어려움과 치열한 삶의 경험들이 오히려 새로운 세상을 만드는 기폭제 역할을 했다. 아르바이트로 어렵게 공부하여 대학에 들어갔지만 김범수 의장은 공부보다는 잡기에 몰입했다고 한다. 여건상 악착같이 공부하고 출세해야 하는 입장이었지만 오히려 술, 담배, 당구, 화투 등에 몰입하여 인생을 즐긴 것이다.

김범수 의장이 삼성 입사 후에 연구개발팀에서 구상한 '한게임'은 이러한 자신의 잡기에 대한 흥미를 온라인화한 것이다. 내가 잘하고, 하고 싶은 게임(오락)을 누구나, 언제나, 공간의 제약 없이 즐기기 쉽게 만들어보자는 발상에서 시작한 것이다.

김범수 의장은 2007년까지 이해진 의장과 함께 NHN을 큰 회사로 만들어놓고 어느 날 문득 사표를 던진다. 그러곤 미국에 가 있던 가족들에게 가서 1년을 신나게 논다. 당시 가족들과 나눈 소통, 놀이가 한국에 돌아와 '카카오톡'을 만드는 토양이 되었다. 멀리 떨어져 있는 친구들과 무료로 편하게 소통하고 정보를 나누는 장을 만든 것이다. 현재 카카오톡은 1억 4000만 명의 가입자를 보유한 독보적인 소통 도구다. 최근에는 사진을 올리고 지인들과 소식을 공유하는 '카카오스토리'라는 앱도 만들어 세상에 내놓았다. '페이스북'과 비슷한 발상이다. 카카오스토리도 기하급수적으로 가입자 수가 늘어나고 있다.

카카오톡은 많은 회원 수에 비하여 수익 모델이 불분명하여 초기에는 적자가 쌓였으나, 이제 1억 4000만 회원의 잠재력을 보고 1000억 원 이상을 투자하려는 사람들도 생겨나서 경영에 청신호가 켜졌다. 광고도 수주하기 시작했고 더욱 간편하고 빠르며 안전한 소통 모델로 계속 업그레이드하고 있다. 얼마 전 오바마 미국 대통령이 핵안보회의 참석차 한국을 방문했을 때 카카오톡의 성공을 언급할 정도로 전 세계적인 소통망으로 인정받고 있다. 김범수 의장이 또 다른 신화를 만들어가고 있는 것이다.

그는 "성공의 비결은 남과 다른 발상, 6개월만 앞선 발상을 하는 것"이라고 말한다. 또한 "악착같이 사는 것보다 자기가 하고 싶은 일, 잘하는 일에 매진하는 것이 성공 확률도 높고 인생도 즐겁다"고 조언한다. 또한 문제를 잘 푸는 것보다 그 문제를 인지하고 정의하는 능력이 훨씬 더 중요하다고 이야기한다. 주어진 문제의 답을 찾기보다 스스로 문제를 정의하고 그 문제를 해결하라고 조언하는 것이다. 언제나 새로운 무대로 눈을 돌리는 김범수 의장다운 발언이다.

2014년 5월 26일, 국내 2위 포털업체인 다음커뮤니케이션은 카카오를 흡수합병해 통합법인 '다음카카오'를 출범한다고 밝혔다. 라인·밴드의 협공에 밀린 김범수 의장이 네이버의 추격을 따돌릴 카드로 다음과의 합병을 택한 것이다. 김범수 의장은 합병이 완료되면 '다음카카오'의 지분을 23% 보유해 최대주주가 된다. 둘도 없는 친구였던 이해진 의장과 외나무다리에서 진검승부를 벌이게 된 것이다.

김범수, 이해진 등의 창의력이 출중한 인재들이 삼성에 계속 있었다면 어떻게 되었을지도 생각해본다. 삼성의 문화 속에서 더 꽃을 피웠을까? 아니면 거대한 조직 논리에 묻혀 작은 세포나 톱니바퀴 정도의 기능만 하면서 살았을까? 우리 평범한 사람들 입장에서는 그들에게 시스템을 알려준 후 세상에 풀어놓아준 삼성에 감사해야 하지 않을까?

김영찬

삼성전자 사업부장을 거쳐 골프존 창업

김영찬 대표는 홍익대를 졸업하고 삼성전자에 입사하여 주로 시스템영업 업무를 담당하다가 임원으로 선임된 후 삼성전자 시스템사업부장을 맡았다. 퇴사 후에는 54세에 골프존을 창업했다.

취미는 골프, 잘하는 것은 시스템영업, 하고 싶은 것은 컴퓨터 기술이었는데 골프존은 이 세 가지가 절묘하게 맞물린 '문화 IT업종'이다. 김영찬 대표의 오랜 영업 마인드가 고객들이 원하는 상품을 만들게 했고 자신의 취미와 경험, 지식을 믹스해서 큰 성공을 이뤄냈다. 그는 오랜 세월 영업을 경험한 만큼 전향적이고 고객 지향적이며 적극적이다.

삼성에 재직할 때 조직을 휘어잡는 능력과 고객을 만족시키는 능력이 출중하여 성과도 좋았기 때문에 임원인 사업부장으로 승진할 수 있었던 것이다.

50대 중반에 삼성을 사직하고 시작한 것이 골프존이다. 2002년까지는 매출을 한 푼도 올리지 못했지만 2년이 지나자 여기저기서 스크린 골프장이 생겨나기 시작했다. 우리나라는 무엇이든 한번 유행을 타면 선풍적으로 퍼져나가는 경향이 있다. 노래방도 이런 유형이었다.

골프존은 초기의 어려움을 극복하고 이제 전국에 4000개의 매장을 갖추고 1년에 120만 명에 가까운 고객들을 실내로 불러들임은 물론이고, 겨울철을 지루해하던 수많은 골프 마니아들에게 즐거움을 주고 감을 유지케 하고 있다.

골프존의 성공으로 김영찬 대표는 수천 억 원대 자산가가 되었다. 골프존은 2013년도 기준으로 3652억 원의 매출과 804억 원의 영업이익을 창출함으로써 탄탄한 기반을 다졌다. 골프존은 최근에는 주한 미군기지나 육군부대에도 납품하며 군인들에게 여가와 운동을 조화할 수 있는 좋은 모티브를 제공했다. 언론에 보도되기도 했지만 남극의 세종기지에도 설치되어 다른 나라 연구원들에게 부러움을 사고 있고, 헬기를 타고 스크린 골프를 즐기러 오는 사람들도 있다고 한다. 아울러 미국 시장 진출도 시도 중에 있으며 3D 모듈도 개발 중인 것으로 알려졌다. 최근에는 10억 원을 걸고 스크린 프로골프대회를 표방한 G-TOUR를 개최키로 결정하고 기존의 골프존에서 '골프존 리얼', '골프존 비전' 등으로 업그레이드하며 다양한 골프 마니아의 취향과 도전 의지를 자극하며 프로 선수들까지도 끌어들이고 있다.

박종익

동부화재, 삼성화재를 거쳐 메리츠화재 대표이사 역임
현재 서비스진흥협회 회장

박종익 사장은 원래부터 삼성 출신은 아니다. 동부화재의 전신인 한국자동차보험에서 부장으로 일하고 있을 때 삼성에 스카우트되었다. 삼성이 1983년 자동차보험업에 진출하면서 자동차보험 전문가로 특별히 모셔온 것이다. 그러나 삼성에서 15년 이상 일했으니 삼성 출신으로 봐도 무방하다.

박종익 사장은 성격이 치밀하면서도 함부로 범접할 수 없는 카리스마가 있고 자신만의 정체성이 확실하다. 승부욕이 강하고 하나하나 설득시켜 종국에는 모두를 자기편으로 만드는 신통한 능력도 있다. 동부화재에 있을 때는 노조위원장도 맡은 바 있어 노사관계 관리에도 특히 능통하다. 그 덕분에 필자가 인사부서에 근무할 때 음으로 양으로 도움을 많이 받았다.

안국화재(현 삼성화재) 시절 노사분규가 발생하여 회사가 어려운 지경에 이르렀을 때 적극적으로 앞에 나서서 근로자 대표들을 설득하고 회사와 근로자 대표 사이에서 협상과 절충을 주선하는 등 조정자 역할도 마다하지 않았다. 사실 삼성은 노사분규를 거의 겪어보지 않아 이런 상황이 발생했을 때 임직원들이 나서는 것을 꺼린다. 어려운 일을 마다않고 적극적으로 나서준 박종익 사장은 회사 입장에서는 너무나 고마운 존재였다. 나중에 회사와 근로자 대표가 분규를 끝내고 합의서 초안을 작성할 때도 박종익 사장은 법을 전공한 자신의 노하우를 발휘하여 합리적이고 균형적인 합의서가 되도록 노력을 쏟았다.

젊은 시절을 삼성에서 보내지는 않았지만 전입 후에는 금방 삼성 문화에 적응하여 조직의 방향과 정책에 적극 호응하고 솔선함으로써 부장으로 전입했고 승승장구하여 오히려 삼성에 신입으로 입사하여 장기 근무한 사람들보다 먼저 부사장까지 승진했다. 이런저런 사유로 상하를 막론하고 박종익 사장을 존경하고 좋아하는 사람들이 사내에 많이 생겨났다.

개인적으로 겪어본 박종익 사장은 승부욕이 강해 남에게 지기 싫어하고 자신의 생각을 끝까지 완고하게 표현하는 사람이다. 속이 깊은 사람이라 쉽게 속내를 드러내는 스타일은 아니지만 일단 판단이 서면 결코 물러서지 않는다. 운동이나 바둑 등 상대가 있는 게임을 좋아하고 설사 본인의 실력이 부족하더라도 끝까지 물고 늘어져 상대가 지쳐 포기하도록 할 정도로 승부욕이 강하다. 새로운 상품(자동차보험)을 런칭하여 도약을 시작하는 삼성화재에는 이런 성향이 큰 힘이 되었고, 조직을 성장·안정시키는 데도 큰 기여를 했다.

사실 자동차보험을 판매하기 전 삼성화재(안국화재)는 일반보험 중심의 그만그만한 회사였다. 자동차보험을 적극적으로 판매하기 시작한 것이 삼성화재가 오늘날의 대형 회사로 성장하는 발판이 되었다. 그 주춧돌을 쌓는 데 기여한 박종익 사장의 공로를 부인하는 사람은 아무도 없다

삼성은 박종익 사장이 자신의 능력을 충분히 발휘할 수 있는 장을 마련하고 무대를 열어주었으며, 박종익 사장도 삼성에서 근무하는 동안 삼성 특유의 조직 관리나 업무 관리 노하우를 적잖이 전수받았다. 그런 조화된 능력이 삼성을 떠나 동업사인 메리츠화재(당시 동양화재)로 건너가면서 꽃을 피웠다. 조직문화가 다소 침체되고 안일했던 메리츠화재를 적극적이고 도전적인 분위기로 바꿔 오늘의 참신하고 스마트한 메리츠화재가 있게 했다. 또한 불안정한 노사관계도 상부상조하고 서로 이해하는 합리적인 노사관계로 발전시켰다.

박종익 사장이 메리츠화재 사장을 역임한 후 삼성 출신 CEO 후보군에 대한 평가가 더욱 좋아졌다. 박종익 사장 이후 지금까지 삼성 출신이 3명 더 CEO로 영입되었으며, 임원급은 10명이 넘게 스카우트되었다. 한 회사의 경영을 삼성 출신이 네 번씩이나 맡고 있는 셈이라 박종익 사장에게서 비롯된 삼성 출신에 대한 믿음은 가히 절대적이라 하겠다. 현재 박종익 사장은 메리츠화재 사장을 퇴임한 후 서비스진흥협회 회장을 맡아 후진 양성과 서비스산업 진흥에 힘쓰고 있다.

신은철

삼성생명을 거쳐 대한생명보험 대표이사 부회장

신은철 부회장은 한국외국어대 독어과를 졸업하고 1972년 삼성생명(당시 동방생명)에 입사한 이래 30년을 보험업계에만 몸담고 있는 보험 전문가다. 신은철 부회장은 조용하고 온화한 성품의 소유자다. 그러나 판단력과 추진력은 누구 못지않게 선명하다. 조용조용 이야기하지만 힘이 실려 있고 사람을 판단하는 혜안이 탁월하다. 부드러운 카리스마란 바로 신은철 부회장을 위하여 만들어진 말이 아닌가 싶을 정도다.

삼성생명 재직 시에는 현장과 참모 업무를 두루 거치며 삼성인으로 성장하며 탁월한 능력을 발휘했고 특히 삼성의 정신을 관리하는 인사·교육 부문에서 오래 일했다. 이후 삼성 금융 소그룹(삼성생명, 삼성화재, 삼성카드, 삼성증권 등)의 전략지원실장으로 금융사 간의 기획조정 업무를 맡았다. 사람에 대한 놀라운 기억력과 두주

불사형의 소탈한 조직 관리로 매우 신망이 높았다. 이러한 능력과 성과를 바탕으로 '한국의 100대 CEO'로 선정되기도 했다.

성실하고 합리적이며 일과 조직에 대한 열정으로 가득 찬 신은철 부회장은 삼성인의 표준 모델이라고 할 수 있다. 해맑은 얼굴만 본다면 처음에는 유약한 느낌을 받을 수도 있으나 몇 마디 이야기를 나누다 보면 범접하기 쉽지 않은 카리스마를 느낄 수 있다.

인사부서에 오래 있어서 그렇기도 하지만 사람에 대한 관심이 지극하여 한번 만난 사람은 절대 잊어버리지 않는다. 신은철 부회장의 이러한 특이한 능력에 놀라고 당황하는 후배들이 적잖았다.

신은철 부회장은 삼성에서 영업 부문 사장으로 승진한 후 대한생명보험의 CEO로 전입, 삼성에서 익힌 조직 관리 능력과 부드러운 카리스마로 경영에서 뛰어난 성과를 거두었다. 이를 바탕으로 오너에게 절대적인 신임을 받아 쉽지 않은 연임 결정을 받아내고 현재 2기 CEO로서 경영에 몰두하고 있다.

최근에는 친정인 삼성을 뛰어넘어 신계약 1위를 목표로 조직을 지휘하고 있으며 '3선 경영(선견, 선수, 선제)'을 기치로 내걸고, 그 실행 플랜으로 현장에서 '끝장 토론'을 통한 신속한 의사결정과 워크 투게더(work together)라는 '현장 의사결정 모델'을 가동하고 있다.

신은철 부회장은 혁신과 변화를 조직에 주문하면서도 구성원들이나 이웃들에게 따뜻한 배려도 잊지 않는 정통파 보험경영 전문가다. 삼성에 계속 재직했어도 장기간 최고경영자로 근무할 수 있는 충분한 자질을 갖춘 인재였다. 그런 면에서 많은 후배들이 떠난 후 아쉬워했고, 술자리에 가면 많이 회자되는 선배 중 한 분이다.

윤재철

삼성전자, 삼성SDS를 거쳐 한국후지쯔 사장 역임

한국후지쯔 사장을 지낸 윤재철 사장은 1949년생으로 고향이 개성이다. 윤재철 사장의 몸에는 아마 개성상인의 피가 흐르고 있을 것이다.

그는 경기고와 서울대를 나온 이른바 KS 출신의 엘리트다. 대학을 졸업하고 1974년부터 카이스트에 적을 두고 근무했으나 새롭게 공부할 생각을 품고 늦게 미국 유학길에 올랐다. 사우스플로리다 대학에서 석사, 박사 학위를 취득하고 미국에서 당시 IBM에 이어 2위의 컴퓨터 업체였던 유니시스에 취업하여 시스템 엔지니어로 2년간 일했다.

1989년 삼성반도체가 한창 이익을 많이 올릴 무렵 삼성의 제의를 받고 삼성전자의 임원으로 영입되었다. 삼성전자에서는 컴퓨터 사업 부문 임원을 거쳤고 이후 삼성SDS로 옮겨 삼성으로 하여금 시스템 통합 업무와 해외 영업에 눈을 돌리게 했다.

물론 윤재철 사장은 신입사원부터 시작해 삼성에서 뼈가 굵은 토박이는 아니다. 그러나 윤재철 사장의 성향과 분위기가 삼성에 적합했기에 영입 대상이 된 것이고 10년 전후의 적잖은 기간 동안 삼성에서 일했기에 삼성인으로 분류했다.

외국 기업들은 삼성 출신 영입을 선호한다. 우선 한국에서 성공을 거둔 삼성식 조직 관리와 경영 기법을 익혔다는 점에서 높은 점수를 주고, 아울러 합리적인 의사결정 방식이 외국 기업들의 정서와 잘 맞는다고 생각한다. 또한 어떤 업종이든 한국과 사업을 하려면 대표 기업인 삼성과 직간접으로 연결될 수밖에 없는데, 삼성 출신을 영입하면 삼성과의 협력에도 적잖은 도움이 된다는 이유도 한몫한다.

윤재철 사장은 삼성을 떠나 벤처기업과 한솔텔레컴을 거쳐 2003년에 한국후지쯔 대표로 선임되었다. 윤재철 사장은 전형적인 학자의 풍모를 지니고 있다. 같이 근무한 직원들은 "윤재철 사장이 화내는 모습을 한 번도 본 적이 없다"고 말한다. 그만큼 부드러운 리더라는 이야기지만 비즈니스에 있어서는 하나하나 철두철미하게 꼼꼼히 따진다.

신뢰가 경영의 가장 중요한 덕목이라고 생각하는 윤재철 사장의 철학이 경영 전반이나 조직 관리에도 묻어난다. 그는 단단하고 치밀한 성품으로 주도성이 강하고 추진력이 세다는 세간의 평을 듣는다. 관련 산업군 주변에서는 '적이 없는 좋은 인간관계를 가진 분'으로 알려져 있다.

이금룡

삼성물산을 거쳐 옥션, 코글로닷컴 회장

이금룡 회장은 1977년 삼성물산에 입사하여 22년간 한 회사에서만 근무했다. 수출사업부와 조사팀, 비서실을 거쳐 1992년 임원으로 선임되면서 당시만 해도 다소 생소했던 인터넷사업부를 맡았다.

이금룡 회장은 벤처 정신이 투철한 사람으로 삼성에서 인정받으며 잘 근무하다가 머릿속에서 꿈틀대는 창의력과 열정을 견디지 못해 삼성을 나와 옥션을 창업했고, 유료 사이트화하여 성공시켰다.

이금룡 회장은 창의력과 열정이 대단해서 늘 새로운 무언가를 시도한다. 지금 회장으로 있는 '코글로닷컴'은 세계에서 활동 중인 750만 명에 육박하는 재외 한인들을 하나로 묶어주는 네트워크다. 한성대 겸임교수로도 활약하며 후진 양성에도 힘을 쏟고 있다.

이금룡 회장의 옥션 신화는 굳이 설명할 필요가 없을 만큼 잘 알려져 있다. 이금룡 회장은 옥션을 큰 기업으로 키워 '이베이'에 매각했다. 현재에 만족하거나 안주하지 않고 늘 새로운 창조와 변화에 도전하는 정신이 오늘의 이금룡 회장을 만든 것이다.

이금룡 회장이 삼성에 재직할 때는 화려한 화술과 특유의 친화력으로 늘 주변에 사람들이 들끓었다. 얼마나 화술이 뛰어났는지 당시 삼성의 '3대 이빨'로 소문나기도 했다. 거기에 아침마다 다섯 종류의 신문을 읽고 바인딩하면서 키운 정보력도 어마어마하다. 화술과 정보력이 버무려져 숙성된 이금룡 회장의 강의는 전문가 뺨칠 만큼 그 수준과 콘텐츠가 대단하다고 정평이 나 있다. 늘 공부하고 연구하니 여느 유명 교수 못지않은 것이다.

"좋아하는 일, 하고 싶은 일, 잘하는 일을 해라. 가치 있고 가슴 뛰는 일을 해야 오래가고 성공한다."

이금룡 회장의 말이다. 그는 옥션을 창업하고 성공시킨 디지털 전도사로서 아날로그 시대에서 디지털 시대로의 전환 후 생존법에 대해서도 "고객의 가치를 찾아주는 일이 가장 중요하다"며 "다른 사람의 의견을 경청하고 끊임없이 배움의 기회를 놓지 않아야 한다"고 강조한다.

이금룡 회장은 지금도 끊임없이 연구하고 고민하며 새로운 것을 준비하고 있다. 그의 강의를 한 번이라도 들어본 사람이라면 그 내용들이 그냥 나온 것이 아니라 오랜 고민과 열정이 묻어 있음을 느낄 수 있다. 속에 열정이 가득 찬 사람만이 새로운 역사를 쓸 수 있다.

이명우

삼성전자를 거쳐 소니코리아 사장,
레인콤 부회장 역임

현재는 대학에서 교수직을 맡고 있는 이명우 전 레인콤 부회장은 부산고와 서울대 문리대를 졸업하고 미국 펜실베이니아 대학교의 와튼스쿨에서 MBA(경영학 석사), 한양대학교에서 경영학 박사 학위를 취득했다.

1977년 삼성전자에 입사해 23년간 근무하면서 주로 해외영업을 담당한 마케팅 전문가다. 삼성전자 유럽 정보화시스템 총괄 법인장, 본사 해외본부 마케팅 팀장을 거쳐 미국의 가전사업을 총괄하는 부문장으로 활약했다.

1998년 미국 가전 총괄로 근무할 당시 바이어들과의 관계 정도를 계량화하여 관리함으로써 구성원들과의 소통과 공감을 통한 전략적 마케팅을 성공시킨 신화는 유명하다.

당시 삼성전자의 가전제품은 1등 상품은커녕 값싼 제품으로 인식되어 전시장의 매대조차 제대로 차지하지 못할 정도였다. 이를 이명우 부회장의 아이디어로 획기적으로 개선했는데, 각 바이어들과의 밀접도를 수치로 계량화하여 0에서 5까지 단계를 정하고, 그 단계에 맞게 관리하여 구성원들과 전략적인 개선 목표를 정하고 추진한 것이다.

조직의 성공 방식 중 하나로 제시되는 것이 구성원들과의 적극적 소통이다. 즉 조직의 목표를 구체적으로 이해시키고 성과 측정 도구를 미리 제시하며 성과 달성 여부나 정도를 공유함으로써 전 구성원이 한 방향으로 업무와 목표에 매진할 수 있게 만드는 것이다. 이런 점에서 이명우 부회장의 미국 바이어 공략 전략은 성공 사례로서 경영 현장과 학계에서 두루 회자된다.

삼성에서 강조하는 것 중 하나가 적극적인 소통 문화다. 이는 노사관리 원활화를 염두에 두고 시행된 것인데 그 효과가 대단하다. 소통과 공감은 직원들의 마음을 하나로 묶을 뿐만 아니라 목표 달성과 신 나는 일터 만들기에도 큰 효과를 발휘하고 있다.

이명우 부회장은 2001년 말 삼성전자의 경쟁사인 일본 소니로 스카우트되어 소니코리아 사장이 됐다. 당시 아시아·태평양 지역에서 최초로 현지인 출신이 소니의 지역최고경영자가 되어 화제가 되었다. 소니코리아에 재직 중일 때도 구성원들과의 소통을 중시하고 생일잔치나 이벤트 등을 통해 직원들의 공감을 이끌어내는 소통을 하는 데 힘을 쏟았다.

2006년에는 미국 제조업체인 한국코카콜라보틀링의 회장을 역임했고, 2007년에는 국내 제조업체 레인콤으로 옮겨 대표이사와

부회장을 지냈다. 2010년 가을 학기부터는 한양대 경영대학 특임
교수로 재직 중이다. 시원시원하고 호쾌한 성품에다가 냉철한 판단
력을 지녔고 따뜻함도 가지고 있는 분이다.

이채욱

삼성물산을 거쳐 GE코리아 회장, 인천국제공항공사 사장 역임
현재 CJ 대표이사/대한통운 부회장

이채욱 CJ/대한통운 부회장은 1972년 삼성물산에 입사하여 성장했으며 해외사업본부장을 맡는 등 삼성에서 잔뼈가 굵은 사람이다. 강한 추진력을 갖춘 데다 창의력과 도전정신도 대단하다고 대내외에서 인정받고 있다.

삼성과 GE의 의료기기 합작회사의 대표를 맡으면서 GE와 인연을 맺었고 이후 GE코리아 회장을 역임했다. 인천국제공항공사 사장으로 재직하면서는 인천국제공항을 세계 최고의 공항으로 인정받도록 만들었다.

지구상에 1700여 개의 공항이 있지만 7년 연속 세계 1위 공항으로 선정된 공항은 인천공항 말고는 아직 없다. 인천공항 개항 이전에는 싱가포르의 '창이공항'이 늘 선두에 있었으나 지금은 인천공항 때문에 만년 2위에 머문다. 항공 전문가들은 '7년 연속 세계 1위'

는 기적에 가까운 일이라며 극찬을 마다하지 않는다. 인천공항 준비 시기에 모범 공항이었던 창이공항에 벤치마킹을 요청했으나 거절당한 적이 있다. 그 창이공항이 이제는 자존심을 버리고 인천공항을 벤치마킹하러 오는 정도가 되었다. 이러한 성공에 힘입어 이채욱 사장은 하버드 대학에 초청되어 '인천공항의 성공 전략 사례'를 강의하기도 했다.

이채욱 사장이 자주 인용하는 문구가 있다. 공자의 말씀 중에 나오는 이야기인데 "일을 잘 아는 자도 일을 좋아하는 사람을 이길 수 없고, 일을 좋아하는 사람도 일을 즐기는 자를 이길 수 없다", "일을 즐기는 사람도 운이 따라주지 않으면 그 성공은 제한적이다"라는 말이다. 이채욱 사장은 스스로 일을 즐기며 운도 잘 따라주었다고 강의할 때마다 겸손하게 이야기하곤 한다.

이채욱 사장은 '윤리·청렴 의무 준수'와 '끊임없는 변화와 혁신', 이 두 가지의 회사 경영 철학을 종업원들에게 강조한다. 삼성에서 배우고 익힌 두 가지 중요한 축을 이후 경영에서도 핵심으로 삼고 있는 셈이다. 직원들에게 '정직과 청렴'을 요구하고 '변화와 혁신'에 앞장서라는 이야기는 조직 발전을 위한 가장 중요한 축을 지키면 더 큰 성공을 일구어갈 수 있다는 메시지고, 이런 이채욱 사장의 리더십에 호응한 직원들은 고객 서비스 개선을 위한 아이디어를 내고 공정한 룰을 준수하여 인천공항을 세계 최고의 공항으로 만들었다.

국제여객운송의 기준상 출국에 소요되는 시간은 60분, 입국은 45분을 정상으로 삼고 있다. 인천공항은 평균치를 실측한 결과 출국에 16분, 입국에 12분이 소요되어 수속 절차가 가장 빠른 공항으로 선정되었다.

이채욱 사장은 공항의 콘셉트를 '안전, 스피드, 편리'라고 말한다. 그의 말대로 승객의 입장에서 빠르고 안전하고 편리한 공항이 최고의 공항이다. 세계 어느 공항에도 매장을 낸 적이 없는 명품 브랜드 '루이비통'으로 하여금 인천공항에 면세점을 내게 만든 점만 봐도 인천공항의 국제적 명성은 우리가 아는 것보다 훨씬 더 높다.

임기가 만료되기 전에 인천공항 사장직에서 스스로 물러난 이 사장은 현재 대한통운 부회장과 CJ 대표이사를 겸임하면서 CJ 그룹의 전문경영인으로 CJ의 새로운 도약을 주도하고 있다.

이채욱 사장은 자신의 이니셜인 CW를 도전(Challenge)과 승리(Win)의 약자라고 스스로 최면을 걸고 직원들과 소통과 공감을 나눈다. 이채욱 사장은 혁신과 서비스 개선 정신을 바탕으로 직원들과 일치단결하여 인천공항을 세계 최고의 공항으로 발전시키면서 또 하나의 한류 전설을 만들어낸 셈이다. 최근 이 사장을 전문경영인으로 영입한 CJ가 인천공항 같은 혁신과 변화를 통하여 새로운 돌파구를 만들어낼지 지켜볼 일이다.

이해진

삼성SDS를 거쳐 NHN 경영자

이해진 NHN 이사회 의장은 1967년 생이다. 아직 40대 중반이다. 그는 서울대 컴퓨터공학과를 졸업하고 1990년에 삼성SDS에 입사했다. 마른 체격에 조용한 성품이고 스스로도 내성적인 집사 스타일이라고 생각한다. 입사 후 삼성SDS에서 연구원으로 활동하던 1990년대 후반, 삼성은 '사내 벤처' 활성화 정책을 펴고 있었다. 회사 내에 회사를 차려주자는 발상으로 개인의 창의성과 주도성을 최고로 높이려는 전략이었다.

이해진 의장은 사내 벤처로 그룹웨어를 연구하는 '네이버컴'이라는 개발팀을 만들었다. 인터넷에서 정보를 검색하는 연구조직으로 다수 사용자의 편의를 위한 포털을 구상하고 개발했다. 당시는 검색 포털을 만드는 것이 IT업계의 유행이었다. 당시 가장 유명했던 '프리첼'도 삼성 출신의 젊은 인재가 만든 회사다.

2년 동안 이 사내 벤처를 운영한 이해진 의장은 1999년 회사를 나가서 직접 창업하기로 마음먹었다. 삼성SDS도 이 회사에 출자했다. 이해진 의장은 삼성에서 불과 9년 전후를 근무하고 창업에 이른 것인데, 조용한 본인의 성격으로 보아 이런 이례적인 변신은 삼성SDS가 펼친 창의와 도전을 장려한 정책에 힘입은 바도 적지 않았을 것이다.

초기에는 이름이 알려지지 않아 검색엔진만으로는 수익을 거둘 수 없었다. 그때 의기투합한 사람이 삼성 입사 동기이자 같은 시기에 독립한 김범수 '한게임' 대표다. 온라인게임 업체였던 한게임은 수익은 있으나 방문자 수를 늘리기엔 역부족이었다. 둘은 힘을 합쳐 2000년에 'NHN'을 만들었다. 네이버 방문자들은 자연스럽게 한게임의 고객이 되었으며, 한게임으로 버는 수입은 네이버의 기술 개발에 재투자되었다. 창업 10년 후인 2009년에 NHN은 국내 최대 인터넷 검색 포털이 되었고 매출 1조 원, 이익 4000억 원을 넘기는 거대 기업이 되었다. 최근 이해진 의장은 '아시아에서 가장 주목받는 경영자 25인'에 선정되기도 했다.

이해진 의장은 2003년에 공동대표에서 물러나 아직까지도 CSO(전략담당임원)로 일하고 있다. 물론 최대주주로서 이사회 의장 직을 맡고 있기도 하다. 대표가 직급을 스스로 조정하여 CSO로 내려앉은 이유는 초심으로 돌아가 실무를 더 챙기겠다는 생각 때문이었다. 당시 자신도 모르게 거대해져버린 회사에서 대표 역할을 하기에 버겁게 느낀 점도 있지만, 아직 30대 후반의 한창 일할 나이였기 때문에 실무로 돌아가 연구 활동과 NHN의 미래를 설정하고 방향을 정하는 역할을 하고 싶었던 것이다.

그가 구상하고 개발한 '지식IN'이나 여러 가지 네이버의 다양한 기능들은 이제 수익 모델로 더 많은 매출과 이익을 만들어주고 있다. 최근에는 '이베이'처럼 물건을 사고파는 기능도 네이버에 추가하려는 계획을 가지고 있으며, 기능에 재미를 추가하여 젊은이들의 기호와 성향에 맞는 프로그램들을 쏟아내고 있다.

2007년에 김범수 공동대표와 결별해 이제 둘은 독자적인 길을 걷고 있다. 공동창업자는 언젠가는 각자의 길을 가게 마련인데, 이해진 의장과 김범수 의장은 협력자로서 적잖은 기간을 함께했지만 이제 SNS의 한 축으로 커버린 '카카오톡'과 '네이버'는 양보할 수 없는 경쟁자가 되었다.

이현봉

삼성전자를 거쳐 넥센타이어 대표이사 부회장

이현봉 부회장은 1949년생으로 진주고와 서울대를 졸업하고 1976년도에 삼성에 입사했다. 이웃집 아저씨 같은 푸근한 인상에 자율과 솔선수범을 강조하며 스스로를 낮추는 리더십으로 삼성 재직 시 따르는 사람이 많았다. 마치 여러 강물이 흘러들어 큰 바다를 이루듯이 겸손하게 스스로를 낮추다 보니 주위에 좋은 인재들도 모이고 좋은 평판을 많이 받았다.

삼성에 근무할 당시에는 주로 삼성전자에서 일했는데 해외 근무가 많았다. 임원으로 선임된 후에는 해외법인장과 인사팀장, 국내 영업 사업부장과 생활가전 사장 등 요직을 두루 역임했다.

인사팀장 재직 시는 IMF 시기라서 모두에게 힘든 시기였는데 슬기롭게 구조조정을 잘 끝냈으며 당시 조직 혁신과 인사제도 개선에서 많은 성과를 거두었다. 조직을 슬림하게 혁신하고 성과급제,

경력자 채용 활성화와 해외연수 프로그램을 입안하고 실천하여 오늘날 세계 굴지의 삼성전자를 만드는 데 일조했다.

생활가전 사장으로 근무할 당시에는 늘 적자에 허덕이던 이 부문을 흑자 전환시키는 데 큰 공을 세웠고, 당시 유명 디자이너였던 고(故) 앙드레 김과 협의하여 가전제품에 디자인 개념을 도입하는 계기를 만들어 가전제품의 디자인 혁명에도 성공했고, 이를 통해 삼성의 가전제품을 단지 전자제품이 아닌 가구로 자리매김하는 데 큰 역할을 했다.

주위에서 이현봉 부회장을 평할 때는 직관력과 추진력이 뛰어나고 감성경영 능력도 탁월하다고 이야기한다. 이현봉 부회장은 얼핏 보아도 선이 굵고, 외모에 걸맞게 통이 크다. 그러나 내면은 세심하고 합리적인 정통 삼성맨이다. 그래서 대외적으로 뻗어나가는 것도 잘하지만 내부도 잘 챙기는 스타일의 훌륭한 경영자다.

해외법인장 시절 삼성전자 인도 법인을 전 세계 삼성전자의 현지 법인 중에서 노동생산성이 가장 높은 회사로 만든 사례도 유명하다. 이현봉 부회장이 삼성인답게 교육훈련을 강조하고 지속적으로 실천함으로써 생산성이 떨어진다고 알려져 있던 인도인의 1인당 생산성을 최고 수준으로 향상시킨 것이다. 그는 인도 현지에 리더십센터를 만들어 현지 직원들을 직무와 레벨에 맞게 강하게 교육하고 훈련하여 최고의 전문가와 숙련노동자로 양성시켰다.

넥센타이어 부회장으로 선임되고 나서도 삼성에서 익힌 조직 관리 노하우와 해외 마케팅 경험을 바탕으로 넥센타이어의 매출·이익 확대와 수출, 해외 거점 확장과 마케팅에서 발군의 실력을 발휘하여 투자자들에게 호평을 받은 바 있고, 그 분야의 비전문가 출신임에도 타이어공업 협회장으로 선출될 정도로 경영자로서 영향력과 리더십을 발휘하고 있다. 아울러 이런 경험과 성공담들 덕분에 한국리더십학회 회장으로도 선임되어 다른 기업에 자신의 성공 사례를 전파하는 리더십 전도사 역할도 마다하지 않고 있다.

조영철

삼성 비서실, 삼성화재를 거쳐 동부그룹 경영진 역임

조영철 대표는 필자가 만난 사람 중 가장 투철한 삼성맨이다. 삼성에 입사하여 비서실 인사팀에 오래 근무했으며 삼성 정신을 전파하고 몸소 실천했다. 늘 웃는 얼굴로 서글서글하고 합리적이며 사리 분별이 확실하고 창의력이나 의사소통 능력도 탁월하다.

조영철 대표는 삼성이 상대적으로 강한 분야인 인사통이다. 맑고 순수한 분이지만 조직, 일에 대한 열정은 어느 누구에게도 지지 않는다.

필자도 인사부서에 오래 몸담으면서 업무상 만날 일이 많았고 같이 근무하기도 했다. 조영철 대표는 설득력이 대단한 선배로 기억되는데 웃으면서 자기주장을 설명하고 알아듣게 끝까지 설득하는 성향이라 의견이 다른 사람들이 종국에는 설복되는 경우를 자주 목격했다. 조영철 대표도 사람보다 조직에 충성하는 성향이라 몇 번 원치 않은 갈등을 겪었지만 그런 굴곡 속에서도 끝까지 자신의 생각과 가치관을 굽히지 않았다.

삼성그룹 내에서는 삼성의 인사관리와 교육 체계를 담당하면서 선대 이병철 회장의 생각과 지향점을 더 가다듬고 제대로 세웠다. 삼성맨을 벽돌에 비유했는데 이분이야말로 진정한 벽돌공장 공장장이며, 그 역할을 오랫동안 수행했다.

1980~1990년대의 노사관계 불안정기와 삼성의 도약기에 그룹 인사팀장을 역임하며 크고 작은 분란과 갈등, 난제들을 풀어온 주인공이고 독선적이거나 독단적이지 않으면서도 자신의 가치를 삼성화하고 오로지 조직 발전에만 매진한 순수한 영혼의 소유자다.

비서실에 근무하다가 관계사로 이동하면서 본인이 원하는 회사를 선택하여 갈 수도 있던 상황이었지만 "그룹에서 나를 필요로 하는 곳으로 보내달라"고 요청하여 인사 담당자를 편하게 해준 일화는 유명하다.

수십 개의 삼성 자회사 중에서도 개인적인 성향으로 업종의 호불호가 있을 수도 있고, 각 회사의 형편도 다양하여 발전적이고 성장 가능성이 풍부하고 복지나 처우도 상대적으로 나은 회사로 가고 싶은 것이 보통 사람들의 마음이지만, 조영철 대표는 원하는 회사로 보내드리겠다는 인사권자의 배려도 마다하고 자신을 필요로 하는 회사로 보내달라고 하며 인사권을 100% 위임한 것이다.

조영철 대표는 필자가 아는 삼성의 선배 중에서 개인적으로 가장 존경하는 분이다. 이런 분이 삼성의 미래경영을 맡았더라면 삼성이 더 좋은 기업으로 발전할 수 있었을 거라 지금도 생각하는데, 삼성을 떠나 다른 회사로 갈 때 안타까워하는 후배들이 정말 많았다.

조재홍

삼성생명, 동부생명을 거쳐
현재 KDB생명 대표이사 사장

조재홍 사장은 삼성 금융 부문에서 인사·교육 분야 전문가로 오랫동안 일한 정통 삼성맨이다. 사원 시절에는 연수원에 장기간 근무하면서 후배 양성에 몸 바쳤고 그 영향으로 누구보다 삼성 정신이 투철하다. 따라서 삼성인이면 공통적으로 가지고 있는 합리성, 공정성, 도덕성을 제대로 몸에 익히고 실천하는 분이다.

독실한 크리스천이며 적이 거의 없고 온화한 성품에 젠틀한 스타일이라 진심으로 따르는 후배들이 많다. 열정과 일에 대한 근성도 누구 못지않게 강한 분이다. 삼성이 지향하고 양성하고자 하는 인재상에 가장 가까운 사람이다.

조재홍 사장은 자유로운 의사소통과 합리적인 의사결정을 중시한다. 필자가 1년간 같이 근무한 적이 있는데 늘 아침에는 웃으면서 인사를 나누고 회의를 시작할 때도 한 사람 한 사람 존중했으며 그들의 말문을 트고 의사소통에 동참시키기 위하여 남다른 노력을 하곤 했다. 설득되지 않은 사람이 있으면 최종 의사결정을 미루고 끝까지 설득하려고 노력하는 모습을 보고 '역시!' 라는 생각을 하게 되었다.

조직을 소통의 장으로 만들고 그 속에서 즐거운 기분으로 일하게 만드는 조재홍 사장의 능력은 타고난 친화력에 기인한 바가 크다.

이런 성향 덕분에 조재홍 사장은 노사관계 관리에도 탁월하다. 삼성에서 노사관계 관리는 회사의 어떤 업무 못지않게 중요한 업무다. 노사관계라는 것은 연애와 비슷한 밀고 당기는 심리게임 같은 것이라 때로는 강한 카리스마로, 때로는 한없이 부드러운 모습으로 조직을 관리해야 한다. 사실 처음에는 강한 모습으로 비쳐야 후에 나타나는 부드러운 모션들이 더 강조되고, 힘을 받는다. 처음부터 부드러운 모습만 보여주면 아무래도 임팩트가 약하다. 이런 면에서 조재홍 사장은 타고난 단단한 이미지로 조직을 장악하되 부드러운 화술과 행동으로 그들의 마음을 잡아가는 탁월한 능력을 발휘했다.

조재홍 사장은 삼성에서 배운 철저한 도덕성과 조직 지향성 때문에 다른 기업에 가서는 오히려 오너의 미움을 받기도 했다.

삼성에서는 개인보다 조직에 충성하도록 양성된다. 그래서 파벌이 상대적으로 적다. 삼성 출신들이 다른 중견기업에 가서 트러블을 겪는 이유 중 하나가 경영의 큰 방향을 조직의 발전보다 오너 개인의 취향과 독선에 맞춰야 할 때가 적지 않다는 점이다. 그래서 조직지향성이 강하게 형성되어 있고 공정성과 도덕성이 몸에 밴 삼성 출신들은 심리적인 갈등을 겪는다. 조직 발전을 가로막는 오너의 주장과 독선 때문에 삼성맨 중에 대표적인 삼성맨이라 할 수 있는 조재홍 사장도 당연히 이런 갈등을 겪은 것이다.

조재홍 사장은 작은 기업에 몸담으며 재야에서 2년간 쉬기도 했지만 자기계발을 위하여 국제코칭자격증도 획득하고 대학원을 다니며 요리사 자격까지 땄다. 이런 끊임없는 열정과 노력으로 환갑을 넘긴 나이에 새로이 전문경영인으로 선임될 만큼 대내외의 신임과 평판이 좋다. 경영인으로 선임될 때 여러 유력한 후보들과 경합했지만 그동안 여러 조직에서 같이 일한 후배나 동료들의 평판이 워낙 좋아 조재홍 사장이 경영자로 최종 선정되었다는 이야기를 나중에 들었다.

조재홍 사장이야말로 타고난 천성에 삼성의 정신과 철학으로 양성된 가장 모범적인 삼성맨이라고 확신한다.

홍종만

삼성정밀화학, 삼성화재를 거쳐
넥센타이어 대표이사 회장 역임

홍종만 회장은 연세대 경제학과를 졸업하고 삼성 신입사원 공채로 제일모직에 입사한 후 제일제당을 거쳐 삼성반도체에서 임원 생활을 시작했다. 특히 1982년부터 시작된 삼성반도체 시절에 수원, 기흥의 반도체 공장 건설을 담당했고 밤을 낮 삼아 공장 조기 완공에 몰입하여 오늘의 삼성전자를 있게 한 초석을 닦았다.

당시 공장 건설과 조기 가동에 투입된 사람 중에 홍종만 회장의 불도저와 같은 저돌적인 진두지휘에 혀를 내두른 사람들도 많고 격무를 못 이기고 끝내 그만둔 사람들도 적지 않았다. 그렇지만 그때 그런 용맹한 추진력이 없었더라면 오늘의 삼성전자 반도체는 훨씬 더 늦게 자리를 잡았을 것이다.

이후 삼성코닝 정밀유리 사장과 삼성화재 사장을 거쳐 삼성자동차 사장으로 삼성 생활을 마무리했다. 걸걸한 성품과 화끈한 추진력은 삼성맨 특유의 모습이 아니지만 초기 삼성그룹의 어려운 공사들과 난제들을 돌파하고 풀어가는 데는 최적의 인재였다. 성향상 제조업의 현장경영자일 때 가장 훌륭한 리더로 칭송받았다.

이후 넥센타이어 CEO로 선임되어 공장 증축과 혁신을 통해 도약에 결정적인 기여를 했다. 넥센타이어의 다소 안정 지향적인 조직 분위기를 일신하고 공격 경영의 선두에 서서 경영을 한 덕에 오너로부터는 인정을 받고, 업계로부터는 시샘을 받았다. 이런 이유로 2009년에 재선임되는 영광을 누렸다. 홍종만 회장은 후임을 같은 삼성 출신인 이현봉 부회장에게 물려주고 지금은 가야골프장 대표이사로 재직 중이다.

홍종만 회장의 경영 콘셉트는 '공격 경영'과 '성공적인 노사관리'다. 과격하고 혁신적이고 주도적인 이미지를 적극적으로 살려 현장을 강하게 지휘하고 임원들을 질타하는 스타일이지만 평사원들과의 대화에서는 소탈하고 편안한 모습을 보여준다.

강한 이미지의 사장이 따뜻한 마음과 행동으로 사원들과 대화하면 사원들이나 노조 대표들도 다소 불안했던 마음을 편히 내려놓고 정을 줄 수밖에 없다. 화끈하지만 따뜻한 리더십이 그를 장수하는 CEO로 만들었다. 실제 나이보다 더 들어 보이는 은발이 그의 상징이지만 늘 젊고 씩씩한 말투에 후배들도 주눅이 들곤 했다.

홍준기

삼성전자를 거쳐 웅진코웨이 사장

홍준기 웅진코웨이 사장은 1958년생으로 성균관대 전자공학과, 카이스트를 졸업한 후 1983년도에 삼성에 입사하여 삼성전자 해외법인이 있는 여러 국가에서 생산거점의 책임자로 오랫동안 일했다.

서글서글하고 시원시원한 성품이라 호쾌하면서도 따뜻한 리더로 정평이 나 있다. 전자공학과 출신들이 대체로 꼼꼼하거나 기술 지향적일 것이라는 선입견과는 딴판으로 늘 씩씩하고 호방하며 직원들과의 막걸리 파티도 마다하지 않는다. 또한 도전적이고 공격적이며 소통을 중시하는 성품으로 전문가가 경영에 나서 성공한 좋은 사례로 회자된다.

삼성에서는 오로지 24년간 TV사업 부문에서만 일했는데 멕시코 생산법인 부장을 거쳐 헝가리 법인장을 끝으로 삼성을 떠났다.

당시 삼성은 매출 60조 원의 거대 기업이었고 웅진코웨이는 1조 원에 불과한 중견기업이었다. 또한 헝가리 법인은 모두가 가고 싶어 하는 앞길이 창창한 법인이었다. 미래가 보장된 그에게 모두들 삼성에 남기를 조언했고 이직을 말렸지만 쉰도 되지 않은 젊은 홍준기 사장은 삼성생활을 과감히 청산하고 새로운 도전의 길을 떠났다. 아마도 본인의 DNA 속에 있던 경영자로서의 자질이 그를 삼성에서 불러낸 것 같다.

웅진코웨이 전입 후 홍준기 사장이 펼친 상생경영, 아이디어경영, 소통경영은 업계에서도 유명하다. 우선 '패밀리 데이'라는 제도를 만들어 직원들로 하여금 격주 화요일마다 5시 30분에 퇴근하도록 유도하고 있다. 가정이 편안해야 회사 생활도 신이 난다는 간단한 진리를 솔선해서 실천하고 있는 셈이다.

아울러 스스로를 '홍두깨'로 재미있게 표현하며 직원들과의 행사에 스스럼없이 참여하고 있다. 최근에는 '달리는 행복포차'라는 이벤트를 만들어 직원들에게 소주나 안주를 파는 재미있는 행사도 열고 있다. 물론 포차 주인은 해피홍(홍준기 사장의 애칭)이다.

직원들과 격의 없이 어울리고 소통하는 것이 가장 큰 기쁨인 홍준기 사장은 코끼리(KOKKIRI)라는 사내 SNS망을 구축했다. 형식적이 아닌 진심이 담긴 그의 마음과 의지를 '코끼리'를 통해 직원들과 나누고 자주 그들과 자리를 함께하며 생산적이고 창의가 살아 숨 쉬는 멋진 조직을 만들어가고 있다.

노조도 홍준기 사장의 이러한 사원 사랑에 감동하고 그의 충정을 충분히 인식하여 임금 협상 테이블에 앉지도 않고 회사에 임금

조정을 백지위임하는 절대적인 신뢰를 보내기도 했다. 이런 홍준기 사장의 노력들은 대외적으로도 빛을 발하여 웅진코웨이는 2011년에 '일하기 좋은 기업'으로 선정되었고, CEO 본인은 2010년 우리나라 '직접판매협회 회장' 직을 맡게 되었다.

홍준기 사장의 경영 철학인 '사람을 중시하는 경영'은 업계의 모범사례가 됨은 물론 웅진코웨이의 미래에 무궁한 활성력을 만들어 냈다. 홍준기 사장이 있는 곳은 언제나 조직력이 충만한 우량 기업이 될 것을 의심치 않는다.

삼성 출신이 부적합한 경우

삼성에서 CEO감을 데려갔다가 실패했던 사례를 살펴보자. 기업들이 자기 회사의 사이즈에 따라 삼성의 임원급이나 부장급들을 스카우트해 갔는데 얼마 안 가서 당사자가 못 견디고 퇴직하거나, 오너로부터 배척당하거나, 경영실권이 없는 고문이나 부회장직 등으로 실무에서 밀려나는 사례가 있다. 인사담당자로서 이들 사례를 면밀히 분석해서 몇 가지 유형으로 분류해 보았다.

첫 번째는 이전해 간 조직은 아직 준비가 덜 되어 있는데 전입한 삼성 출신 CEO 혼자 너무 성급하게 조직을 독려하고 열심히 일하며 조기에 성과를 내고자 하는 케이스다. 이런 경우 그 조직구성원들이 삼성 출신 CEO의 경영 스타일에 적응하지 못해서 원하는 성과 향상을 이루어 내지 못하게 될 뿐만 아니라, 영입된 경영자 스스로도 힘들고 오너 입장에서도 스카우트를 후회하게 된다.

삼성에 속했을 때의 맨파워와 다른 조직에 갔을 때의 맨파워는 전혀 다르다. 어떤 선배가 삼성에서 임원으로 근무를 잘하다가 퇴임하고 제조업을 창업해 열심히 마케팅에 매진하였으나 결국 실패하는 사례를 보았다. 삼성이라는 거대한 조직의 지원을 받을 때와 삼성을 나와 혼자서 조직을 이끌 때의 차이를 몰라서 생긴 일이다.

왕왕 조직의 힘을 자신의 경쟁력으로 착각하는 사람이 있다. 삼성에서는 원활히 돌아갔기 때문에 신경도 안 쓰던 일이 다른 조직에서는 잘 작동하지 않으면 당황하게 되고, 늘 잘 돌아가던 일이라 본인도 대응법이나 해법을 모른다. 이런 황당한 경험을 한 선배들의 이야기를 적지 않게 들었다. 창업을 하거나 환경이 열악한 기업으로 가서 개인적인 열정과 의욕만으로 그 기업을 성공시키기는 쉽지 않은 일이다.

또한 삼성에서 근무할 당시는 임원·부장급의 경우 대외적인 일을 제외하고는 대체로는 부하들을 지휘하는 '갑'의 입장에서 일한다. 그런 '갑'의 마인드를 가지고 다른 기업에 가서 경영을 할라치면 여러 가지 벽에 부딪히게 된다. 나중에 후회하거나 생각을 바꾸어도 이미 늦었을 때가 많다.

실제로 대부분의 조직에 새로운 경영자가 들어오면 조직은 긴장하게 되고 본능적으로 거부 반응을 나타내는 것은 어쩌면 지극히 당연한 일이다. 새롭게 진입한 경영자 입장에서는 오너의 기대에 부응하기 위해 빨리 변화를 주도하고 조기에 성과를 내고 싶어 하지만, 구성원들은 외부 전입자의 활발한 경영 의지를 수용하지 못하고 부정적으로 임한다. 이는 우리 몸에 항원이 침투하면 그 항원이 우리 몸에 유익한가 해로운가를 따지기 전에 먼저 항체부터 자연스럽게 만들어내는 이치와 같다.

필자가 생각하는 외부 진입자의 성공비결은 우선은 구성원들과 일체감 조성이 첫 번째이고, 그 다음이 다수가 공감하는 중요한 과제를 같이 토의하여 문제가 무엇인지 설정하고 순차적으로 풀어가는 것이다. 과도한 의욕 탓에 조기에 큰 성과를 지향하다가 거대한 저항의 벽에 부딪히게 되는 것이다. 구성원들은 '여기는 삼성이 아니다', '하고 싶은 대로 해봐라', '잘되나 두고보자'는 식으로 눈에 보이지 않는 태업을 하게 된다.

특히 강성노조가 있는 기업에서는 제일 먼저 노조부터 경영자를 거부하기 시작한다. 이는 삼성 출신 경영자가 들어오면 필연적으로 근무 강도가 높아지기 마련인데, 구성원들의 피로도를 대변하여 노조가 제일 먼저 반대의 깃발을 올리는 것이다.

경영자급이 아니더라도 열정으로 가득 찬 부장급이 타 기업으로 스카우트되어 갔는데 얼마 못가서 그만두는 경우도 보았다. 그 분은 임원급으로 전입하여서 경영자의 기대에 부응하고 조기에 성과를 보여주기 위해 미친 듯이 일을 하고 조직을 독려했지만 조직구성원들이 자신과 같이 발 빠르게 움직여주지 않았기 때문에 얼마 안 가서 지치고, 힘들어하는 날들이 많아졌다. 이렇데 되면 결국은 구성원들과 한 조직으로 엉키지 못하고 더 이상 버틸 수 없어 그 조직에서 나오고 만다.

어떤 공기업에서 오래 근무하다가 삼성으로 옮긴 직원이 술자리에서 한 이야기다. '삼성은 예전에 근무하던 조직보다 최소한 2~3배의 근무 강도를 가진 것 같다', '월급을 좀 더 주는 것은 사실인데 근무 강도는 훨씬 더 높다'고 불평 아닌 불평을 늘어놓았다. 필자는 이렇게 대꾸했다. '젊을 때 고생은 사서도 한다', '그만큼 많은 일을 배우게 된다'고……

그렇다. 삼성식 근무 스타일은 양면성을 가지고 있다. 열정적으로 일하고 싶은 사람에게는 큰 기회가 되고 대강대강 살고 싶은 사람에게는 고통스런 나날이 된다. 후자에 속한 사람은 대개는 얼마 안 가서 삼성을 떠나게 된다.

두 번째는 오너와의 경영 주도권 다툼으로 인한 것이다.

스카우트 후보자가 삼성에서 임원의 눈으로 영입 기업의 기업주를 볼 때는 '을'이었다. 을 기업의 오너라고 편하게 대하다가 막상 영입되어 그 기업으로 자리를 옮기게 되면 이제는 그 분을 상사로 모셔야 한다. 그런데 여전히 '갑'의 기분에 취해 있거나, 이런 입장 변화를 제대로 이해하지 못하고 자신이 오너라고 착각에 빠져 조직을 휘두르게 되면 오너로부터 배척당한다.

필자의 컨설팅 경험상 오너들이 끝까지 놓기 싫어하는 것이 재무(돈)와 인사권이다. 창업자는 그 성향이 더 두드러지고 2세는 그 정도가 상대적으로 약하다. 필자가 만났던 거의 모든 오너들, 특히 창업자들은 재무권과 인사권을 끝까지 고수하였고, 누군가가 그 영역을 침범하면 엄청나게 화를 내기도 하였다.

회사 자금을 어떻게 쓰고 관리할 것인가와 주요 보직인사에 대하여 주도적으로 관여하고 싶어 하는 것은 어쩌면 오너로서 당연한 것인데, 의욕적으로 나선 삼성 출신 영입자들이 이를 무시하고 용의 역린을 건드리면 계속 근무하기가 용이치 않게 된다.

어쩌면 의욕이 앞선 결과이기도 하고, 삼성에서 억눌린 심성들이 일시에 펼쳐지면서 자신의 입장을 과도하게 일방적으로 표출하면서 오너의 노여움을 사는 것이기도 하다. 사실 스카우트 조건에 인사권을 포함한 경영 전권을 위임하겠다는 묵계를 받고 기용되는 경우도 있지만, 필자가 보건데 이를 그대로 믿고 독단적으로 실행하는 것은 참으로 위험한 판단이다.

필자가 컨설턴트로 나선 초기에 어떤 기업의 인사제도 설계 컨설팅을 맡아서 평가제도와 승진제도를 짜주었는데 결과를 보고할 때 오너의 표정이 밝아 보이지 않았다. 약간 걱정은 되었지만 필자는 나름대로 공정한 룰을 만들었다고 자부했다.

승진자격 여부를 합리적으로 판단할 근속기간, 체류기간, 근무성적, 상벌사항, 잠재능력, 교육이수 정도 등등의 판단요소를 적정하게 반영하여 아주 공정하고도 대상자들이 공감할 수 있는 제도를 만들었다고 생각했는데 CEO의 반응이 무덤덤했다. 나중에 들은 이야기지만 우리 컨설팅 팀이 철수하고 난 뒤 그 승진심사제도는 바로 폐기되었다고 한다. 표면상 이유는 그 제도가 인재를 제대로 선별할 도구가 아니라는 경영자의 판단 때문이라고 하는데, 내막을 알아보니 인사권은 자신의 고유권한으로 생각하는데 제도로서 다 결정해 버리면 자신이 할 일이 뭐냐는 속내를 드러낸 것이었다.

그렇다. 인사제도란 공정하고 수용성 있게 설계되고 운영되어야 구성원들이 성장 비전을 가지고 열심히 업무에 매진하게 된다. 하지만 경영자의 의견을 적절히 반영할 수 있는 장치가 없다면 아무리 잘 만들어진 제도라도 사장되고 만다. 경영자가 채택하지 않으면 담당자들도 그 제도를 고집할 수 없는 것이다. 이후 필자는 크게 깨달은 바가 있어 늘 20~30%는 경영자가 결정할 수 있는 여지를 두도록 인사제도 설계 방식을 전환하였는데, 역시 예상대로 경영자도 수용하고 직원들도 약간의 불만은 있었지만 경영자의 권한을 인정해 주었다.

이렇듯 제도는 설계도 중요하지만 그것을 실행할 의사결정자의 의견과 철학이 반영되어야만 실행력을 갖게 된다.

유사한 경우인데 오너의 결정에 반대하여 그만둔 사례도 있다. 그룹이나 전체를 위하여 필요한 조치(예를 들면 그룹 차원의 방계 회사 살리기)를 해야 하는데 한 기업을 책임지는 전문 경영인으로서는 그 판단이 영 마땅치 않았다. 그 전문 경영인은 자신이 경영을 맡고 있는 회사가 적자 중인데도 방계 회사의 비업무용 자산(골프회원권 등)을 취득하라는 오너의 지시를 거부하며 그만두었다.

물론 그런 요청이 엄밀한 의미에서는 부당행위에 해당되기 때문에 전문 경영인은 자신이 경영을 맡은 회사를 보호하고 이익을 내기 위해 그런 행동을 한 것은 정당하다. 그렇지만 오너의 입장에서는 자신에게 반항하는 것으로밖에 보이지 않는다.

이런 경우 영입된 경영인은 참으로 난감하다. 부당한 지원 행위를 강요받은 것인데, 오너의 주장을 수용하면 나중에 의법조치(依法措置) 될 확률이 클 것이고, 반대하면 오너의 눈 밖에 나서 회사를 그만둬야 할 가능성이 다분하기 때문에 고심할 수밖에 없다.

삼성의 임원으로 양성된 사람들도 이런 경우의 선택은 쉽지 않다. 하지만 대개는 자신에게 돌아올 불이익을 알면서도 오너의 주장을 들어주는 것이 영입된 전문 경영인으로서의 예의라고 생각한다. 오너 입장에서 자신이 여전히 큰 경영을 좌지우지하고 싶은데 전문 경영인이 자신의 의사에 반발한다면 계속해서 기용할 이유가 없기 때문이다.

세 번째는 일정한 기간 동안만 삼성의 조직관리 노하우를 자신의 조직에 심기 위한 목적으로 삼성 출신을 영입하는 경우인데, 해당 기간이 지나 영입한 인사에게서 더 이상 나올 노하우가 없다고 판단되면 해고한다.

사실 이런 경우는 삼성 출신의 CEO급들이 이용당한 결과라고도 볼 수 있는데, 새로운 업종에 진출하여 그 업을 잘 모르거나 리스크가 큰 영역일 경우에 많이 발생한다. 신설 금융사들이 삼성 출신을 대거 영입해 갔다가 2~3년 후 조직이 안정되고 삼성의 경영 노하우를 어느 정도 전수 받았다고 생각하면 이런저런 이유를 만들어서 해임한다.

또한 일정 기간이 경과하면 전입한 경영자의 우호세력이나 파벌들도 생길 수 있는데 오너 입장에서는 이런 부정적인 일이 발생하고 있다고 판단이 되면 지체 없이 영입했던 경영자를 해고한다.

조직 분위기나 주력 업종을 대폭 변화시키고 싶거나 조직혁신을 할 때 남의 손을 이용하여 코를 풀고 싶은 경우도 외부 영입인사들을 활용한다. 또한 내 손에 피 안 묻히고 조직을 쇄신하고 싶은 오너들이 외부에서 CEO를 영입하는 경우가 더러 있다. 오너 자신은 욕을 먹지 않고 전입한 경영자만 닦달하여 손에 피를 묻히게 한 후 내쫓거나 사표를 쓸 수밖에 없는 상태로 몰아가는데, 이런 경우는 재임기간이 더 짧을 수도 있다.